KB209357

이 책을 후원해 주신 여러분께 감사드립니다.

(가나다 순)

CHANG DAVID YOUNG			강나영	강명희	강미옥	강보성	강선영	강수덕
강현구	계승현	고숙희	권순모	권순홍	권승영	권윤정	금미향	김건균
김경진	김권태	김근영	김기훈	김대연	김대운	김대천	김동공	김두한
김만영	김미정	김민섭	김민수	김민정	김민제	김병민	김부송	김상민
김서윤	김서현	김성호	김성훈	김솔	김승주	김승희	김아람	김영숙
김영식	김요한	김윤하	김은혜	김의현	김임호	김장수	김장현	김재숙
김정식	김정진	김종수	김주대	김지영	김지은	김청우	김태준	김한주
김현태	김홍인	김황일	김효정	남지찬	노태환	리강민	마성일	문은영
문주희	박단비	박대한	박무열	박문수	박상현	박성민	박성범	박성수
박성수	박성원	박성환	박시현	박영무	박영미	박은규	박정호	박종석
박준영	박진석	박진수	박창환	박현정	박홍규	박홍식	박희석	방언경
배동원	변성엽	서도은	서승희	성경아	손은경	손자영	송기영	송대현
송상현	송은영	송현승	신동운	신운희	신효미	심정민	안상현	안정기
양유진	양치수	엄시연	오병화	왕한수	우동균	우송하	우재희	유나영
유상욱	유정완	유정자	윤경희	윤성호	윤정인	윤지영	이건우	이동림
이동우	이병준	이상봉	이선규	이성근	이성봉	이성애	이성환	이수연
이슬	이용주	이우리	이우춘	이재경	이재상	이정미	이주원	이준기
이지숙	이찬규	이태경	이혜정	이호빈	임동운	임주경	장세미	장수진
장윤호	장은성	장은진	장주영	장지욱	장진희	전은주	전재민	전진아
전진욱	정미선	정소영	정원석	정은신	정진영	정현찬	정현희	정화채
조경수	조남행	조소희	조영배	조용현	조윤희	조은진	조재환	조정안
조한규	주지현	진현호	차미숙	최규리	최동기	최미정	최민성	최정수
최준	쿠쌈	한성민	한영란	홍선주	홍윤선			

김범곤의 월 300만 원 평생연금

초판 1쇄 인쇄 2025년 1월 2일
초판 1쇄 발행 2025년 1월 5일

지은이 • 김범곤
발행인 • 강혜진
발행처 • 진서원
등록 • 제 2012-000384호 2012년 12월 4일
주소 • (03938) 서울시 마포구 동교로 44-3 진서원빌딩 3층
대표전화 • (02) 3143-6353 / **팩스** • (02) 3143-6354
홈페이지 • www.jinswon.co.kr | **이메일** • service@jinswon.co.kr

편집진행 • 안혜희 | **마케팅** • 강성우, 문수연 | **경영지원** • 지경진
표지 및 내지 디자인 • 디박스 | **인쇄** • 보광문화사 | **마케팅** • 강성우

ISBN 979-11-93732-15-1 13320
진서원 도서번호 24005
값 24,000원

김범곤의 월 300만 원 평생연금

남보다 덜 내고
더 빠르게 부자가 된다!

김범곤 지음

진서원

프롤로그

똑같은 1억인데…
누구는 월 24만 원 연금을 받고
누구는 월 100만 원 연금을 받을까?

"왜 이 상품에 가입했나요?"

《김범곤의 월 300만 원 평생연금》 책을 집필하기 전에 저는 이미 은행과 증권사에 다니는 전문가를 대상으로 25권의 금융자격증 수험서를 출간한 경험이 있습니다. '금융'이라는 한 분야를 10년 이상 공부하고 강의를 하면서 늘 새로운 무언가를 만들고 싶었습니다. 그것은 바로 보통 사람들을 위한 금융공부 교육기관이었습니다.

은행에 방문하면 은행상품을, 증권사에 방문하면 증권상품을, 보험사에 방문하면 보험상품을 권유받고 가입합니다. "왜 이 상품에 가입했나요?"라고 물어보면 대부분 "좋다고 추천을 받아서요!"라고 대답합니다. 하지만 가입한 상품의 특징을 알고 있냐고 물으면 대다수는 "아니요, 처음 들었습니다!"라고 대답합니다. "이 상품의 특징을 미리 알았다면 가입했을까요?" 다시 반문하면 "아니요, 진작 알았다면 가입하지 않았을 겁니다!"라고 말합니다.

우리는 항상 누군가의 권유로 잘 알지도 못하는 금융상품을 선택합니다. 스스로 현재 상황에 맞는 금융지식과 상품정보를 미리 숙지하고 의사결정까지 내릴 수 있는 통찰력을 가질 방법은 과연 없었던 것일까요?

복잡한 연금제도, 공부할수록 연금 격차가 커진다!

특히 연금은 상품 종류도 다양하고 제도도 복잡합니다. 연금에 가입은 잘하지만 운용은 못하고, 방치하며, 인출할 때는 금융회사에서 시키는 대로 따르는 경우가 많습니다. '원래 연금은 이런 거구나.'라고 생각하면서 말입니다. 하지만 순간의 선택에 따라 누군가는 1억 원으로 평생 월 24만 원의 연금을 수령하고, 다른 누군가는 평생 월 100만 원의 연금을 수령합니다. 이와 같이 한 번의 결정이 서로 다른 결과를 가져오는 것입니다.

미래의 나에게 보내는 최고의 선물은 연금!

이 책은 독자 여러분이 월 300만 원 이상의 평생연금을 만들고 수령하는 방법에 대해 고민하고 연구하여 집필한 결과물입니다. 앞으로 더 좋고 괜찮은 평생연금 수령방법이 나온다면 언제나 독자 여러분의 편에 서서 연구하고 그 내용을 곧바로 공유하겠습니다.

전문가가 아닌 일반인을 대상으로 한 첫 번째 책이 출간되고, 이 책을 보완하기 위한 유튜브 채널을 개설하고, 질문과 답으로 소통하기 위해 네이버 카페까지 운영하게 되니 '보통 사람을 위한 금융공부 교육기관' 설립에 첫걸음을 뗀 기분입니다.

연금 설계는 단순히 돈을 모으는 것이 아니라 미래의 삶을 계획하고 준비하는 과정입니다. 연금은 열심히 공부할수록 미래의 나에게 더 많은 연금을 선물할 수 있습니다. 독자 여러분이 이 책을 통해 자신에게 맞는 평생연금을 설계하고 더 나은 미래를 준비할 수 있기를 바랍니다.

김범곤

김범곤의 동영상 강의 목차

첫째 마당

연금저축이 2개일 때
연금 수령한도는
각각 적용일까?
합산 적용일까?

둘째 마당

퇴직금에 붙는 세금
얼마인지 궁금하시죠?
(퇴직소득세 계산기)

투자가 목적이라면? ISA 중개형을 선택할 것!

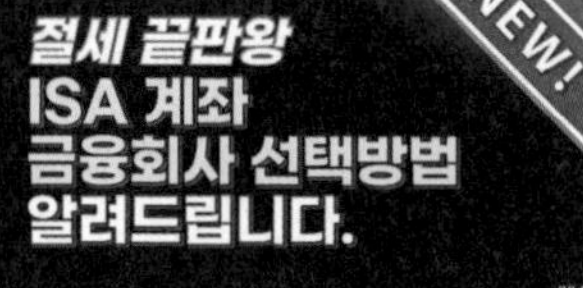

229쪽

ISA 3년 운용 – 예금 신봉자도, 배당 투자자도 대만족!

(ft. 절세는 보너스)

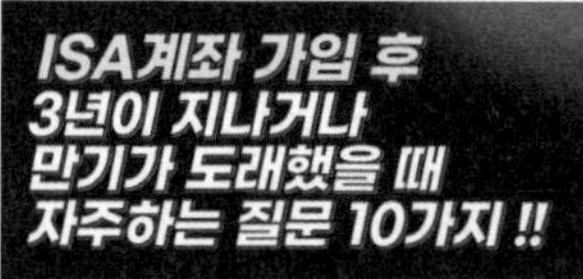

241쪽

ISA에서 월 배당 ETF 포트폴리오 만들기

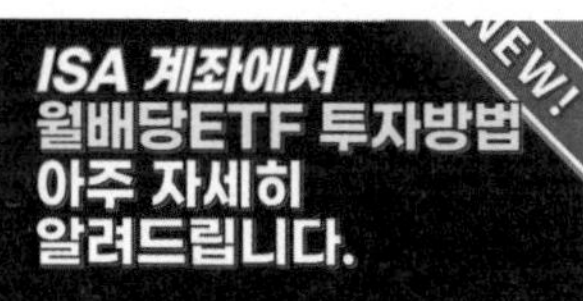

249쪽

월 배당 58만 원 VS 99만 원, 당신의 선택은?

281쪽

※ '김범곤의 연금수업' 유튜브 채널(www.youtube.com/@bumgon84)에 더 많은 연금 관련 동영상이 있습니다.

목
차

첫째 마당 월 300만 원 연금실천법 ① – 연금저축 58

준비
마당

누구나 월 300만 원 연금부자가 된다!

나에게 주는 최고의 선물 - 월 300만 원 평생연금

저는 MZ인데 벌써 연금을 준비할 필요가 있나요?

한국인의 절반 이상이 노후를 대비하는 경제적 준비를 아직 시작도 못한 것으로 조사되었다. 한 살이라도 어릴 때 적은 돈으로 시작하면 큰 힘 들이지 않고 노후를 대비할 수 있지만, 실상은 매우 다르다. 그렇다면 왜 이렇게 많은 사람이 연금 준비를 차일피일 미룰까?

"아직 젊으니까 괜찮아요!"

우리는 젊음이 영원할 것으로 착각한다. 젊을수록 시간과 복리의 힘을 최대한 활용해야 하는데, 이렇게 좋은 기회를 놓치고 있는 건 아닐까?

"지금은 돈이 없어서 못해요!"

연금 준비는 소액부터 시작할 수 있다. 세제 혜택이 큰 연금상품에 가입하면 수익률을 크게 높일 수 있다. 작은 저금통에 동전을 모으듯이 매달 조금씩 연금을 저축하는 습관을 만들어야 한다.

"복잡하고 어려워서 못하겠어요!"

그렇다. 연금상품은 종류가 많고 용어도 복잡해서 쉽게 다가서기 어렵다. 하지만 연금상품에 대한 모든 정보는 열려있고 전문가의 도움을 받으면 연금 준비를 쉽게 시작할 수 있다. 새로운 운동을 배우는 것처럼 연금공부를 시작해보자. 꾸준히 노력하면 누구나 연금부자가 될 수 있다.

4050인데 연금 준비는 글렀어요!

'늦었다고 할 때가 가장 빠른 때!'라는 말은 인생 전반에 적용된다. 이 말은 지금 당장 행동하라고 촉구할 뿐만 아니라 마냥 미루는 것의 위험성도 함께 경고하고 있다. 나이를 먹어서 늦었다고? 아니다. 늦은 봄에 씨앗을 심어도 가을에 충분히 수확할 수 있다. 어쨌든 당신이 지금 연금 준비를 시작했다는 사실이 중요하고 이것만으로도 목표의 절반은 도달한 셈이다. 오히려 나이가 든 분들은 총력을 다해 연금을 준비하기에 더 좋은 성과를 내기도 한다.

"절박함이 강력한 동기를 부여해줘요!"

4050분들은 절실하게 노력한다. 마치 시험을 코앞에 앞둔 학생처럼 연금공부에 집중한다.

"삶의 경험을 바탕으로 현명하게 노후를 준비해요!"

나이를 먹은 만큼 더 많은 경험과 지식을 바탕으로 베테랑 여행자가 여행계획을 세우는 것처럼 현명하게 노후를 준비한다.

 **"변화를 위해 실천하고 삶의 활력을 얻어요!"**

연금 준비도 총력전이 필요하다. 월 300만 원 평생연금을 목표로 세우면 나머지는 자연스럽게 따라온다. 소득을 늘리거나 소비를 줄여서 저축액을 늘리거나 도전을 멈추지 않는데, 이 과정이 삶의 큰 활력이 된다.

왜 월 300만 원 연금이 목표인가?

2024년 보건복지부가 공표한 최저생계비는 1인 가구 1,337,067원, 2인 가구 2,209,656원, 3인 가구 2,828,764원, 4인 가구 3,437,948원이다. 이 금액은 말 그대로 최저생계비일 뿐이므로 이에 미치지 못하면 기초생활수급자가 된다.

■ **2024년 보건복지부가 공표한 최저생계비**

가구원 수	최저생계비(원)
1인	1,337,067
2인	**2,209,656**
3인	2,828,764
4인	3,437,948

최저생계비를 적정 생활비(월 300만 원) 전후로 끌어올리자!

부부 기준 노후 적정 생활비는 2023년 기준으로 통계청 조사에서는 324만 원, 국민연금연구원 조사에서는 277만 원으로 나타났다. 이와 같이 대략 월 300만 원 전후가 은퇴 후 큰 걱정 없이 살아갈 수 있는 금액이다. 이 금액은 고소득자만 가능하다고? 오래 준비한 사람만 해당된다고? 아니다. '월 300만 원 연금'은 경제활동으로 꾸준히 소득을 창출하고 절약으로 소비를 제어한다면 가능한 목표이므로 이 책에서 목표로 설정한 것이다.

이 책은 필자가 운영하는 '김범곤의 연금연구소' 네이버 카페(cafe.naver.com/passfinance)와 '김범곤의 연금수업' 유튜브 채널(www.youtube.com/@bumgon84)을 통해 성공적으로 연금을 만든 사례와 다양한 시뮬레이션을 참고로 해서 구성했으니 연금 초보자라면 차근차근 실천해보자. 그러면 미래의 나에게 '월 300만 원 연금'이 선물로 다가올 것이다.

'김범곤의 연금연구소' 네이버 카페

'김범곤의 연금수업' 유튜브 채널

국민연금만으로는 부족해! – 연금 3총사와 ISA 등장

자, 그렇다면 월 300만 원 연금을 받으려면 무엇부터 해야 할까?

'지금 당장 월 얼마씩 저축하면 끝!'

이렇게 간단하면 참 좋겠다. 하지만 우리나라의 연금 구조가 좀 복잡하니 속내를 하나하나 살펴보고 넘어가자.

연금 3총사 ① – 국민연금

공적연금*인 국민연금은 노후 준비로는 턱없이 부족하다. 그래서 사적연금(퇴직연금, 개인연금)이 생겼는데, 이것들을 합쳐서 '3층 연금' 또는 '연금 3총사'라고 부르기 시작했다.

---

* **공적연금의 종류**: 공적연금은 일반 국민이 가입하는 국민연금과 공무원연금, 사학연금, 군인연금이 있다.

국민연금은 모든 국민이 의무적으로 가입하여 근로기간에 납부하는 연금이다. 국민연금은 국가가 주도적으로 운영하고, 소득 대비 일정한 비율을 납부하며, 보장성, 소득 비례, 공공성의 특징을 가지고 있다.

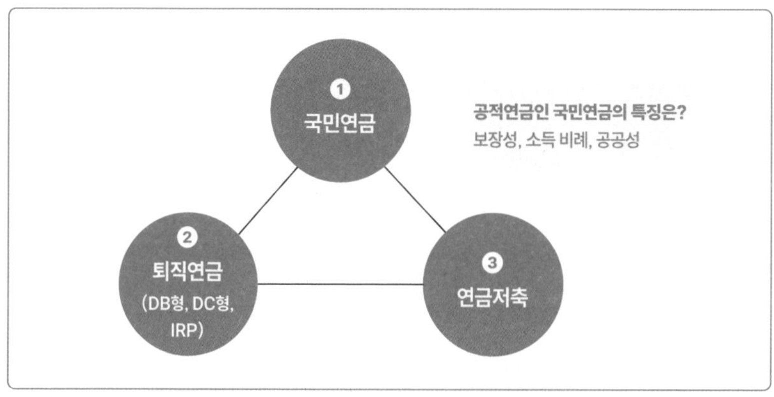

연금 3총사 – 공적연금(① 국민연금), 사적연금(② 퇴직연금, ③ 연금저축)

연금 3총사 ② – 퇴직연금(DB형, DC형, IRP)

퇴직연금**은 근로자가 회사에서 퇴직한 후 받을 수 있는 연금이다. 퇴직연금은 근로자가 퇴직급여를 한꺼번에 써버리는 것을 방지하는 동시에 근로자의 퇴직급여 수급권을 보장하기 위해 탄생했고 DB형과 DC형, IRP로 구분한다.

** 퇴직연금에 대해서는 154쪽 '둘째마당'을 참고한다.

DB형(Defined Benefit)

DB형(확정급여형)은 퇴직 직전 3개월 평균 급여에 근속연수를 곱해 퇴직연금을 결정하는 방식으로 운용된다. 따라서 퇴직시점에 급여 수준이 높거나 근속연수가 긴 근로자라면 DB형이 상대적으로 더 많은 퇴직금을 수령할 수 있다. DB형의 경우 근로자는 퇴직금의 운용책임이 없어 안정성을 보장받지만, 기업에게는 더 많은 책임과 리스크가 따른다.

DC형(Defined Contribution)

DC형(확정기여형)은 근로자가 자신의 퇴직금을 개인적으로 관리하는 방식으로, 기업은 근로자의 DC형 계좌에 연봉의 1/12을 매년 1회 또는 매월 나누어 입금하고 근로자는 이 자금을 투자하거나 운용할 수 있다. DC형은 근로자에게 연금운용의 자유를 제공하는 대신 투자성과에 따라 미래의 퇴직금이 달라질 수 있으므로 지급방식에 대해 학습해야 한다.

IRP(Individual Retirement Pension)

IRP는 퇴사 후 퇴직금을 이전받는 용도(퇴직 IRP)와 개인이 따로 납입하여 세액공제 등 세제 혜택을 받는 용도(개인 IRP)로 구분한다. **개인 IRP는 회사에 소속되어 있지 않은 자영업자, 프리랜서도 가입할 수 있다. 단 퇴직연금이므로 중도인출이 어렵다.**

연금 3총사 ③ – 연금저축

지금까지 가장 많은 변천사를 거쳐온 연금저축은 국민연금처럼 의무 가입도 아니고 퇴직연금처럼 회사에 소속된 근로자가 의무로 가입하는 것도 아니다. 대한민국 거주자라면 제한 없이 누구나 연금저축*을 개설할 수 있고 정부에서는 다양한 세제 혜택을 제공하면서 가입을 유도해 왔다. **연금저축은 의무 가입이 아니므로 국민연금이나 퇴직연금에 비해 상대적으로 자유롭게 중도인출할 수 있다.**

연금은 아니지만 연금과 환상의 짝궁! ISA

ISA(Individual Savings Account)는 연금은 아니지만 다른 연금계좌와 함께 매우 효과적으로 시너지 효과를 낼 수 있다. ISA는 일정한 한도 안에서 예금뿐만 아니라 주식, 채권, 펀드, ETF(상장지수펀드) 등 다양한 금융 상품을 한꺼번에 담아 운용할 수 있다. 그리고 ISA는 의무 가입기간인 3년이 경과한 후 해지하면 투자수익에 대해 세제 혜택을 제공한다.** 이때 해지한 만기자금을 연금계좌(연금저축, IRP)로 이전하면 추가 세제 혜택도 받을 수 있어서 일석이조이다.

---

* 연금저축에 대해서는 58쪽 '첫째마당'을 참고한다.

** ISA 투자수익별 세제 혜택에 대해서는 232쪽을 참고한다.

내 국민연금 수령액은 얼마일까? (ft. 부족한 연금계산법)

공무원연금, 사학연금, 군인연금 월평균 수령액=약 300만 원

국민연금 월평균 수령액=약 57만 원

국민연금만 30년 납부한 사람이 여유로운 노후를 보낼 수 있다면 얼마나 좋을까? 하지만 현실은 그렇지 않다. 공무원연금, 사학연금, 군인연금 수급자의 월평균 연금액은 월 300만 원에 육박해서 국민연금 수급자의 수령액보다 평균 5배 이상 높다. 따라서 당신이 지금 국민연금만 납입하고 있다면 월 300만 원 목표 연금액에서 한참 부족한 상황이다.

■ **공적연금별 월평균 연금액**

	납부 비율	2023년 월평균 연금액	국민연금 대비 비율
사학연금	**급여의 18%**	293만 원	5.1배
군인연금	급여의 14%	272만 원	4.8배
공무원연금	급여의 18%	250만 원	4.4배
국민연금	**급여의 9%**	57만 2,000원	1.0배

공무원연금의 약 1/4 수준!

자료 출처: 각 연금공단 홈페이지

내 국민연금 예상 수령액부터 찾아보자

국민연금공단 사이트(www.nps.or.kr)에 접속하거나 '내 곁에 국민연금(NPS)' 앱을 다운로드해서 로그인한 후 '내 국민연금 알아보기'를 선택해보자. 그러면 만 65세 이후에 내가 받을 예상 연금액을 확인할 수 있다. 이 책에서 목표로 하는 연금액은 월 300만 원이다. 전 국민이 의무적으로 가입해야 하는 국민연금의 예상 수령액을 빼면 여러분이 채워야 할 연금액을 확인할 수 있는데, 이 금액이 얼마인지 알아보자.

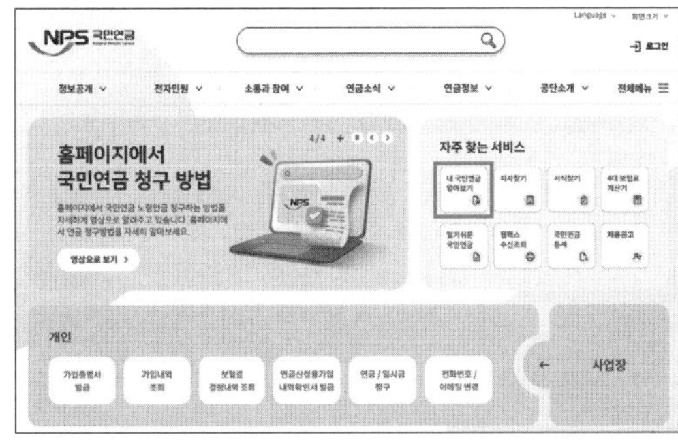

국민연금공단 사이트에서는 국민연금뿐만 아니라 여러분이 이미 가입한 퇴직연금(DB형, DC형, IRP)과 개인연금(연금저축, 펀드) 내역을 한눈에 볼 수 있다.

부족한 연금액을 채우려면 얼마를 저축해야 할까?

36쪽의 QR 코드로 들어가서 엑셀 시트를 다운로드한 후 다음 사항을 차례대로 입력해보자.

1. ① 월 목표 연금액 300만 원을 입력한 후 ② 국민연금 월 예상 수

령액을 입력하면 ③ 부족한 연금액이 자동으로 계산된다.

2. 예상수령기간(월)을 입력한다.

   예 만 65세 은퇴, 만 85세부터 수령할 경우 → 20년×12개월=240개월

3. 예상 수익률을 적는다. 참고로 이 서식에서는 예상 수익률을 연 6%로 잡았다(예상 수익률=은행 예금의 약 2배).

4. 저축기간(월)을 입력한다.

   예 현재 만 40세, 만 60세까지 저축할 경우 → 20년×12개월=240개월

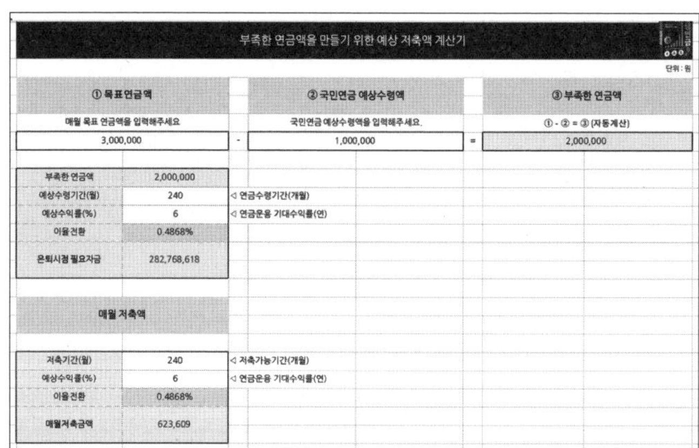

부족한 연금액을 만들기 위한 예상 저축액 계산기

단위 : 원

① 목표연금액		② 국민연금 예상수령액		③ 부족한 연금액
매월 목표 연금액을 입력해주세요		국민연금 예상수령액을 입력해주세요.		① - ② = ③ (자동계산)
3,000,000	-	1,000,000	=	2,000,000

부족한 연금액	2,000,000	
예상수령기간(월)	240	◁ 연금수령기간(개월)
예상수익률(%)	6	◁ 연금운용 기대수익률(연)
이율전환	0.4868%	
은퇴시점 필요자금	282,768,618	

매월 저축액

저축기간(월)	240	◁ 저축가능기간(개월)
예상수익률(%)	6	◁ 연금운용 기대수익률(연)
이율전환	0.4868%	
매월저축금액	623,609	

부족한 연금액을 채우려면 언제까지 일하고 얼마를 저축해야 할까?

우리가 목표로 하는 연금 300만 원을 달성하기 위해서 지금 당장 할 일은 간단하다. 현재의 소득을 높이고, 불필요한 소비를 차단하며, 저축액을 늘리면 된다. 물론 이 과정은 고통스럽다. 하지만 우리가 연금을 공부하는 이유는 이러한 고통의 시간을 단축하기 위해서다.

연금상품은 은행 상품보다 수익률을 높일 수 있을 뿐만 아니라 풍부한 세제 혜택까지 제공한다. 몰라서 세제 혜택을 못 받고 몰라서 세금을 더 내는 일이 없도록 공부해야 한다.*

■ **투자기간에 따른 평가금액 비교**

투자기간	월 투자금액	총 투자금액	최종 평가금액(연 투자수익률 4% 가정)
30년	10만 원	3,600만 원	68,527,056원
20년	15만 원		54,576,259원
10년	30만 원		44,008,777원

하루라도 빨리 연금투자를 시작해야 적은 투자금액으로 복리의 기적을 경험한다.

* 연금에 대한 좀 더 구체적인 전략과 실천방법은 '첫째마당'~'셋째마당'에서 자세히 살펴볼 것이다.

tip 국민연금을 더 많이 받는 방법 4가지

국민연금은 매년 **소비자 물가상승률에 따라 조정한 금액을 기준으로 연금을 지급**한다는 것이 가장 큰 장점이다. 이것은 다른 사적연금에서는 찾아보기 힘든 국민연금만의 독특한 장점으로, 국민연금 수령액을 최우선으로 늘려야 하는 가장 큰 이유이다. 국민연금을 더 많이 받으려면 가급적 다음 4가지 방법을 잘 활용하는 것이 좋다.

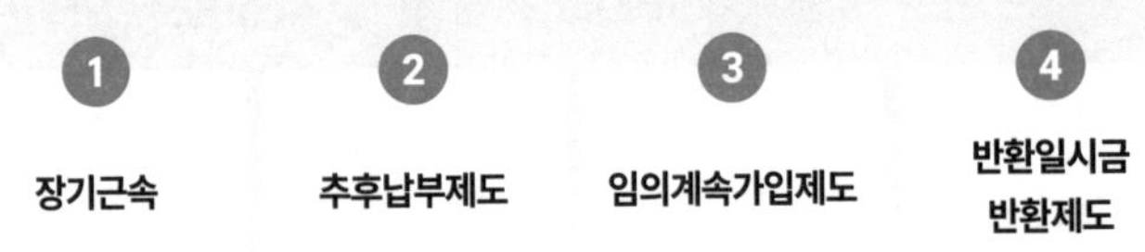

1. 오랜 기간 재직해라.

국민연금은 가입기간이 길수록 연금 수령액이 많아진다. 그러므로 오랜 기간 사업장에 재직하면서 국민연금 보험료를 꾸준히 납부하면 수령하는 시점에 더 많은 연금을 받을 수 있다.

2. 추후납부제도를 활용해라.

과거에 국민연금을 납부하지 못한 기간이 있을 경우 추후납부제도를 통해 해당 기간의 보험료를 납부할 수 있다.

3. 임의계속가입제도를 활용해라.

퇴직 후에도 국민연금에 계속 가입하여 보험료를 납부할 수 있다. 이것은 퇴직 후에도 가입기간을 연장해서 연금 수령액을 증대시키는 방법이다.

4. 반환일시금반환제도를 활용해라.

과거에 국민연금을 일시금으로 반환받았다면 다시 반환금액을 납부해서 연금가입기간을 복원할 수 있다. 이것은 반환받은 일시금을 재납부하여 연금 수령액을 높이는 데 매우 효과적이다.

공무원이 아니라면 연금계좌에 월급의 9% 추가 납입할 것!

공무원은 월급의 18% 납입 VS 회사원은 9% 납입

경제상황이 어렵고 미래에 대한 불안감이 커질수록 우리가 목표로 하는 월 300만 원 연금을 달성하기 위해 부족한 액수를 강제저축해야 한다.

만약 당신이 공무원이라면? 축하한다! 이번 내용은 그냥 넘어가도 된다. 공무원연금은 소득의 18%를 납부하지만, 국민연금은 소득의 9%를 납부하므로 연금 납입금액의 차이만 2배인 셈이다. 그러므로 최소한 공무원 월평균 연금 수령액인 250만 원 근처에 가고 싶다면 월급의 9%는 추가로 연금계좌에 강제저축을 해야 한다.*

* 만약 회사원이 아니면 연금계좌 중에서 퇴직연금(DB형, DC형, IRP)은 중도인출이 어려우므로 연금저축계좌부터 우선순위로 개설하자.

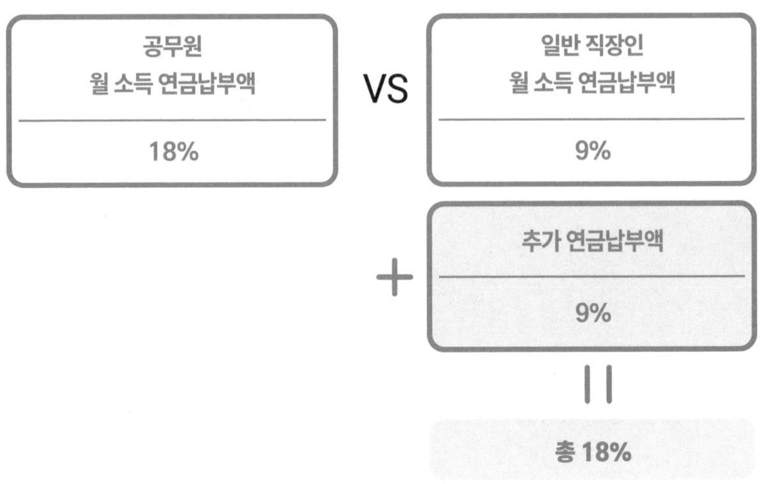

9% 추가 납입할 연금계좌는? 증권사 '연금저축펀드' 추천!
세액공제와 과세이연 효과 UP!

그렇다면 어떤 연금계좌에 월 급여의 9%를 추가로 납입하면 좋을까? 결론부터 말하면 증권사의 '연금저축펀드' 상품을 적극 추천한다. 연금저축펀드는 사적연금인 연금저축의 일종으로, '세제적격연금'과 '세제비적격연금'으로 구분하는데, 세부적인 차이는 다음과 같다.

* **과세이연**: 일정 기간 동안 연금을 운용하기 위해 자산을 팔 때까지 세금 부과하는 것을 유예하는 제도로, 좀 더 자세한 내용은 47쪽을 참고한다.

** 연금저축펀드 중 증권사에서 판매하는 상품을 최우선으로 추천하는 이유는 65쪽을 참고한다.

■ 세제적격연금과 세제비적격연금의 특징

세제적격연금	세제비적격연금
① 납입 단계에서 세액공제된다. ② 운용 단계에서 과세이연*된다. ③ 대신 인출 단계에 이르러 과세된다.	① 납입 단계에서 세제 혜택은 따로 없다. ② 다만 운용 단계와 인출 단계에서 일정 조건을 충족하면 비과세 혜택을 받을 수 있다.

절세 효과 UP!

결론부터 말하자면 세제적격연금은 세제비적격연금보다 절세 효과가 크므로 세제적격연금을 먼저 선택하되, 그중에서도 증권사의 연금저축펀드계좌를 개설하면 좋다. 최근에는 세제적격연금의 혜택이 더욱 다양해지면서 수익률을 높일 수 있는 기회가 상대적으로 월등히 많아졌다.**

■ 세제적격연금과 세제비적격연금의 가입 단계별 혜택 비교

	세제적격연금	세제비적격연금
납입 단계	세액공제 ◯	세액공제 X
운용 단계	과세이연 ◯	과세이연 ◯
인출 단계	과세 적용	비과세 가능(일정한 조건 충족 시)
대표 상품	• 연금저축보험 • 연금저축신탁 (2018년 1월 1일부터 판매 중지) • 연금저축펀드 • 개인형 IRP 계좌	• 연금보험 • 변액연금(보험회사 상품)

월급 9% 추가 납입은?

⬇

증권사의 '연금저축펀드계좌' 개설 추천!

퇴직연금은 절대 중도에 헐지 말 것!
(ft. DB형, DC형, IRP는 목돈이 아닌 연금이다!)

퇴사 후 퇴직연금은 연금계좌로 직행할 것!

퇴직연금제도는 DB형과 DC형 중 하나를 선택할 수 있다. 다만 어떤 것을 선택해야 유리한지에 대해서는 의견이 분분하지만, DB형이든, DC형이든 퇴직금을 연금 형태로 수령하는 비율이 현저히 낮다는 것이 문제다. 즉 퇴직연금을 대부분 주택 구입자금으로 중도인출하거나, 퇴직 이후에 목돈으로 받으면 대출잔액을 상환하거나, 자녀를 위한 교육자금 또는 결혼지원금으로 사용하는 경우가 많다.

이렇게 퇴직금을 목돈으로 써버리는 이유 중 하나는 퇴직금을 연금계좌에 넣을 수 있다는 사실을 몰라서다. 이렇게 하면 당장 세금을 떼지 않아도 되고(과세이연) 그 돈을 굴려서 수익을 창출할 수도 있다(운용수익 창출). 정부가 이렇게 세금징수를 유예한 것은 퇴직금을 목돈으로 쓰지 말고 연금으로 쓰라고 유도하기 위해서다.

다시 한번 강조하지만 일반 직장인이 국민연금만으로 노후를 대비하는 것은 불가능하므로 반드시 퇴직연금을 목돈이 아닌 연금 재원임을 인식해야 한다. 이 돈은 장차 나의 노후를 책임질 월 300만 원 연금의 초석이므로 절대로 헐어서 쓰면 안 된다.

일시금으로 받은 퇴직금 → IRP로!

일시금으로 받은 퇴직금은 법적으로 IRP(개인형 퇴직연금)로 받게 정해져 있다.* 이렇게 수령한 퇴직금은 전액 모두 과세이연되어 지급되었다가 만 55세 이후에 연금으로 인출할 때 실제 수령기간 10년 차까지는 퇴직소득세 30%, 그 이후인 11년 차부터는 40%가 감면된다.

꼭 기억하자! 퇴직금은 목돈이 아니라 노후소득으로 활용했을 때 진가를 발휘한다는 점을! 그리고 정부가 제공한 혜택을 놓치지 않고 챙겨야 연금 수령액을 높일 수 있다는 사실을!

tip 퇴직연금 DB형 VS DC형, 어느 것이 더 유리할까?

회사에 소속되면 누구나 퇴직연금의 가입 유형을 선택해야 하는데, 근속기간과 임금인상률에 따라 DB형(확정급여형)과 DC형(확정기여형)을 선택하는 기준은 다음과 같다.

DB형(확정급여형)	DC형(확정기여형)
• 근속기간이 길다. • 임금인상률이 높아 급여 수준이 높다.	• 자주 이직한다. • 임금인상률이 높지 않는 회사에 재직중이다.

* IRP로 퇴직금을 받는 방법에 대해서는 202쪽을 참고한다.

연금저축 시뮬레이션 ① - 세액공제 (ft. 연 600만 원 납입 → 99만 원 돌려받기)

연금저축은 최고 납입금액을 채우면 이득!

연금저축*은 공무원이거나, 회사원이거나, 프리랜서거나, 자영업자거나 가입할 수 있고 중도인출도 자유롭다. 연금저축으로 투자하는 것이 매력적인 이유 중 하나는 세제 혜택이다. '월 300만 원 평생연금'이라는 험난한 길을 떠나는 여행자에게 세제 혜택을 주어 짐 가방 하나를 덜어주는 효과를 제공하는 셈이다. 예를 들어 연소득 5,500만 원인 근로소득자가 연금저축에 매월 50만 원씩 연 600만 원을 납입하면 600만 원×16.5%(세액공제율)=99만 원의 세액이 공제된다.** 이것은 연말정산할 때 납부해야 할 세금 99만 원이 감소하는 효과이다.

---

* **연금저축과 연금계좌의 차이**: 연금계좌는 '연금저축'과 '퇴직연금'을 모두 포함하는 상위 개념이므로 연금저축과 연금계좌는 서로 다르다. 이 책에서 다루는 연금저축 상품은 여러분이 직접 운용할 수 있는 증권사의 연금저축펀드에 한해 설명한다.

** **소득공제와 세액공제**: 월급쟁이는 연말정산 때 '소득공제'와 '세액공제'라는 단어를 접한다. 소득공제는 세율 구간이 적용되는 금액대(과세표준)를 덜어내는 개념이고 세액공제는 낼 세금을 직접 덜어내는 개념이다.

[사례] 연봉 5,500만 원 월급쟁이가 세액공제로 99만 원을 돌려받으려면?

연금저축에
월 50만 원×12개월
=연 600만 원
(최고 납입금액)

+

세액공제로
99만 원
돌려받기
(연말정산)

➡

(1년 이자가
약 99만 원인)
2,475만 원
1년 예금 가입 효과

만약 매년 세전 99만 원의 이자소득을 얻으려면 2,475만 원을 연 이율 4%의 예금상품에 가입하고 1년 후에 수령해야 한다. 하지만 연금저축을 활용하면 연간 600만 원만 납입하고도 99만 원의 세금 감면 효과가 발생하므로 세제 혜택 측면에서 더 큰 효과를 볼 수 있다.

다음은 연금저축의 세액공제율이다. 총급여액과 종합소득금액별로 세액공제율과 세액공제한도가 달라지니 참고하자.

■ 연금저축 세액공제율

	총급여액/종합소득금액	세액공제율 (지방소득세 포함)	세액공제한도
근로소득자	5,500만 원 초과	13.2%	최대 600만 원 (퇴직연금(IRP, DC형) 포함 시 최대 900만 원)
	5,500만 원 미만	16.5%	
종합소득자	4,500만 원 초과	13.2%	
	4,500만 원 미만	16.5%	

* 소득이 많을수록 세액공제율이 낮아진다.

■ **연금저축 납입금액별 세액공제액**

연 납입금액	세액공제율(지방소득세 포함) 총급여 5,500만 원 초과/미만	세액공제액
100만 원	13.2%	100만 원×13.2%=13만 2,000원
	16.5%	100만 원×16.5%=16만 5,000원
200만 원	13.2%	200만 원×13.2%=26만 4,000원
	16.5%	200만 원×16.5%=33만 원
300만 원	13.2%	300만 원×13.2%=39만 6,000원
	16.5%	300만 원×16.5%=49만 5,000원
400만 원	13.2%	400만 원×13.2%=52만 8,000원
	16.5%	400만 원×16.5%=66만 원
500만 원	13.2%	500만 원×13.2%=66만 원
	16.5%	500만 원×16.5%=82만 5,000원
600만 원	**13.2%**	**600만 원×13.2%=79만 2,000원**
	16.5%	**600만 원×16.5%=99만 원**
700만 원	13.2%	700만 원×13.2%=92만 4,000원
	16.5%	700만 원×16.5%=115만 5,000원
800만 원	13.2%	800만 원×13.2%=105만 6,000원
	16.5%	800만 원×16.5%=132만 원
900만 원	13.2%	900만 원×13.2%=118만 8,000원
	16.5%	900만 원×16.5%=148만 5,000원

연금저축 세액공제한도는 최대 600만 원이다. 여기에 IRP에 300만 원을 추가 납입하면 총 900만 원의 세액공제를 받을 수 있다.

연금저축 시뮬레이션 ② – 과세이연 (ft. 1억 운용 시 예금보다 853만 원 이득!)

1억 예금 VS 1억 연금저축 결과는?

과세이연이란, 자산을 처분할 때까지 세금 부과를 유예하는 제도이다. 현재의 세금 부담을 미래로 늦추는 대신, 더 큰 결실을 얻을 수 있는 기회를 제공하므로 마치 씨앗을 심고 싹이 트기를 기다리는 것과 같다. 시간이 흐를수록 커지는 눈덩이처럼, 연금저축의 과세이연 효과는 복리의 마법을 통해 우리의 연금자산을 더욱 불릴 수 있다.

일반 예금상품에 1억 원을 납입했을 경우를 상정해보자. 매년 4%의 금리로 1억 원을 운용하면 연간 400만 원의 세전 이자소득이 발생한다. 여기에 15.4%의 이자소득세가 과세되면 61만 6,000원(=400만 원×15.4%)을 차감하여 세후 338만 4,000원(=400만 원-61만 6,000원)의 이자소득을 받게 된다. 이것을 재투자해도 매년 발생하는 이자소득에 이자소득세 15.4%를 차감한 후 합산해서 재투자할 수 있으므로 세금을 차감한 만큼 복리 효과는 감소한다. 또한 이러한 과정을 10년 동안 반복하여 재투자한다면 이자소득세만 총 718만 7,916원을 납부하게 된다.

[사례] 예금 1억 원 VS 연금저축 1억 원 10년 후 결과는?
→ 연금저축 승! 평가금액 최대 853만 원 차이!

■ 예금 1억 원을 금리 4%로 10년간 운용 시 시뮬레이션

(단위: 원)

연차	평가금액	금리	세전 이자	세율	이자소득세	세후 이자소득
1년 차	100,000,000	4%	4,000,000	15.4%	616,000	3,384,000
2년 차	103,384,000		4,135,360		636,845	3,498,515
3년 차	106,882,515		4,275,301		658,396	3,616,904
4년 차	110,499,419		4,419,977		680,676	3,739,300
5년 차	114,238,719		4,569,549		703,711	3,865,838
6년 차	118,104,557		4,724,182		727,524	3,996,658
7년 차	122,101,216		4,884,049		752,143	4,131,905
8년 차	126,233,121		5,049,325		777,596	4,271,729
9년 차	130,504,850		5,220,194		803,910	4,416,284
10년 차	134,921,134		5,396,845		831,114	4,565,731
11년 차	**139,486,865**					
총합			**46,674,781**		**7,187,916**	**39,486,865**

반면 연금저축에서 1억 원을 매년 4%의 금리로 운용하면 연간 400만 원의 세전 이자소득이 발생하지만, 이자소득세는 당장 부과되지 않는다. 나중에 연금을 개시한 후 연간 연금 수령한도*와 수령조건을 충

* 연간 수령한도와 연금 수령조건에 대해서는 145쪽을 참고한다. 계산식은 '연금계좌 평가금액/(11 − 연금 수령 연차) × 120%'이다.

족하여 연 1,500만 원 이하를 인출할 경우 연 3.3~5.5%의 저율 연금소득세가 과세된다. 이것을 이자소득세율과 비교해보면 결과적으로 매년 발생하는 이익에서 연 9.9~12.1%(=15.4-5.5%~15.4-3.3%)의 절세 효과를 볼 수 있다.

또한 10년 동안의 과세이연 효과를 고려할 때 일반 계좌의 11년 차 평가금액은 1억 3,948만 6,865원이지만, 연금계좌의 평가금액은 1억 4,802만 4,428원으로, 약 8,537,563원 차이가 발생한다. 이와 같이 과세이연 효과는 세액공제 혜택과 함께 연금을 장기투자할 경우 연금자산을 불리는 데 큰 역할을 한다. 따라서 연금저축에 여러분이 넣을 수 있는 최고 금액을 매월 납입한다면 생각보다 큰 결실을 맛볼 수 있다.

■ 연금저축 1억 원을 금리 4%로 10년간 운용 시 시뮬레이션 (단위: 원)

연차	평가금액	금리	세전 이자	세율	이자소득세	세후 이자소득
1년차	100,000,000		4,000,000			4,000,000
2년차	104,000,000		4,160,000			4,160,000
3년차	108,160,000		4,326,400			4,326,400
4년차	112,486,400		4,499,456			4,499,456
5년차	116,985,856		4,679,434			4,679,434
6년차	121,665,290	4%	4,866,612	0%	0	4,866,612
7년차	126,531,902		5,061,276			5,061,276
8년차	131,593,178		5,263,727			5,263,727
9년차	136,856,905		5,474,276			5,474,276
10년차	142,331,181		5,693,247			5,693,247
11년차	**148,024,428**					
총합			**48,024,428**			**48,024,428**

예금보다 약 853만 원 이득!

연금 중도인출, 신중하게 결정하자

모든 연금은 끝까지 납입해야 혜택이 주어지므로 중도인출할 경우에는 발생하는 세금 문제나 향후 노후자금계획에 미치는 영향을 신중하게 고려해야 한다. 중도인출은 세금 부담이 크고 연금자산의 가치를 크게 훼손할 수 있다. 연금의 큰 장점 중 하나는 복리 효과를 통해 연금자산이 꾸준히 성장하는 것이다. 그러나 연금을 중도인출을 하면 복리 효과를 누릴 수 없게 되므로 중도인출을 최소화하고 다른 방법으로 긴급자금을 마련하는 것이 바람직하다. 참고로 세액공제를 받지 않은 추가 납입금액 등은 중도인출할 경우 비과세된다.

연금저축 중도인출 시 과세 여부

	세액공제받은 금액 및 운용수익 중도인출 시	세액공제받지 않은 금액 중도인출 시
과세 여부	과세	비과세
세금 종류	기타소득세	해당 없음
세율	16.5%	

나만의 연금 준비 시나리오 작성하기

나의 재정상황에 맞게 연금을 준비하려면 다음과 같이 각 단계별로 계획을 세워 시나리오를 작성하는 것이 좋다.

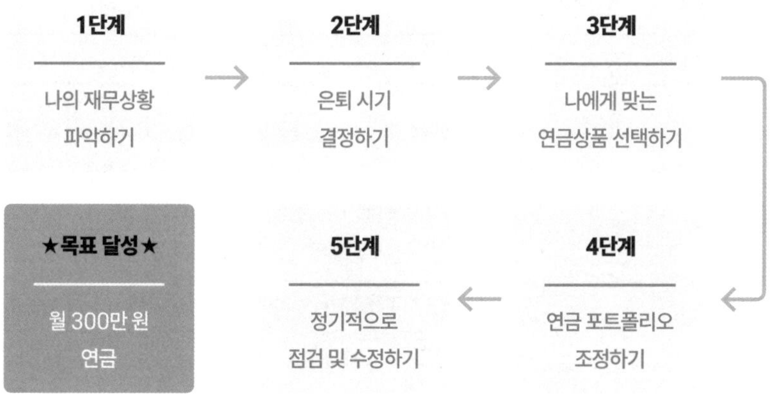

1단계 나의 재무상황 파악하기

34쪽에서 공무원연금을 제외하고 부족한 연금을 계산하면서 연금 300만 원을 받기 위한 월 저축액을 계산해보았다. 은퇴 준비가 이렇게 간단하면 좋겠지만, 매년 나의 소득과 자산이 달라지고, 시장도 변화하며, 물가는 요동친다. 따라서 적어도 1분기에 한 번씩 재무진단과 자산 리밸런싱이 필요하다.

다음과 같이 여러분이 스스로 자신의 재무상황을 진단할 수 있게 각 항목별로 체크할 내용을 정리했으므로 수입과 지출, 저축과 자산, 부채와 순자산의 변동 사항을 기입해보자. 그리고 여행을 가기 전에 지도를 꼼꼼히 살펴보듯이 나의 재정상황을 면밀하게 분석하여 앞으로 어떤 준비를 해야 할지 파악해보자.

■ **재무상황 자가점검표**

항목	내용	점검 사항
수입	(　　　　　　　　)	월급, 부업 소득 등 모든 수입을 기록한다.
지출	(　　　　　　　　)	고정지출(월세, 통신비, 대출상환액, 보험료 등)과 변동지출(식비, 여가활동, 교육비 등)을 상세히 기록하여 소비 패턴을 파악한다.
저축	(　　　　　　　　)	매달 얼마를 저축하고 있는지, 어떤 통장에 저축하고 있는지 확인하고 노후소득을 마련하기 위해 저축금액 중 얼마를 배정할 수 있는지 결정한다.
자산	(　　　　　　　　)	부동산, 예금, 투자 자산 등 현재 보유하고 있는 모든 자산을 목록으로 만들고 현재 가치를 평가한다.
부채	(　　　　　　　　)	대출, 카드빚 등 모든 부채를 목록으로 만들고 남은 잔액과 이자율을 기록한다.
순자산	(　　　　　　　　)	총자산에서 총부채를 뺀 금액을 계산하여 순자산의 규모를 파악하고 순자산 중 노후소득으로 활용할 수 있는 자산의 규모를 결정한다.

2단계 은퇴 시기 결정하기

1단계에서 나의 재무상황을 파악했으면 월 300만 원 목표 연금액을 위해 언제까지 일할지 점검해보자. 현재 나이, 모아놓은 돈, 소득 수준과 자산에 따라 은퇴 시기가 달라지겠지만, 내가 원하는 은퇴 시기가 최우선이므로 여기에 맞추어 나머지를 조율해야 한다.

"나는 ◯◯살에 은퇴해서 월 300만 원 연금을 받고 싶다!"
(은퇴까지 ◯◯년 남음)

3단계 나에게 맞는 연금상품 선택하기

국민연금과 퇴직연금 등 의무 가입상품을 제외한 사적연금인 연금저축은 증권사의 연금저축펀드를 추천하고* 그 외의 상품도 증권사의 상품을 권한다. 퇴직연금상품 중 하나인 IRP는 증권사의 개인형 IRP를, 퇴직금 이전을 고려한다면 역시 증권사의 퇴직 IRP 계좌를 선택한다. 그리고 연금저축상품과 시너지를 높이는 ISA 계좌는 증권사의 ISA 계좌 중개형을 선택한다. 이 경우 상품별로 혜택이 달라지므로 이것도 꼼꼼하게 체크하는 게 좋다.**

---

* 증권사의 연금저축펀드에 대해서는 65쪽을 참고한다.

** 연금저축과 퇴직연금 IRP, ISA 등 각 상품별 특징은 '첫째마당'~'셋째마당'을 참고한다.

■ 연금상품별 추천 상품(모두 증권사 추천)

	추천 상품
연금저축	증권사 연금저축펀드(첫째마당 참고)
퇴직연금 IRP	증권사 개인형 IRP(둘째마당 참고)
퇴직금 이전 시	증권사 퇴직 IRP(둘째마당 참고)
ISA	증권사 중개형(셋째마당 참고)

증권사 상품을 추천하는 이유는 채권, 주식, ETF 등 장기 우상향하는 자산을 자유롭게 매매할 수 있기 때문이다. 연금 수령 연차와 한도를 유리하게 만들려면 가급적 빨리 연금에 가입하는 게 좋은데, 이것에 대해서는 145쪽을 참고한다.

4단계 연금 포트폴리오 조정하기(ft. 월 배당 ETF 중심)

3단계에서 나에게 맞는 연금상품을 선택했다면 이제는 나만의 연금 포트폴리오를 구성할 차례다. 여기에서는 매년 쏟아지는 신상품과 혜택을 눈여겨보면서 적절하게 편입하여 포트폴리오를 구성하는 게 좋다. 필자가 운영하는 네이버 카페와 유튜브 채널*에서는 매월 신규 상장되는 ETF 종목을 분석하여 업로드하므로 참고해보자.

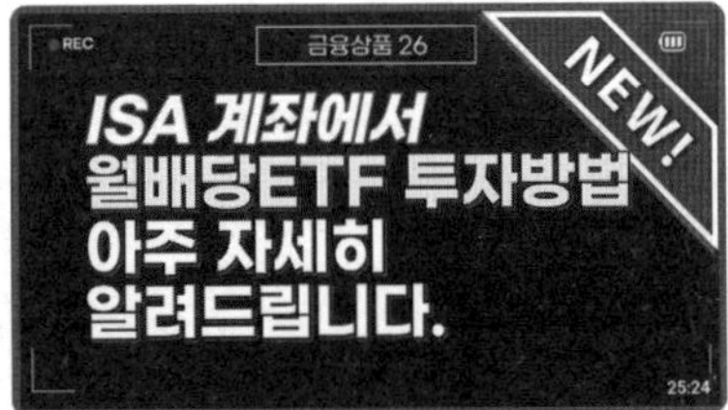

* 필자는 '김범곤의 연금연구소' 네이버 카페(cafe.naver.com/passfinance)와 '김범곤의 연금수업' 유튜브 채널(www.youtube.com/@bumgon84)을 운영하고 있다. 이 책의 '부록'에서는 최강 월 배당 ETF 상품을 소개하고 있으니 참고한다.

이 책에서는 월 배당 ETF를 활용하여 배당소득을 창출하고 배당소득만으로 목표 노후자금을 마련할 수 있는 방법에 대해 중점적으로 소개할 것이다. 연금을 준비하는 많은 분에게 이 방법을 추천했고 실제로 매우 큰 성과를 거두었으므로 기대해도 좋다.

왜 월 배당 ETF 중심으로 연금을 굴려야 할까?

☑ **매달 안정적인 현금 흐름 제공**

월 배당 ETF는 매달 일정한 배당금을 지급하므로 마치 월급처럼 꾸준한 수입을 얻을 수 있다.

☑ **분산투자 효과**

여러 유형의 자산에 투자할 수 있어 리스크를 분산시킬 수 있다.

☑ **저비용**

관리비용이 낮아 비용을 절감할 수 있다.

☑ **투명성**

자산 구성이 투명하게 공개되어 투자자가 자산에 대한 정보를 쉽게 알 수 있다.

5단계 정기적인 점검과 수정은 필수!

현재 우리의 목표 연금액은 월 300만 원이지만 사실 목표 생활비는 매년 소비자 물가상승률 등을 감안하여 증액하는 것이 바람직하다. 따라서 매년 고정금액으로 저축액을 결정하는 것보다 소득이 증가하는 만큼 저축액이 증가하도록 여기에 맞춰 저축액 비율을 설정하는 것이 좋다.

연금 포트폴리오를 안전자산으로만 100% 운용할 경우에는 물가상승률을 이길 수 없다. 따라서 위험성향에 따라 위험자산과 안전자산의 비중을 결정하고 안전자산은 원금 손실이 없는 상품으로, 위험자산은 다양한 기초자산을 바탕으로 포트폴리오를 구성하여 운용해야 한다. 포트폴리오를 구성한 후 목표 배당수익률을 달성하지 못한 경우에는 반드시 원인을 찾아야 한다. 그리고 필요에 따라서 포트폴리오에 편입된 종목을 교체하거나 전체 포트폴리오를 수정하는 등 노후소득을 확보하기 위해 정기적으로 점검하고 수정하는 과정이 매우 중요하다.*

왜 정기적으로 포트폴리오를 점검해야 할까?

☑ **시장 변동성**

주식시장, 금리 등 경제 환경은 항상 변화하므로 한 번 설정한 포트폴리오가 영원히 유효할 수 없다.

☑ **개인상황 변화**

소득, 지출, 목표 등 개인의 상황도 시간이 지나면서 변화할 수 있으므로 수정이 필요하다.

☑ **물가상승**

물가가 상승하면 노후에 필요한 생활비도 함께 증가하므로 정기적으로 목표 생활비를 재검토해야 한다.

---

* 자신의 투자성향을 진단하고 이에 따라 포트폴리오의 위험자산과 안전자산 비율을 정해야 하는데, 이것에 대해서는 92쪽을 참고한다.

tip 내 집을 주택연금으로 활용한다면?

이 책을 읽는 독자들은 크게 '주택 소유자'와 '주택 미소유자'일 것이다. 주택의 가치는 다음과 같이 3가지로 분류할 수 있는데, 여기에서는 연금가치를 살펴보자.

주택연금은 부부 중 한 명이 사망해도 평생연금을 받을 수 있고 모두 사망하면 국가가 집을 가져가는 형식으로 운영된다. 그리고 부부 중 한 명이라도 만 55세 이상이면서 2024년 3월 1일 기준으로 공시지가 12억 원 이하의 주택(아파트) 및 주거용 오피스텔을 소유하고 있거나 다주택자인 경우(부부 소유 주택의 공시지가 합산 12억 원 이하)에도 주택연금을 평생 받을 수 있다. 다만 주택연금 수령액은 국민연금과 달리 물가상승률이 반영되지 않아 인플레이션 헷지가 안 된다.

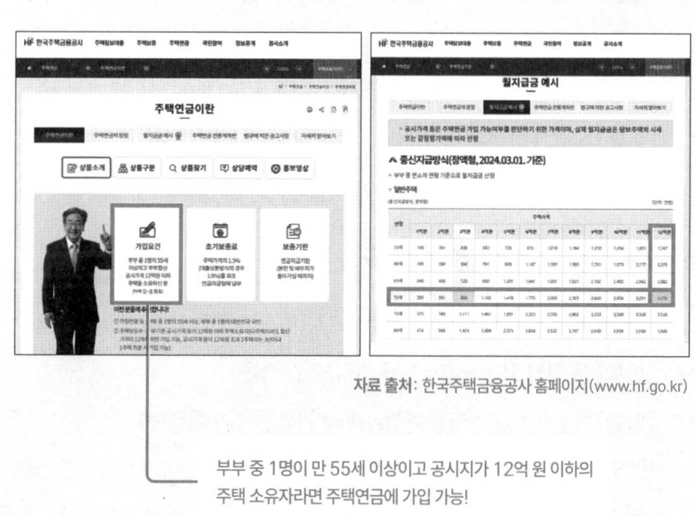

자료 출처: 한국주택금융공사 홈페이지(www.hf.go.kr)

연금저축 '납입' 단계에서 꼭 알아야 할 Q & A

01 **[납입]** 연금저축 가입은 증권사 '연금저축펀드' 추천!

02 **[납입]** 연금저축 1억을 목표로 납입하는 이유(ft. 월 100만 원 연금 창출 목표)

03 **[납입]** 원금 1억 VS 평가금액 1억 – 나의 목표는?

04 **[납입]** 40세 외벌이 A 씨의 연금저축 납입계획표

연금저축 '운용' 단계에서 꼭 알아야 할 Q & A

05 **[운용]** 장기투자 × 과세이연 = 복리 효과

06 **[운용]** 왕초보 투자자는 은퇴 시기를 고려한 TDF 추천!

07 **[운용]** 수수료가 수익률을 결정한다!(ft. 펀드 & ETF 수수료 비교)

08 **[운용]** 적립식 분할매수와 리밸런싱이 투자의 정석!

09 **[운용]** 투자성향에 따라 배분되는 위험자산 VS 안전자산

10 **[운용]** 게으른 투자자를 위한 연금저축 운용(ft. 5년 후 60.8% 수익률 달성!)

11 **[운용]** 은퇴가 가까운 당신에게 – 월 배당 ETF 강력 추천!

12 **[운용]** 월 배당 ETF 연금저축 운용 시뮬레이션 2가지(ft. 커버드콜)

연금저축 '인출' 단계에서 꼭 알아야 할 Q & A

13 **[인출]** 연금 1억을 인출하는 방법 3가지(ft. 확정기간형, 확정금액형, 비정기연금)

14 **[인출]** 돈 걱정 없는 노후 = 운용 수익〉인출 비율

15 **[인출]** 똑같이 연금 1억을 가졌는데 왜 인출 잔고가 다를까?
(ft. 수익률 발생순서의 위험)

16 **[인출]** 백수 시절 납입한 연금저축에 웬 세액공제?(ft. 홈택스 이중과세 정정 신청)

17 **[인출]** 저율과세 연금소득세로 세금을 최소화하자

18 **[인출]** 연금 수령 연차가 높을수록 연금 수령한도 껑충!

19 **[인출]** 연금 수령 중 가입자가 사망해서 해지한다면?

첫째 마당

월 300만 원 연금실천법 ①

연금저축

연금저축 '납입' 단계에서 꼭 알아야 할 Q & A

★ 연금저축과 연금계좌는 개념이 다르다.

★ 연금계좌는 연금저축과 퇴직연금(DC형, IRP 계좌)을 모두 포함하는 포괄적인 개념이다. (퇴직연금 DB형은 여기에서 제외됨. DB형은 근로자가 퇴직할 때 받을 연금액이 사전에 정해져 있는 형태로, 납입과 운용이 필요한 연금계좌와 성격이 다르다.)

★ 연금저축상품에는 은행에서 판매했던 연금저축신탁(2018년 1월 1일부터 판매 중지), 보험사에서 판매중인 연금저축보험, 증권사에서 판매중인 연금저축펀드가 있는데, 이 책에서는 연금저축펀드를 중심으로 설명하겠다.

질문 1 소득이 없는 전업주부나 퇴직자도 연금저축에 가입할 수 있는가?

YES! 연금저축 가입조건에는 소득조건과 나이조건이 없어서 전업주부, 퇴직자, 미성년자도 모두 가입할 수 있다.

질문 2 연금저축의 납입한도는 얼마인가?

연금저축의 연간 납입한도는 IRP(개인형 퇴직연금)와 합산하면 연 1,800만 원이다.

질문 3 연금저축은 얼마나 세액공제를 받을 수 있는가?

연금저축으로 세액공제를 받을 수 있는 최대 금액은 600만 원이다. 만약 IRP도 가입했다면 세액공제 300만 원이 추가되어 연금저축과 IRP를 합친 세액공제한도가 최대 900만 원까지 늘어난다.

■ 연금계좌(연금저축, 퇴직연금(IRP, DC형)) 납입한도와 세액공제한도

	연금계좌		최대 합산한도 (①, ②)
	연금저축 ①	퇴직연금(IRP, DC형) ②	
연간 납입한도	1,800만 원		–
세액공제한도	600만 원 (연금저축만 납입 시)	900만 원 (퇴직연금(IRP, DC형)에만 납입 시)	900만 원 (연금저축+IRP)

연금저축과 퇴직연금(IRP, DC형)을 모두 가지고 있다면 연간 납입금액에 따라 납입순서를 결정하자.

① 연 600만 원까지 납입한다면 연금저축을 활용한다.
② 연 900만 원까지 납입한다면 연금저축에 600만 원, 퇴직연금(IRP, DC형)에 300만 원을 납입한다.
③ 과세이연 효과를 최대한 누리기 위해 연 1,800만 원까지 최대로 납입한다면 연금저축에 900만 원, 퇴직연금(IRP, DC형)에 900만 원을 납입하는 게 좋다.

유동성 측면을 고려해서 연금저축을 먼저 활용하는 것이 좋다. 왜냐하면 연금저축은 자유롭게 중도인출할 수 있지만, 퇴직연금(IRP, DC형)은 특별한 사유가 있어야 중도인출할 수 있기 때문이다.

질문 4 언제부터 연금저축의 세액공제를 받을 수 있는가?

연금저축에 납입한 금액은 납입한 해 근로소득자가 연말정산을 신청하면 세액공제를 받을 수 있다. 그리고 종합소득세 신고자는 다음 해 5월에 세액공제를 적용받는다.*

* 세액공제에 대해서는 44쪽을 참고한다.

질문 5 연금 수령을 위한 연금저축의 최소 납입기간은 5년인가?

YES! 연금저축은 최소 5년 이상 납입해야 하고 만 55세 이후부터 연금으로 수령할 수 있다.

질문 6 연금저축의 납입방법은?

연금저축은 매월 일정 금액을 납입하는 정기납입과 필요할 때마다 자유롭게 납입할 수 있는 자유납입, 이렇게 2가지 방법이 있다.

■ 연금저축상품별 납입방법

연금저축보험	연금저축신탁	연금저축펀드
정기납입	자유납입	자유납입

연금저축보험은 자유납입이 제한될 뿐만 아니라 단점이 많으므로 가급적 가입하지 않는 것을 추천한다.

질문 7 연금저축의 납입금액은 언제든지 변경할 수 있는가?

YES! 정기납입상품의 경우 납입금액을 증액하거나 감액할 수 있다. 그리고 자유납입상품은 납입 시기에 따라 금액을 조정할 수도 있고 한 번에 일시금으로 납입할 수도 있다.

질문 8 연금저축은 납입을 중단할 수 있는가?

YES! 연급저축은 납입을 중단해도 계좌가 유지되어 나중에 납입을 재개할 수 있다. 다만 연금저축보험의 경우 납입을 중단하고 2개월이 경과되면 계약이 실효된다. 실효된 연금저축보험의 계약을 부활시키려면 그동안 납부하지 않은 납입금액을 모두 납부해야 한다.

〈사례〉 육아휴직 동안 연금저축보험의 납입을 중단했다면?

재직 중 연금저축보험에 월 30만 원을 납입하다가 육아휴직에 들어가면서 1년 동안 납입을 중단했다. 이후 직장에 다시 복직하여 연금저축보험에 보험료를 납입하려고 했더니 계약이 실효된 상태였다. 이 경우 연금저축보험 상품을 부활하려면 그동안 납입하지 않았던 보험료 360만 원(=30만 원×12개월)을 모두 납부해야 한다.

질문 9 연금계좌(연금저축, IRP)의 연간 납입한도는 1,800만 원인데, 증액할 수 있는가?

NO! 연금계좌는 연간 납입한도액을 초과할 수 없으므로 1,800만 원 이상 넣고 싶어도 불가능하다(세제 혜택 때문에 납입한도 제한). 다만 ISA 계좌 만기자금을 연금계좌로 이체할 경우에는 납입한도에 상관없이 초과하여 납입할 수 있다.*

질문 10 연금계좌(연금저축, IRP)에 세액공제한도인 900만 원을 초과납입하면 따로 혜택이 있는가?

YES! 연금계좌에 세액공제한도를 초과납입했을 경우 가입자가 세액공제를 신청하면 다음 해로 이월되어 세액을 공제받을 수 있다. 예를 들어 연금저축 세액공제한도가 600만 원인데 800만 원을 납입했다면 초과한 200만 원은 다음 해에 세액공제를 받을 수 있다. 또한 세액공제한도를 초과하여 납입한 금액도 연금저축에 적립되어 운용된다. 아울러 운용수익에 대해 과세이연이 적용되므로 장기적으로는 초과납입이 더 많은 연금자산을 축적하는 데 도움이 된다.

질문 11 연금계좌(연금저축, IRP)에 목돈으로 한꺼번에 납입할 수 있는가?

YES! 연금계좌(연금저축, IRP)는 연 1,800만 원 한도 안에서 목돈으로 일시 납입할 수 있다. 연금계좌에 목돈을 납입해도 세액공제한도까지는 혜택을 받을 수 있다.

질문 12 연금저축의 납입금액을 자동이체로 설정할 수 있는가?

YES! 연금저축에 자동이체를 설정하면 매월 일정 금액이 자동으로 납입되어 편리하게

---

* ISA 계좌의 만기자금을 연금계좌로 이전하는 방법에 대해서는 262쪽을 참고한다.

관리할 수 있다. 연금저축에서 금융상품을 매수할 때 펀드는 자동이체를 통해 적립식으로 매수할 수 있지만, ETF나 리츠 상품은 대부분 자동이체를 통해 매수할 수 없다. 다만 최근에는 ETF 자동매수시스템을 도입하고 있는 증권사가 생기고 있으므로 금융상품을 자동매수할 수 있는지에 대해서는 금융사별로 추가 확인이 필요하다.

■ **연금저축상품의 자동매수 가능 여부**

연금저축보험	연금저축신탁	연금저축펀드
가능	가능	• 펀드: 가능 • ETF, 리츠: 대부분 불가능

질문 13 연금저축은 1개 이상 가입할 수 있는가?

YES! 다음은 연금저축이 2개일 때 연금 수령한도에 대해 설명한 동영상이므로 참고한다.

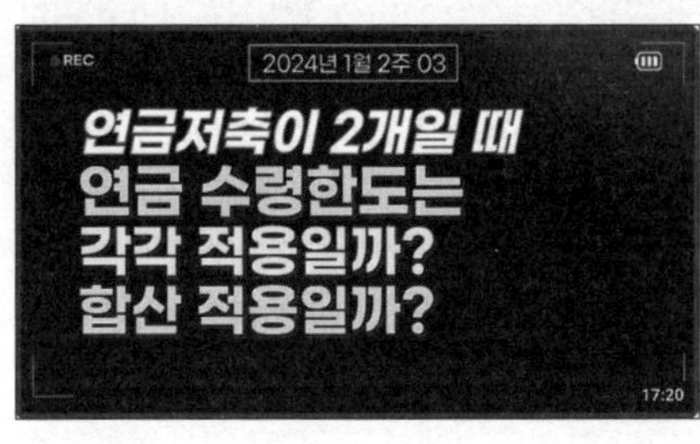

연금저축 가입은 증권사 '연금저축펀드' 추천!

연금저축의 종류 – 연금저축보험, 연금저축신탁, 연금저축펀드

연금저축상품에는 연금저축보험과 연금저축신탁, 연금저축펀드가 있다. 이 중에서 연금저축보험과 연금저축신탁은 가입자가 직접 운용하지 않는 간접투자상품이므로 이 책에서는 따로 다루지 않는다. 연금저축보험은 공시이율로, 연금저축신탁은 국공채 및 회사채 등으로 운용된다. 연금저축보험의 경우 가입자는 운용에 직접 개입할 수 없고 원금 손실 없이 안전하게 운용되지만, 수익률은 낮다.

현재 가입할 수 있는 연금저축상품은 연금저축보험과 연금저축펀드이고 은행에서 판매했던 연금저축신탁은 수익률이 낮아 연금자산을 불리기 위한 목적에 부합하지 않았으므로 2018년 1월 1일부터 신규 가입이 중단되었다. 따라서 우리는 오래 고민할 필요도 없이 증권사의 연금저축펀드를 선택하면 된다.

연금저축보험은 사업비용이 높고 해지환급금이 납입원금에 도달하는 데 약 7년이나 걸린다. 따라서 연금저축보험에 가입한다면 가입하면서부터 7년 동안 손실을 보는 구조이므로 패스하자.

■ **연금저축의 종류와 특징**

	연금저축보험	연금저축신탁	연금저축펀드
운용 주체	보험사	은행	증권사
납입 방식	정기납	자유납	자유납
적용 금리	공시이율	실적배당	실적배당
연금 수령기간	• 종신(생명보험) • 확정기간 (생명보험, 손해보험)	확정기간	• 확정기간 • 확정금액 • 임의식(자유형)
원금 보장	보장	일부 상품 보장 (2017년까지 가입한 상품)	비보장
예금자 보호	적용	적용	비적용
세액공제	연 600만 원 한도 세액공제		
장점	• 원금 보장 • 안정적 운용 가능 • 종신 수령 가능(생명보험)	• 원금 보장(일부 상품) • 예금자 보호 적용 • 안정적 운용 가능	• 다양한 포트폴리오 구성 • 고수익 가능 • 자유로운 입출금 가능
단점	• 수익률 낮음 • 장기간 운영 필요 • 과도한 사업비	• 수익률 낮음 • 2018년부터 신규 가입 불가	• 원금 손실 가능성 • 예금자 보호 미적용

묻지도, 따지지도 말고 증권사의 '연금저축펀드' 선택!

증권사 연금저축으로 이전하고 싶다면? – 연금저축이전제도

증권사의 연금저축펀드를 추천한다고 하니 은행과 보험사 연금저축상품에 가입한 독자는 연금저축펀드로 이전하고 싶을 것이다. 이 경우 연금저축이전제도를 활용하자.*

연금저축이전제도는 연금계좌 상호 간에 이전을 허용한 제도로, 금융회사만 변경될 뿐 가입시점, 납입금액, 가입기간, 연금평가금액 등은 변하지 않고 그대로 유지된다. 이때 기존 상품을 해지하고 이전하는 것이 아니라 이전할 금융회사에 연금상품을 새로 가입하고 이전 신청을 통해 이전하는 것에 주의하자.

1단계		2단계		3단계		4단계
현재 연금저축의 평가금액 확인	→	현재 연금저축의 평가금액이 납입원금을 초과하는지 확인	→	이전하려는 증권사에 연금저축 개설 → 이전 신청	→	연금저축 이전 후 운용계획 수립

1단계 이미 가입한 금융회사의 연금저축 평가금액을 확인한다.

연금저축신탁(은행)은 신탁평가금액을, 연금저축보험(보험사)은 해지환급금을 확인한다. 평가금액과 해지환급금은 금융회사 홈페이지나 애플리케이션을 이용하거나 콜센터에 전화로 문의해서 확인할 수 있다.

2단계 납입한 금액 대비 현재 평가금액(해지환급금)이 납입원금을 초과하는지 확인한다.

연금저축신탁은 납입원금이 손실되지 않으므로 바로 이전해도 상관없다. 하지만 연금저축보험은 해지환급금이 납입원금보다 적을 수 있으므로 인내가 필요하다. 왜냐하면 해지

* 증권사 연금저축상품의 상호 이전에 대해서는 213쪽을 참고한다. 연금저축상품은 동시에 여러 개 가입할 수 있고 가입시점에 따라 연금 수령 연차가 다르게 적용되므로 (2013년 3월 이전에 가입할 경우 연금 개시시점 수령 연차는 6년 차부터 시작) 이전할 때 신중해야 한다.

환급금이 납입원금을 초과하는 그 시점까지는 기다렸다가 이전계획을 세워야 하는데, 이 기간은 가입 후 보통 7년이다.

3단계 이전을 희망하는 증권사에 연금저축을 개설한 후 이전 신청한다.

이전하려는 증권사에 연금저축을 개설하면 계좌번호가 생기는데, 이때 바로 금융상품을 매수할 필요는 없다. 연금저축의 가입이 완료되면 증권사 애플리케이션에 접속하여 연금저축 이전 신청을 한다. 이전 신청할 때는 기존에 가입한 연금저축보험 및 연금저축신탁의 금융회사와 증권번호 등을 알아야 하므로 미리 기록해두면 도움이 된다. 이전 신청이 완료되어 금융회사에서 이전 확인 안내 전화가 걸려오면 통화를 완료한다. 그러면 며칠 후 신규로 개설한 연금저축으로 이전 금융회사의 연금저축 평가금액(해지환급금)이 이전한다.

4단계 연금저축을 이전하면 운용계획을 세워야 한다.

먼저 매월 연금저축에 납입할 금액에 대한 자동이체를 신청한다. 자동이체는 콜센터에 문의하거나 증권사 애플리케이션을 통해서 쉽게 신청할 수 있다. 그다음에는 이전한 목돈에 대한 운용계획을 세워야 한다. 이전 신청 후 연금저축으로 이전금액이 입금되면 증권사마다 다르지만 보통 MMF(Money Market Fund)* 로 자동매수되는데, 그렇지 않다면 MMF를 먼저 매수해야 한다.**

다양한 연금 이전 이벤트!

---

* **MMF(Money Market Fund)**: 단기투자를 목표로 하는 투자신탁으로, 안정성과 유동성을 중시한다. MMF는 주로 채권, 예금증권, 정부 채권 등 안전한 자산에 투자하여 고객의 자금을 보호하고 소액의 수익을 창출하는데, 연 수익률은 시중은행의 예금금리와 비슷하거나 조금 낮은 수준이다.

** 연금저축을 이전한 후 이전한 목돈과 월 납입금액의 운용방법에 대해서는 111쪽을 참고한다.

연금저축 1억을 목표로 납입하는 이유 (ft. 월 100만 원 연금 창출 목표)

공무원연금을 따라잡으려면 연금저축에 월급의 9% 추가 납입!

이 책은 연금 3총사(국민연금, 퇴직연금, 연금저축)와 ISA 계좌를 활용하여 월 300만 원 평생연금을 수령하는 내용을 담았다. 다만 국민연금은 의무가입이고, 개별적으로 투자하기 어려우며, 만 65세부터 수령할 수 있으니 이 책에서는 논외로 한다. 대신 연금저축과 퇴직연금, 그리고 ISA 계좌를 활용해서 어떻게 하면 월 납입금액을 최소로 하면서(세제 혜택+운용수익 극대화) 국민연금을 포함해 월 300만 원의 연금을 수령할 수 있는지에 대한 대안을 제시하겠다.

앞에서 살펴보았듯이 공무원연금은 월급의 18%를 납입하지만 국민연금은 월급의 9%만 납입한다. 따라서 공무원연금의 월평균 수령액인 250만 원을 따라잡으려면 월급의 9%를 추가로 연금저축에 넣어야 한다.

다음은 월 소득 9%를 연금저축에 납입하여 1억 원을 만드는 계획을 표로 정리한 것이다. 이 방법은 소득이 오를 때 월 납입금액도 함께 증가해서 자동으로 연금저축 납입금액을 증액할 수 있다는 장점이 있다.

■ **연금저축에 월 소득 9% 추가 납입계획표**

월 소득	월 저축액	적립 개월 수	경과연수
200만 원	18만 원	556개월	약 46.3년
300만 원	27만 원	370개월	약 30.8년
400만 원	36만 원	278개월	약 23.2년
500만 원	45만 원	222개월	약 18.5년
600만 원	**54만 원**	**185개월**	**약 15.4년**
700만 원	63만 원	159개월	약 13.3년
800만 원	72만 원	139개월	약 11.6년

연금저축 목표액은 1억!
만 40세라면 15년간 월 56만 원 납부!

이 책을 읽는 독자는 나이, 소득, 자산, 저축액 등이 각양각색일 것이다. 여기에서는 좀 더 쉽게 이해할 수 있게 만 40세를 기준으로 설명할 것이므로 자신의 나이와 소득을 가감해서 참고하자.

현재 나이가 만 40세인 사람이 향후 15년간 연금저축을 납입할 계획이라고 가정해보자. 이 경우 1억 원을 15년으로 나누면 연간 약 667만 원이 나오므로* 매월 약 56만 원을 납입하는 계획을 수립할 수 있다.

■ 만 40세, 목표액 1억 원 – 납입기간별 월 납입금액

목표액	납입기간	연 납입금액	월 납입금액
1억 원	6년	16,666,666원	1,388,888원
	10년	10,000,000원	833,333원
	15년	**6,666,667원**	**555,555원**
	20년	5,000,000원	416,666원
	25년	4,000,000원	333,333원
	30년	3,333,333원	277,777원

1억 원 달성을 위한 월 납입금액은 만 40세보다 적다면 적어지고 많다면 많아질 것이다. 여기에 은퇴 시기까지 옵션으로 두면 선택지가 더욱 다양해지지만, 납입금액을 늘릴 수 없다면 더 오래 일해야 한다. 이 표를 통해 우리가 연금을 1살이라도 더 빨리 준비해야 하는 이유를 알 수 있다.

적립 가능 기간 = 은퇴 나이 – 현재 나이

앞의 계획표를 참고하면 은퇴 나이에서 현재 나이를 뺀 기간을 납입기간으로 결정하고 연금저축 납입계획을 세울 수 있다. 현재 나이가 젊을수록 납입기간이 더 길어서 장기투자에 대한 복리 효과를 극대화할 수 있다. 그리고 현재 나이가 은퇴 나이에 가까워질수록 월 납입금액은 많아진다.

* 연금저축 세액공제한도는 연 600만 원이다. 이 사람은 연간 667만 원을 납입했고 세액공제한도를 약간 상회했다.

■ 만 55세에 은퇴할 경우 월 적립금액

시작 나이	남은 기간	매월 적립금액
만 25세	30년	277,777원
만 30세	25년	333,333원
만 35세	20년	416,667원
만 40세	**15년**	**555,556원**
만 45세	10년	833,333원
만 50세	5.5년	1,500,000원

■ 만 60세에 은퇴할 경우 월 적립금액

시작 나이	남은 기간	매월 적립금액
만 25세	35년	238,095원
만 30세	30년	277,778원
만 35세	25년	333,333원
만 40세	**20년**	**416,667원**
만 45세	15년	555,556원
만 50세	10년	833,333원
만 55세	5.5년	1,500,000원

월 300만 원 연금을 수령하려면 연금저축 목표액이 왜 1억이어야 할까?

은퇴 후 월 300만 원 연금 포트폴리오는 국민연금에서 월 100만 원, 연금저축에서 월 100만 원, 퇴직연금에서 월 100만 원 창출을 목표로 한다. 연금저축 1억 원으로 평생 월 100만 원을 수령하려면 연간 12%를 인출해야 하므로 인출금액은 연 1,200만 원이다. 만약 운용수익을 제외하고 원금 1억 원으로 연간 1,200만 원을 인출하면 인출기간은 8.3년이므로 평생연금을 수령하기에는 턱없이 부족하다.

그러나 최근 상장된 월 배당 ETF를 활용하면 불가능한 일도 아니다. 월 배당 ETF는 연 1% 배당부터 연 최대 15% 초고배당까지 다양한 종목으로 포트폴리오를 구성하여 운용할 수 있다. 또한 매월 배당금을 지급하므로 이것을 노후소득으로 충분히 활용할 수 있다.*

■ 은퇴 후 월 300만 원 연금 포트폴리오

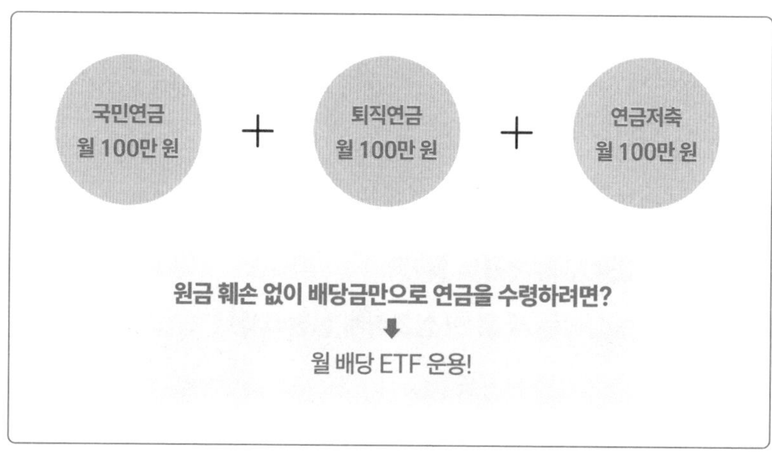

* 1억 원으로 월 100만 원 포트폴리오를 구성하는 자세한 방법은 '넷째마당'을 참고한다.

원금 1억 VS 평가금액 1억 - 나의 목표는?

'원금 1억 모으기'를 목표로 할 것!
투자 변수는 줄이는 게 최선! 심플하게 실천하자

상담하다 보면 종종 이런 질문을 받는다.

"원금만 1억 원을 모으면 되나요? 아니면 원금과 수익을 합쳐서 1억 원을 모아야 하나요?"

■ 납입원금 1억 원을 만들기 위한 계획

적립금액 (월)	1억 원 도달기간 (개월)	납입 원금	운용수익률에 따른 예상 평가금액		
			연 3%	연 5%	연 7%
125만 원	80개월(약 6.7년)	1억 원	1억 1,039만 원	1억 1,793만 원	1억 2,600만 원
100만 원	100개월(약 8.3년)		1억 1,325만 원	1억 2,313만 원	1억 3,395만 원
75만 원	134개월(약 11.2년)		1억 1,892만 원	1억 3,333만 원	1억 4,972만 원
50만 원	200개월(약 16.7년)		1억 2,906만 원	1억 5,402만 원	1억 8,467만 원
25만 원	400개월(약 33.3년)		1억 7,015만 원	2억 5,068만 원	3억 7,751만 원
10만 원	1,000개월(약 83.3년)		4억 3,558만 원	14억 678만 원	49억 5,145만 원

정답은 '원금만 1억 원 모으기'다. 월 10만 원씩 적립하여 목표금액 1억 원을 만들려면 1,000번 적립해야 한다. 즉 월 25만 원씩 400번, 월 50만 원씩 200번, 월 75만 원씩 134번, 월 100만 원씩 100번, 월 125만 원씩 80번의 적립이 필요하다. 물론 원금만 남아있는 건 아니다. 우리가 어떻게 운영하느냐에 따라 발생하는 수익은 보너스이다.

반대로 평가금액 1억 원을 만들려면 다음 표와 같이 매월 적립금액이 달라지고 미래의 투자수익률에 따라 목표를 달성하는 기간도 달라진다. 이렇게 변수가 많아지면 복잡해지므로 심플하게 실천해야 한다.

납입원금 1억 원을 목표로 할지, 평가금액 1억 원을 목표로 할지 고민된다면 최소한 납입원금 1억 원을 목표로 운용하는 것을 추천한다. 그리고 여기에 투자수익을 보너스로 받는 선택을 하는 게 좋다.

■ 평가금액 1억 원을 만들기 위한 계획

평가금액	투자금액(월)	투자수익률 에 따른 예상 적립기간		
		3%	5%	7%
1억 원	125만 원	73개월(6.1년)	69개월(5.75년)	66개월(5.5년)
	100만 원	89개월(7.4년)	84개월(7년)	79.4개월(6.6년)
	75만 원	115.4개월(9.6년)	106.7개월(8.8년)	99.6개월(8.3년)
	50만 원	162.7개월(13.5년)	146.5개월(12.2년)	134.1개월(11.2년)
	25만 원	278.6개월(23.2년)	237.9개월(19.8년)	209.6개월(17.4년)
	10만 원	504.6개월(42년)	399.4개월(33.3년)	336.1개월(28년)

평가금액 1억 원이 목표라면 매번 조준점이 달라지므로 패스!

40세 외벌이 A 씨의 연금저축 납입계획표

최소 5년 이상 장기투자를 위한 준비운동

연금저축은 최소 5년 이상의 장기투자이므로 납입계획표를 만들고 실행한 후 반복해서 점검하는 것이 좋다.

다음은 40세 외벌이 A 씨가 상담을 요청한 자신의 연금저축계획표이다. 월 납입금액은 50만 원이고 자신의 투자성향에 따라 포트폴리오 비중을 공격형 자산 80%, 수비형 자산 20%로 잡은 후 필자에게 피드백을 요청했다.* 필자는 다음과 같이 리밸런싱 과정을 추가하여 피드백하면서 선진국 주식, 미국 채권, 금, 달러, MMF를 같은 비중으로 추천했다.**

여러분도 다음과 같이 연금저축 납입계획표를 작성하면 도움이 될 것이다. 여기서 계획표를 작성만큼 꾸준히 점검하고 리밸런싱하는 게 중요하다는 점을 꼭 기억하자.

---

* 자신의 투자성향을 셀프진단하려면 89쪽을 참고한다.

** '첫째마당'~'셋째마당'까지 연금저축, 퇴직연금(DC형, IRP), ISA 상품별 투자전략과 포트폴리오 구성, 리밸런싱 과정을 구체적으로 제시했으므로 참고한다.

■ 40세 외벌이 A 씨의 연금저축 납입계획표

2025년 연금저축 납입계획표				
월 납입금액 (월 납입금액은 매년 급여인상률만큼 증액)			월 50만 원 (연 600만 원)	
자동이체			매월 25일	
연금저축 포트폴리오 옵션 비중				
공격수 비중(포트폴리오 매수)			**수비수 비중**(안전자산 매수)	
80%			20%	
선진국 주식	**미국 채권**	**금**	**달러**(외화)	**MMF**
20%	20%	20%	20%	20%
월 10만 원	월 10만 원	월 10만 원	월 10만 원	월 10만 원

곤쌤의 피드백

■ A씨의 연금저축 납입계획표에 대한 필자의 피드백

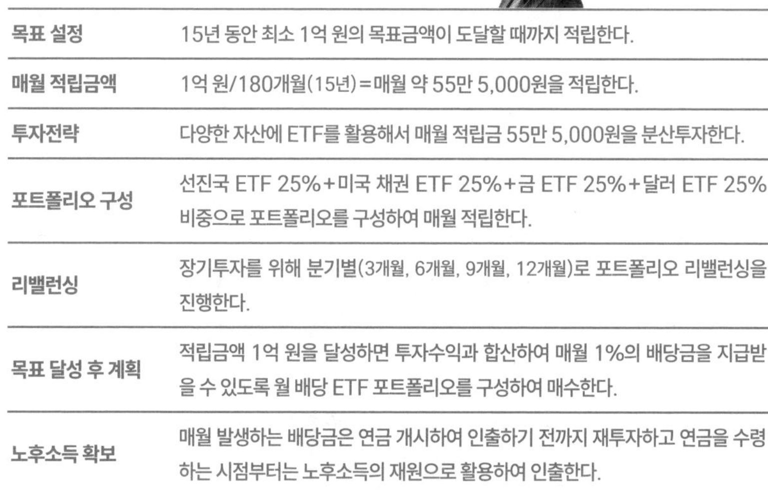

목표 설정	15년 동안 최소 1억 원의 목표금액이 도달할 때까지 적립한다.
매월 적립금액	1억 원/180개월(15년)=매월 약 55만 5,000원을 적립한다.
투자전략	다양한 자산에 ETF를 활용해서 매월 적립금 55만 5,000원을 분산투자한다.
포트폴리오 구성	선진국 ETF 25%+미국 채권 ETF 25%+금 ETF 25%+달러 ETF 25% 비중으로 포트폴리오를 구성하여 매월 적립한다.
리밸런싱	장기투자를 위해 분기별(3개월, 6개월, 9개월, 12개월)로 포트폴리오 리밸런싱을 진행한다.
목표 달성 후 계획	적립금액 1억 원을 달성하면 투자수익과 합산하여 매월 1%의 배당금을 지급받을 수 있도록 월 배당 ETF 포트폴리오를 구성하여 매수한다.
노후소득 확보	매월 발생하는 배당금은 연금 개시하여 인출하기 전까지 재투자하고 연금을 수령하는 시점부터는 노후소득의 재원으로 활용하여 인출한다.

연금저축 '운용' 단계에서 꼭 알아야 할 Q & A

★ 연금저축 '운용' 단계에서 다루는 내용은 증권사의 연금저축펀드에 한해 적용된다.

★ 연금저축보험과 신탁상품은 직접 운용할 수 없는 간접 운용상품이므로 여기에서는 다루지 않는다.

질문 1 연금저축 운용 단계에서 받는 세제 혜택은 과세이연되는가?

YES! 연금저축은 운용과정 중에는 세금을 부과하지 않고 인출할 때만 세금을 부과한다. 즉 연금저축 운용과정에서 발생하는 이자소득세와 배당소득세(15.4%)는 인출할 때만 과세한다.

질문 2 연금저축상품 중에서 연금저축펀드를 추천하는 이유는 무엇인가?

가입자가 연금저축펀드를 직접 운영할 수 있기 때문이다. 연금저축펀드는 다양한 금융상품을 선택할 수 있어서 투자자에게 많은 기회를 제공한다. 그리고 가입자의 투자성향에 따라 펀드, ETF(상장지수펀드), 리츠(REITs) 등 여러 금융상품을 직접 선택할 수 있다.

질문 3 연금저축에서 국내 주식과 해외 주식에 직접 투자할 수 있는가?

NO! 국내뿐만 아니라 해외 개별 주식 종목에는 투자할 수 없다. 대신 펀드와 ETF를 통해 간접적으로 국내 주식과 해외 주식에 투자할 수 있다.

질문 4 연금저축에서 해외 투자를 할 때 환율도 고려해야 하는가?

YES! 국내 상장 해외펀드와 ETF에 투자할 때는 환율 변동에 따른 손익(손실과 이익)이 발생할 수 있으므로 해외시장의 변동성도 고려해야 한다. 예를 들어 매수시점의 원/달러 환율이 1,250원이었는데, 환매시점의 원/달러 환율이 1,350원이라면 1달러당 100원의 환차익이 발생한다. 반대로 원/달러 환율이 1,150원으로 하락한다면 1달러당 100원의 환차손이 발생한다. 이런 환율 변동 위험을 피하고 싶으면 환헷지 종목을 매수하면 된다. 환헷지 종목은 펀드나 ETF 종목명 뒤에 '(H)'가 붙어있고 수수료가 높다. 환율 변동을 정확하게 예측하는 것은 매우 어렵지만, 일반적으로 금리가 인하하면 환율이 하락할 가능성이 높고 경제위기가 발생하면 환율이 상승할 확률이 높다.

〈사례〉

- 환노출 ETF 종목=SOL 미국배당 다우존스
- 환헷지 ETF 종목=SOL 미국배당 다우존스(H)

질문 5 연금저축의 운용성과를 어떻게 확인할 수 있는가?

금융기관의 인터넷뱅킹이나 모바일 앱을 통해 실시간으로 연금저축의 운용성과를 확인할 수 있다. 또한 정기적으로 발송되는 운용보고서를 통해 계좌의 수익률과 자산 배분 현황도 확인할 수 있다.

질문 6 연금저축펀드에 투자할 경우 돈을 잃을 수 있는가?

YES! 연금저축펀드는 투자성향에 따라 다양한 자산군을 혼합하여 포트폴리오를 구성할 수 있다. 공격적인 운용방식을 선택한 경우에는 원금 손실 가능성도 있다. 그러므로 투자자는 자신의 위험성향에 맞는 상품을 선택하고 분산투자를 통해 리스크를 관리하는 것이 중요하다.

질문 7 연금저축펀드의 운용자산을 변경할 수 있는가?

YES! 연금저축의 운용자산은 언제든지 변경할 수 있다. 예를 들어 주식형 펀드를 매수했다가 매도 후 채권형 펀드로 변경하거나, 주식형 펀드와 채권형 펀드를 동시에 매수할 수 있다. 또한 금융기관의 인터넷뱅킹이나 모바일 앱을 통해 투자상품을 일반 펀드에서 ETF(상장지수펀드)로 변경할 수도 있고 일반 펀드와 ETF를 동시에 매수 및 매도할 수도 있다.

질문 8 연금저축 운용 중에 납입금액을 증액하거나 감액할 수 있는가?

YES! 일부 상품만 빼고 가능하다. 자유납입할 수 있는 연금저축신탁과 연금저축펀드는 연간 납입한도인 1,800만 원까지 납입금액을 자유롭게 증액하거나 감액할 수 있다. 다만 연금저축보험의 경우 증액한도는 월 납입보험료의 200%까지 가능하고 감액할 경우에는 해지로 간주해서 원금에 손실이 발생할 수 있으니 주의한다. 반복해서 강조하지만 연금저축 초보자라면 증권사의 연금저축펀드로 투자를 시작하는 것을 권장한다.

장기투자×과세이연=복리 효과

복리 효과를 증폭시키는 과세이연

정부는 개인이 사적연금에 가입하면 각종 세금 혜택을 주고 있다. 특히 과세이연은 세금을 나중에 납부하도록 연기하는 제도로, 당장의 효과는 미미해 보인다. 하지만 해당 기간에 현재의 투자수익을 재투자하여 자산을 더 많이 운용할 수 있어서 더 큰 수익으로 연결되는 효과가

■ 과세이연 효과

복리 효과 극대화	• 과세이연을 통해 세금 납부가 이연되면 해당 기간에 투자원금과 이익이 복리로 증가할 수 있다. • 예를 들어 연금저축이나 개인형 퇴직연금(IRP)에 발생한 이익에 15.4%의 이자소득세와 배당소득세가 부과되지 않으므로 투자수익을 재투자해서 더 큰 수익을 창출할 수 있다.
세금 부담 감소	• 금융상품에서 발생하는 이자소득과 배당소득에는 15.4%의 이자소득세와 배당소득세가 과세되지만, 연금저축에서 발생하는 운용이익은 과세이연되고 금융소득 종합과세 및 건강보험료 부과 대상 금융소득에 반영되지 않으므로 세금 부담이 줄어든다. • 연금을 수령할 때 세율이 낮은 연금소득세(3.3~5.5%)가 부과되므로 세금 부담이 감소한다.

연금저축, 퇴직연금, ISA를 활용하면
과세이연 효과를 누릴 수 있다.

있다. 우리나라에서 판매하는 금융상품 중 연금저축과 퇴직연금, 그리고 ISA 계좌에서 장기투자하면 과세이연을 통해 복리 효과를 얻을 수 있다.

일반 계좌 VS 연금저축 – 과세이연 효과 비교

일반 계좌와 연금저축의 과세이연 효과를 비교해보자. 이들 계좌의 초기 투자금액은 1,000만 원, 연간 수익률은 5%, 투자기간은 20년으로 가정한다. 이 경우 일반 계좌는 15.4%의 연간 소득세율이 적용되지만, 연금저축은 과세이연되어 세금 부과가 연기된다.

■ **일반 계좌 VS 연금저축의 과세이연 효과**

	일반 계좌	연금저축
과세이연	**없음**	**있음**
초기 투자금액	1,000만 원	
연간 수익률	5%	
투자기간	20년	
연간 세율	15.4%	0%(과세이연)
투자 후 총금액	2,653만 원	3,386만 원
세금 납부 후 최종 금액	2,245만 원	3,386만 원
차이	연금저축의 최종 평가금액이 **1,141만 원**(=3,386만 원−2,245만 원) **더 많다.**	

1,000만 원을 20년 투자 →
1,141만 원 더 많아 '연금저축 승!'

투자 후 최종 평가금액을 살펴보면 과세이연이 없는 일반 계좌의 경우 매년 수익에 대한 세금을 납부해야 해서 최종 평가금액이 줄어든다. 반면 과세이연이 있는 연금저축은 세금을 나중에 납부하므로 더 많은 금액을 재투자할 수 있어서 최종 평가금액이 1,141만 원 더 많다.

왕초보 투자자는 은퇴 시기를 고려한 TDF 추천!

은퇴 시기가 가까울수록 안정성이 최우선!

연금저축은 개인적으로 자유롭게 운용할 수 있지만, 투자전략이 없다면 자칫 원금을 잃을 수 있다. 따라서 이런 경우는 차라리 예금을 굴리는 것만 못하다. 연금저축은 투자자의 나이, 은퇴 시기, 위험성향 등을 고려하여 투자원칙을 세워야 한다. 예를 들어 은퇴시점이 가까운 투자자는 안정적인 자산에 비중을 두는 것이 좋고, 은퇴가 먼 투자자는 성장 가능성이 높은 자산에 투자하는 것이 유리하다. 또한 시장상황에 따라 포트폴리오를 조정하는 것도 중요하다.

만약 연금저축 운용과 투자가 처음이라면 이러한 기준을 충족하면서 운용되고 있는 TDF(Target Date Fund)*에 투자하거나 포트폴리오를 참고하여 연금운용계획을 세우면 좋다.

* 금융사마다 투자성향을 선택한 후 상품을 고를 수 있는데, 안정형일 때는 TDF 추천 상품이 많다.

■ 삼성자산운용 TDF 포트폴리오

(2024년 3월 12일 기준)

순서	종목	기초자산	자산군	TDF2030		TDF2040		TDF2050	
				은퇴 잔여기간					
				6년		16년		26년	
1	KODEX 단기채권PLUS	현금성	현금성	8.51%	8.51%	5.92%	5.92%	3.45%	3.45%
2	KODEX 국고채3년	단기채권	채권형(국내)	49.08%	5.72%	33.74%	3.97%	20.01%	2.35%
3	KODEX 국채선물10년	중기채권	채권형(국내)		13.30%		9.00%		5.37%
4	KODEX 국고채30년액티브	중기채권	채권형(국내)		11.69%		8.05%		4.79%
5	KODEX 종합채권(AA-이상)액티브	종합채권	채권형(국내)		18.37%		12.72%		7.50%
7	Vanguard Total World Stock ETF	선진국+신흥국	주식형	42.41%	22.41%	60.34%	23.12%	76.54%	27.33%
8	SPDR Portfolio Msci GLOBAL Sto	글로벌 주식	주식형		11.58%		24.59%		26.82%
9	Schwab US Dividend Equity ETF	SCHD	주식형		2.75%		1.84%		0.00%
10	INVESCO NASDAQ 100 ETF	나스닥100	주식형		0.00%		0.00%		2.15%
11	ishares Msci ACWI ETF	선진국+신흥국	주식형		5.67%		10.79%		20.24%
	총합			**100%**	**100%**	**100%**	**100%**	**100%**	**100%**

자료 출처: 삼성자산운용 TDF펀드, 투자 비중은 시장상황에 따라 변동

TDF는 투자자의 은퇴시점에 맞춰 위험자산인 주식과 안전자산인 채권의 투자 비중을 자동으로 조정해주는 펀드이다. TDF는 은퇴시점까지 아직 시간적 여유가 있다면 위험자산의 비중을 높이고 은퇴시점에 가까워질수록 안전자산의 비중을 증가시키는 방식으로 운용된다.

■ 은퇴시점에 따른 TDF의 각 자산별 투자 비중

	TDF2030	TDF2040	TDF2050
현금성 자산	8.51%	5.92%	3.45%
안전자산(채권)	49.08%	33.74%	20.01%
위험자산(주식)	42.41%	60.34%	76.54%
총합	**100%**	**100%**	**100%**

자료 출처: 삼성자산운용 TDF펀드 포트폴리오

은퇴가 많이 남아있다면?
TDF2050을,
적게 남아있다면?
TDF2030을 선택하자!

TDF의 뒤에 붙은 숫자는 은퇴시점을 의미한다. 예를 들어 2024년 기준으로 은퇴까지 남은 기간이 TDF2030은 6년(=2030-2024), TDF 2040은 16년(=2040-2024), TDF 2050은 26년(=2050-2024)이라는 의미다.

은퇴시점이 많이 남았다면 단기적으로 투자성과가 목표에 미치지 못해도 이를 만회할 수 있는 시간이 있다. 따라서 안정성보다는 수익성을 추구하여 공격적으로 위험자산에 투자할 수 있다. 반면 은퇴가 가까워질수록 고위험을 감수하기보다는 꾸준하게 성과를 내는 안전자산에 집중하는 것이 중요하다.

수수료가 수익률을 결정한다! (ft. 펀드 & ETF 수수료 비교)

펀드보다 수수료가 낮은 ETF 인기!

연금저축은 자신의 입맛대로 ETF와 펀드를 자유롭게 선택할 수 있지만, 일정한 수수료를 지불해야 한다. 펀드는 운용보수, 판매보수, 수탁보수, 거래수수료, 기타비용 등이 발생하지만, ETF는 운용보수만 발생해서 점점 더 많은 인기를 얻고 있다.

ETF는 'Exchange Traded Fund'의 약자로, 펀드이지만 주식처럼 거래소에서 거래된다. 거래시간은 정규시장 기준으로 오전 9시부터 오후 3시 30분까지다. 일반적으로 ETF는 펀드보다 운용비용이 낮아서 투자수익을 높이는 데 도움이 되고 실시간으로 원하는 시간에 매도나 매수할 수 있다. 그리고 ETF는 주식시장에 상장되어 실시간 가격 정보를 제공하므로 투자자들은 주식처럼 언제든지 현재 투자자산의 가치를 확인할 수 있다.

ETF의 경우 개별 종목이 아닌 특정 지수나 테마에 맞춰 다양한 자산에 분산투자할 수 있어서 투자위험을 줄이는 데 도움이 된다. ETF에서 투자할 수 있는 주요 기초자산으로는 국내 시장지수, 국내 업종 테마, 국내 파생, 해외 주식, 원자재, 채권 통화 등 다양하다.

| ETF

ETF(상장지수펀드)는 기초지수의 성과를 추적하는 것이 목표인 인덱스펀드로, 거래소에 상장되어 있어서 개별주식과 마찬가지로 기존의 주식계좌를 통해 거래를 할 수 있습니다. 그 구성종목과 수량 등 자산구성내역(PDF)이 투명하게 공개되어 있고, 장중에는 실시간으로 순자산가치(NAV)가 제공되어 거래에 참고하실 수 있습니다. ETF는 1좌를 거래할 수 있는 최소한의 금액만으로 분산투자 효과를 누릴 수 있어 효율적인 투자수단이며, 펀드보다 운용보수가 낮고 주식에 적용되는 거래세도 붙지 않습니다.

전체 | 국내 시장지수 | 국내 업종/테마 | 국내 파생 | 해외 주식 | 원자재 | 채권 | 기타

종목명	현재가	전일비	등락률	NAV	3개월수익률	거래량	거래대금(백만)	시가총액(억)
KODEX CD금리액티브(합성)	1,054,605	▲ 80	+0.01%	1,054,607	+0.87%	163,772	172,715	88,610
TIGER CD금리투자KIS(합성)	55,270	0	0.00%	55,273	+0.86%	98,553	5,447	69,983
KODEX 200	33,000	▲ 55	+0.17%	33,071	-9.59%	3,085,278	101,710	55,044
TIGER 미국S&P500	20,500	▲ 75	+0.37%	20,478	+11.21%	2,409,536	49,425	53,936
KODEX KOFR금리액티브(합성)	108,695	▲ 5	0.00%	108,693	+0.86%	18,856	2,049	45,098
TIGER 미국나스닥100	128,190	▲ 790	+0.62%	128,013	+10.23%	139,927	17,949	39,329
TIGER KOFR금리액티브(합성)	107,230	▲ 15	+0.01%	107,226	+0.88%	36,349	3,897	37,185
KODEX 종합채권(AA-이상)액…	114,845	▲ 110	+0.10%	114,826	+0.64%	20,479	2,350	28,509
TIGER 미국테크TOP 10 INDXX	22,865	▲ 345	+1.53%	22,798	+12.49%	1,049,612	24,000	28,124
KODEX 머니마켓액티브	101,140	▲ 15	+0.01%	101,144	+0.92%	21,250	2,149	27,064

자료 출처: 네이버페이증권(finance.naver.com)

여기에서 잠깐! 비슷한 자산을 담은 ETF도 수수료가 다르다. 다음은 신한에서 판매하는 'SOL 미국배당 다우존스' ETF 상품으로, 뒤에 'H'가 붙었냐에 따라 2종류가 있다. 'H'가 붙으면 환헷지가 되는 상품이어서 총 운용보수가 높아진다. 따라서 환헷지 상품을 선택할 경우에는 상대적으로 수수료가 높아지므로 다른 상품보다 얼마나 더 이익을 내야 할지 생각해야 한다.

■ **ETF(상장지수펀드)의 펀드보수 및 총보수 구성**

(**종목 1**: SOL 미국배당 다우존스, **종목 2**: SOL 미국배당 다우존스(H))

종목	펀드보수				기타비용	매매·중개 수수료율	총보수
	운용	판매	수탁	사무관리			
1	0.003%	0.001%	0.003%	0.003%	0.07%	0.0819	0.1619
2	0.034%	0.001%	0.01%	0.005%	0.08%	0.0859	0.2159

자료 출처: 금융투자협회 전자공시서비스

환헷지(H)에 따른 총보수의 차이

장기투자의 성과는 '한 끗' 차이

ETF는 보수가 낮을수록 투자 비용이 적게 발생하고 장기투자할 때는 수익에 큰 영향을 미친다. 따라서 연금저축을 장기투자할 경우에는 꼭 운용보수를 체크해야 한다. 일반적으로 펀드보수까지는 웹사이트 등을 통해서 쉽게 찾아볼 수 있다. 하지만 기타비용이나 매매중개수수료율 등과 같이 숨은 비용은 쉽게 찾아보기 어려우므로 증권사 홈페이지 등에서 확인해야 한다.

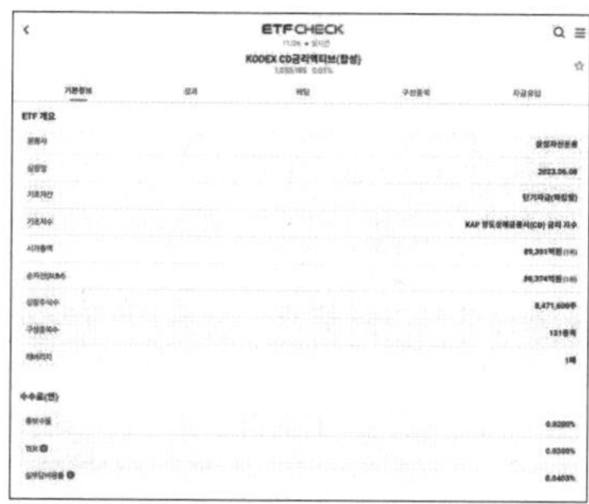

증권사 홈페이지, 금융투자협회 전자공시서비스 사이트(dis.kofia.or.kr)와 ETF CHECK 사이트(www.etfcheck.co.kr)에서는 숨은 비용을 포함하여 총보수를 쉽게 확인할 수 있다.

적립식 분할매수와 리밸런싱이 투자의 정석!

어떤 고수도 적립식 분할매수를 이길 수 없다!

아무리 투자의 고수여도 적립식 분할매수를 따라갈 수 없다. 신이 아닌 이상 시장을 예측할 수 없기 때문이다. 월급쟁이라면 주가 창을 들여다보지 말고 월급통장에 자동이체를 연결해두자. 76쪽에서 언급한 것처럼 정기적으로 리밸런싱을 한다면 금상첨화이다.

리밸런싱(rebalancing)이란, 투자 포트폴리오의 자산 비율을 원래 설정한 목표 비율로 재조정하는 과정을 의미한다. 시간이 지나면서 자산의 가치가 변동되면 초기 목표 비율을 벗어나게 된다. 이때 이러한 불균형을 바로잡아 투자자의 목표와 위험 허용도를 유지하는 데 리밸런싱이 중요한 역할을 한다.

■ 주식과 채권의 투자 비중을 리밸런싱한 사례

	최초 비중	1년 후 비중	리밸런싱	결과
주식	50%	60%	50%	**주식 10% 매도**
채권	50%	40%	50%	**채권 10% 매수**

리밸런싱은 특정 자산이 급격히 변동할 경우 투자위험을 줄일 수 있고 고점에서 매도한 후 저점에서 매수하는 효과를 통해 수익을 극대화할 수 있어서 꼭 필요한 과정이다. 무엇보다 리밸런싱은 초기에 정립한 투자의 목표와 일관성을 일정하게 유지하는 데 매우 중요한 역할을 한다.

리밸런싱의 핵심 = 위험자산과 안전자산의 비율 유지

그렇다면 어떻게 자신의 목표를 정해야 할까? 우선 자신의 투자성향을 파악하고 이에 따라 위험자산과 안전자산의 비율을 정해야 한다. 위험자산은 원금 손실 가능성이 '있는' 자산을, 안전자산은 원금 손실 가능성이 '없는' 자산을 의미한다.

오른쪽 화면은 투자성향을 진단할 수 있는 설문지로, QR코드로 들어가서 자신의 투자성향을 파악해보자.

연금저축에 가입한 증권사 앱에 들어가면 매수 전 투자성향을 파악하는 단계를 거쳐야 하는데, 이것과 비슷한 내용으로 설문이 진행된다.

김범곤의 월300평생연금 투자성향 진단

1. 투자자산 운용에 대한 당신의 생각은 다음 어느 항목에 가장 가깝습니까? (가=1점, 나=3점, 다=5점, 라=7점, 마=9점)

가. 나는 안정성을 매우 중시하기 때문에 어떤 경우에도 투자원금이 깨지는 것을 원치 않는다.

나. 나의 주된 투자 목적은 이자와 배당 등 정기적인 수입을 얻는데 있다.

다. 나의 주된 투자 목적은 어느 정도의 이자와 배당등정기적인 수입을 얻는 데 있지만, 약간의 원금 손실을 감수하고 투자 자산 의 가치가 증대 되는 것도 고려하고 싶다.

라. 나의 주된 투자 목적은 다소의 원금 손실 위험을 부담하더라도 투자 자산의 가치를 증대시키는데 두지만, 이자와 배당 등 정 기적인 수입을 얻는 것도 고려하고 싶다.

마. 나의 주된 투자 목적은 원금 손실 위험을 감수하고서라도 투자자산의 가치를 크게 증대시키는데 있다.

2. 모든 투자자산은 시장 상황에 따라 가치가 늘기도 하고 줄어들 수도 있습니다. 이렇게 투자자산의 가치가 상하로 변동하는 정도를 '변동성'이라고 합니다. 가치의 상승폭은 하락 폭보다 언제나 클 것이라는 보장은 없습니다. 일반적으로 변동성이 큰 투자는 그만큼 리스크가 큰 투자입니다. 당신은 투자 목표를 고려할 경우 허용될 수 있는 변동성은 어느 정도라고 생각하십니까? (가=1점, 나=5점 다=9점)

투자성향에 따라 배분되는 위험자산 VS 안전자산

연금저축 운용, 어떻게 배분하고 리밸런싱해야 할까?

91쪽에서 투자성향을 분석했더니 공격형이 나왔다고 가정해보자. 매월 100만 원을 적립할 저축 여력이 있다면 70%인 70만 원은 위험자산을 매수하고 30%인 30만 원은 안전자산에 적립하는 방법을 추천한다. 이렇게 정한 자산 비중은 리밸런싱의 기준이 된다. 위험자산의 투자수익률이 높아져서 투자 비중이 올라가면 올라간 만큼 위험자산을 매도한 후 안전자산으로 옮기는 방식으로 운영하면 된다.

■ **투자유형에 따른 투자 비중**

투자유형	위험자산 비중	안전자산 비중
매우 안정형	10%	90%
안정형	30%	70%
중립형	50%	50%
공격형	**70%**	**30%**
매우 공격형	90%	10%

리밸런싱의 기준 (공격형 행)

운용순서 1 **안전자산 금융상품부터 먼저 선택한다.**

일반적으로 안전자산이란, 주식보다 상대적으로 덜 위험한 자산을 의미한다. 흔히 채권을 안전자산으로 생각한다. 하지만 만기에 따라 '단기채', '중기채', '장기채'로 분류하는 채권은 만기가 길수록 가격 변동폭이 크고 원금 손실 가능성이 있으므로 주의해야 한다. 여기에서 말하는 안전자산은 '원금 손실 가능성이 거의 없는 자산'을 의미하는데, 이러한 ETF 종목은 다음과 같다.

■ 안전자산 – 원금 손실 가능성이 거의 없는 ETF 종목

기초자산	ETF 종목	종목번호
단기금리	히어로즈 CD금리액티브(합성)*	458210
	HANARO CD금리액티브(합성)	471290
	KODEX 1년 은행양도성예금증서+액티브(합성)	481050
	HANARO KOFR금리액티브(합성)	453060
	1Q CD금리액티브(합성)	491610
	RISE KOFR금리액티브(합성)	479520
	TIGER CD금리투자KIS(합성)	357870
	KODEX CD금리액티브(합성)	459580
	TIGER CD1년금리액티브(합성)	475630
	TIGER KOFR금리액티브(합성)	449170
	PLUS KOFR금리	453010
	ACE CD금리&초단기채권액티브	487340
	KODEX KOFR금리액티브(합성)	423160

* **합성 ETF**: 운용사가 증권사 등과 거래를 통해 간접 운용하는 ETF. 이 과정에서 발생하는 거래 위험은 담보를 통해 관리할 수 있다.

기초자산	ETF 종목	종목번호
MMF	HANARO 머니마켓액티브	486830
	SOL 초단기채권액티브	469830
	KODEX 머니마켓액티브	488770
	RISE 머니마켓액티브	455890
	히어로드 머니마켓액티브	476450
	1Q 머니마켓액티브	479080
	PLUS 머니마켓액티브	477050
	SOL 머니마켓액티브	484890
	PLUS 국공채머니마켓액티브	491230

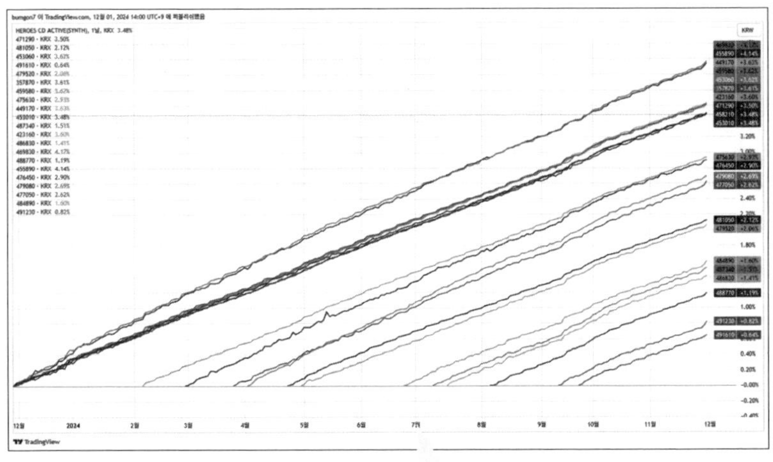

안전자산 ETF의 수익률 추이

장기적으로 우상향하고 있는
안전자산

운용순서 2 **위험자산 금융상품을 선택한다.**

투자성향별로 안전자산 비중을 선택했다면 그다음에는 위험자산의 차례다. 위험자산은 매우 다양하므로 연금저축에서 자산 배분전략으로 장기간 운용하기에 좋은 포트폴리오를 소개한다.

■ 위험자산 – 연금저축에서 운용하기에 좋은 종목

자산군	ETF 종목	운용사	보수
① 주식	KODEX 선진국MSCI WORLD	삼성자산운용	0.3840%
② 채권	TIGER 미국채10년선물	미래에셋자산운용	0.3946%
③ 금	KODEX 골드선물(H)	삼성자산운용	0.8044%
달러	KODEX 미국달러선물	삼성자산운용	0.4010%

① 주식

여기에서 선택한 주식의 기초자산은 선진국MSCI지수이다. 이 지수는 세계 주요 선진국의 주식시장을 대표하고 그 지역의 경제상황과 시장의 트렌드를 파악하는 데 매우 유용하다. 선진국MSCI지수에는 미국, 일본, 유럽 주요 국가들의 주식이 포함된다.

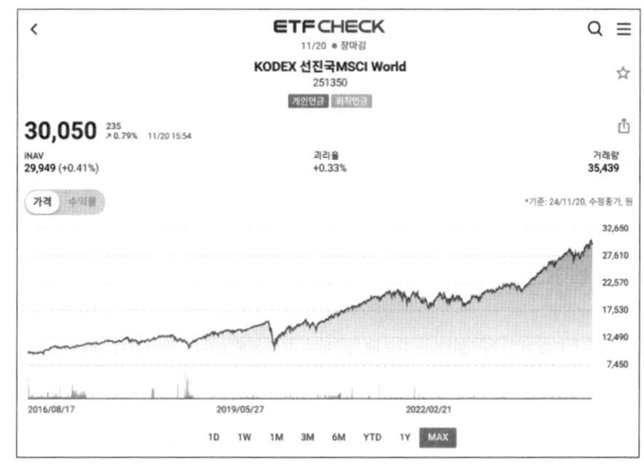

자료 출처: ETF CHECK(www.etfcheck.co.kr)

② 채권

여기에서 선택한 채권의 기초자산은 미국 정부가 발생하는 10년 만기채권으로, 금리의 변동성을 줄이고 안정적인 수익을 제공하는 투자자산이다. 주식과 채권을 혼합하는 이유는 조건이 서로 다른 시장에서 이들 두 자산이 서로 다르게 움직이게 해서 하나의 자산이 손실을 보더라도 다른 자산이 이를 보완할 수 있기 때문이다. 이러한 방식은 전체 포트폴리오의 위험을 줄이는 데 큰 도움이 된다. 또한 다양한 자산군이 서로 다른 시기에 수익을 창출하므로 특정한 시장상황에 구애받지 않고 지속적으로 수익을 기대할 수도 있다.

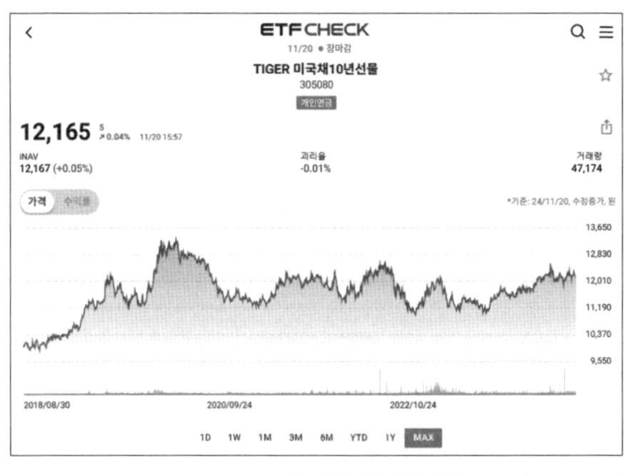

자료 출처: ETF CHECK(www.etfcheck.co.kr)

③ 금, 달러

포트폴리오에 금(gold)과 달러($)를 편입하면 연금저축을 장기간 운용하는 데 매우 긍정적인 영향을 미칠 수 있다. 경제가 불확실하고 금융시장이 크게 변동하는 상황에서 금과 달러는 안전자산으로 여겨지므로 포트폴리오의 안정성을 높이는 데 크게 기여한다.

이 중에서 금은 인플레이션을 헤지하는 데 유리하고 달러는 글로벌 경제의 안정성을 제공한다. 그리고 금과 달러는 주식 및 채권과의 상관관계가 낮아 포트폴리오를 다각화하고 리스크를 분산하는 데 매우 유리하다. 따라서 금과 달러는 특정 자산군의 성과에 의존하지 않고 장기적으로 성장하는 데 큰 도움을 준다.

자료 출처: ETF CHECK(www.etfcheck.co.kr)

운용순서 3 리밸런싱 주기를 결정하고 실행한다.

리밸런싱은 투자 포트폴리오에서 자산의 비중을 원래 목표 비율로 되돌리는 과정이다. 시간이 지나면서 자산의 가격이 변동하면 포트폴리오를 구성하고 있는 자산의 비중도 변하는데, 이것을 원래 설정된 목표 비율로 다시 조정해서 포트폴리오의 리스크를 관리하고 수익을 최적화할 수 있다. 특정 자산이 큰 수익을 올려 비중이 높아졌다면 일부를 매도한 후 반대로 비중이 낮아진 자산을 매수하여 균형을 맞춘다. 이러한 과정을 통해 고평가된 자산에서 이익을 실현하고 저평가된 자산을 매수하는 효과를 얻을 수 있다.

리밸런싱은 주기적(매월, 분기, 반기, 매년)으로, 또는 특정 조건(목표 수익률 도달)을 충족할 때 실행할 수 있는데, 이 책에서는 분기별 리밸런싱을 추천한다. 그리고 투자 목표와 전략에 따라 빈도와 방식이 다를 수 있지만, 리밸런싱을 통해 포트폴리오의 안정성을 유지하고 장기적인 성과를 극대화할 수 있다.

자산 리밸런싱을 도와주는 앱 – 더리치(TheRich)

91쪽에서와 같이 투자성향을 진단하기 위한 설문조사를 거치면 주식과 채권의 비중을 대략 정할 수 있다. 만약 이미 투자한 자산이 여러 금융사에 흩어져 있다면 자산을 한눈에 보면서 유용하게 리밸런싱할 수 있는 '더리치' 앱을 활용해보자.

1. 더리치 홈페이지(www.therich.io)에 접속해서 회원 가입한다. 스마트폰에서 '더리치' 앱을 다운로드해도 된다.
2. 메인 화면에서 '내 포트폴리오'로 들어간 후 '편집'을 눌러 여기저기 흩어져 있는 자산을 등록한다. 보유 자산은 검색하거나 종목번호, 티커명을 입력해서 조회할 수 있고 '섹터 수정'을 누르면 주식, 채권 등을 다양하게 지정할 수 있다.

이와 같이 '더리치' 앱을 이용하면 자산과 배당금이 어떻게 구성되어 있는지 한눈에 확인할 수 있어서 매우 편리하다. 현재 평가총액을 기준으로 비중이 큰 자산부터 순서대로 표시되고 입금이 예상되는 배당금도 월별로 확인할 수 있다.

게으른 투자자를 위한 연금저축 운용 (ft. 5년 후 60.8% 수익률 달성!)

연금저축 운용 시뮬레이션 사례

1년에 한 번 거래하는 손쉬운 연금저축 운용방법을 소개하려고 한다. 연금저축 납입금액은 1,000만 원, 투자기간은 2019년 1월 1일부터 2024년 9월 30일까지로 가정하고 포트폴리오 리밸런싱은 매년 1회 진행한다. (계산 편의상 이 포트폴리오에는 원금 손실 없는 안전자산은 포함하지 않는다.)

투자기간	2019년 1월 1일~2024년 9월 30일
투자종목	• **주식**: KODEX 선진국MSCI WORLD
	• **채권**: TIGER 미국채10년선물
	• **금**: KODEX 골드선물(H)
	• **달러**: KODEX 미국달러선물
투자방법	각 종목을 25% 비중으로 매수하고 매년 1회 같은 비중으로 리밸런싱

자료 출처: 삼성자산운용 TDF펀드 포트폴리오

최초 포트폴리오 투자 비중 **주식 25%, 채권 25%, 금 25%, 달러 25%**

다음과 같이 주식(KODEX 선진국MSCI WORLD), 채권(TIGER 미국채10년선물), 금(KODEX 골드선물(H)), 달러(KODEX 미국달러선물) 종목으로 포트폴리오를 구성하고 각 종목별 개별 비중은 25%로 설정한다. 포트폴리오의 최초 매수금액은 총 1,000만 원이고 각 개별 종목의 투자 비중은 25%로 지정하여 각 종목별로 250만 원씩 매수한 후 1년 동안 보유한다. 매수한 종목은 만기가 없는 투자 상품이므로 임의로 만기를 1년으로 설정한다. 이 기간에 가격 변동에 신경 쓰지 않고 꾸준히 적립한 후 설정한 만기가 도래하면 평가한다.

■ 2018년 12월 28일 최초 투자상황

자산군	금액	비중
주식	250만 원	25%
채권	250만 원	25%
금	250만 원	25%
달러	250만 원	25%
총합	**1,000만 원**	**100%**

1년 차 투자 비중 **주식 28.79%, 채권 23.77%, 금 24.73%, 달러 22.71%**

1년 전 각각 25% 비중으로 투자했던 종목의 투자 비중이 주식 28.79%, 채권 23.77%, 금 24.73%, 달러 22.71%로 바뀌었고 전체 포트폴리오 수익률은 16.68%, 평가금액은 11,667,854원이 되었다. 이것을 다시 25%의 비중으로 변경하는 리밸런싱을 진행한 후 각 종목의 투자금액을 2,916,964원으로 변경하여 다시 매수를 진행한다. 그리고 다시 1년을 보유한다.

■ 2019년 1월 1일~2019년 12월 28일 투자상황

자산군	수익률	평가금액	비중	리밸런싱	재투자금액
주식	**34.38%**	3,359,513원	28.79%	25%	2,916,964원
채권	10.94%	2,773,418원	23.77%	25%	2,916,964원
금	15.40%	2,885,027원	24.73%	25%	2,916,964원
달러	6.00%	2,649,896원	22.71%	25%	2,916,964원
총합	**16.68%**	**11,667,854원**	**100.00%**	**100%**	**11,667,854원**

참고: 소수점 이하는 반올림 처리되어 단순 합과 데이터 값에 차이가 발생할 수 있다(이하 계산식 모두 동일).

2년 차 투자 비중 **주식 25.43%, 채권 24.04%, 금 28.09%, 달러 22.44%**

1년 전 각각 25% 비중으로 투자했던 종목의 투자 비중이 주식 25.43%, 채권 24.04%, 금 28.09%, 달러 22.44%로 바뀌었고 전체 포트폴리오 수익률은 6.21%, 누적수익률은 23.91%가 되어 평가금액은 12,391,874원이 되었다. 이것을 다시 25%의 비중으로 변경하는 리밸런싱을 진행한 후 각 종목의 투자금액을 3,097,968원으로 변경하여 다시 매수를 진행한다. 그리고 다시 1년을 보유한다.

■ 2020년 1월 1일~2020년 12월 30일 투자상황

자산군	수익률	평가금액	비중	리밸런싱	재투자금액
주식	8.05%	3,151,706원	25.43%	25%	3,097,968원
채권	2.13%	2,979,054원	24.04%	25%	3,097,968원
금	**19.33%**	3,480,928원	28.09%	25%	3,097,968원
달러	-4.69%	2,780,186원	22.44%	25%	3,097,968원
총합	**6.21%**	**12,391,874원**	**100.00%**	**100%**	**12,391,874원**

3년 차 투자 비중 **주식 30.18%, 채권 23.93%, 금 21.28%, 달러 24.60%**

1년 전 각각 25% 비중으로 투자했던 종목의 투자 비중이 주식 30.18%, 채권 23.93%, 금 21.28%, 달러 24.60%로 바뀌었고 전체 포트폴리오 수익률은 10.80%, 누적수익률은 37.30%가 되어 평가금액은 13,730,009원이 되었다. 이것을 다시 25%의 비중으로 변경하는 리밸런싱을 진행한 후 각 종목의 투자금액을 3,432,502원으로 변경하여 다시 매수를 진행한다. 그리고 다시 1년을 보유한다.

■ **2021년 1월 1일~2021년 12월 30일 투자상황**

자산군	수익률	평가금액	비중	리밸런싱	재투자금액
주식	**33.78%**	4,144,308원	30.18%	25%	3,432,502원
채권	6.06%	3,285,765원	23.93%	25%	3,432,502원
금	−5.69%	2,921,798원	21.28%	25%	3,432,502원
달러	9.04%	3,378,138원	24.60%	25%	3,432,502원
총합	**10.80%**	**13,730,009원**	**100.00%**	**100%**	**13,730,009원**

4년 차 투자 비중 **주식 22.48%, 채권 23.88%, 금 25.53%, 달러 28.10%**

2022년은 코로나가 유행하고 주식과 채권과 금이 모두 하락했던 시기다. 만약 이때 주식을 100% 비중으로 매수했다면 -13.57%의 적지 않은 손실이 발생했을 것이다. 하지만 주식, 채권, 금, 달러와 같이 각 자산군으로 나누어 포트폴리오를 구성한 후 매수한 결과, 전체 포트폴리오 수익률은 -3.89%에 그쳤다. 비록 손실이 발생했지만, 4개의 자산군 중 달러 자산의 상승으로 일부 손실을 만회할 수 있었다.

■ **2022년 1월 1일~2022년 12월 30일 투자상황**

자산군	수익률	평가금액	비중	리밸런싱	재투자금액
주식	−13.57%	2,966,663원	22.48%	25%	3,298,817원
채권	−8.19%	3,151,404원	23.88%	25%	3,298,817원
금	−1.85%	3,368,859원	25.53%	25%	3,298,817원
달러	**8.04%**	3,708,343원	28.10%	25%	3,298,817원
총합	**−3.89%**	**13,195,269원**	**100.00%**	**100%**	**13,195,269원**

이렇게 전체 포트폴리오가 마이너스 수익률이 되어도 리밸런싱은 계속 진행해야 한다. 1년 전 각각 25% 비중으로 투자했던 종목의 투자 비중이 주식 22.48%, 채권 23.88%, 금 25.53%, 달러 28.10%로 바뀌었고 전체 포트폴리오 수익률은 -3.89%, 누적수익률은 31.95%가 되어 평가금액은 13,195,269원이 되었다. 이것을 다시 25%의 비중으로 변경하는 리밸런싱을 진행한 후 각 종목의 투자금액을 3,298,817원으로 변경하여 다시 매수를 진행한다. 그리고 다시 1년을 보유한다.

5년 차 투자 비중 **주식 27.57%, 채권 23.73%, 금 23.77%, 달러 24.92%**

1년 전 각각 25% 비중으로 투자했던 종목의 투자 비중이 주식 27.57%, 채권 23.73%, 금 23.77%, 달러 24.92%로 바뀌었고 전체 포트폴리오 수익률은 9.80%, 누적수익률은 48.48%가 되어 평가금액은 14,487,607원이 되었다. 이것을 다시 25%의 비중으로 변경하는 리밸런싱을 진행한 후 각 종목의 투자금액을 3,621,902원으로 변경하여 다시 매수를 진행한다. 그리고 다시 1년을 보유한다.

■ **2023년 1월 1일~2023년 12월 28일 투자상황**

자산군	수익률	평가금액	비중	리밸런싱	재투자금액
주식	**21.10%**	3,994,767원	27.57%	25%	3,621,902원
채권	4.22%	3,438,014원	23.73%	25%	3,621,902원
금	4.41%	3,444,180원	23.77%	25%	3,621,902원
달러	9.45%	3,610,646원	24.92%	25%	3,621,902원
총합	**9.80%**	**14,487,607원**	**100.00%**	**100%**	**14,487,607원**

6년 차 투자 비중 **주식 25.65%, 채권 22.80%, 금 28.69%, 달러 22.86%**

1년 전 각각 25% 비중으로 투자했던 종목의 투자 비중이 주식 25.65%, 채권 22.80%, 금 28.69%, 달러 22.86%로 바뀌었고 전체 포트폴리오 수익률은 10.99%, 누적수익률은 60.80%가 되어 평가금액은 16,080,026원이 되었다. 이것을 다시 25%의 비중으로 변경하는 리밸런싱을 진행한 후 각 종목의 투자금액을 4,020,007원으로 변경하여 다시 매수를 진행한다. 그리고 다시 1년을 보유한다.

■ **2024년 1월 1일~2024년 9월 30일 투자상황**

자산군	수익률	평가금액	비중	리밸런싱	재투자금액
주식	13.87%	4,124,316원	25.65%	25%	4,020,007원
채권	1.23%	3,666,465원	22.80%	25%	4,020,007원
금	**27.39%**	4,613,932원	28.69%	25%	4,020,007원
달러	1.47%	3,975,314원	22.86%	25%	4,020,007원
총합	**10.99%**	**16,080,026원**	**100.00%**	**100%**	**16,080,026원**

총정리 69개월간 누적수익률 60.80%, 연평균 수익률 10.57%! 영원히 1등인 자산은 없다!

2019년 1월 1일부터 시작한 연금저축 자산 배분 투자는 69개월(5.75년)이 지난 2024년 9월 30일 기준으로 누적수익률 60.80%를 기록했다. 단순 연평균 수익률로 환산하면 10.57%(=60.80%/5.75년)로, 매우 준수한 연평균 수익률을 기록한 것이다.

지금까지 연금저축 시뮬레이션을 살펴본 결과, 2019년에는 주식이 자산군 수익률 1위를 차지했지만, 2020년에는 금이 가장 높은 수익률을 기록했다. 2021년에는 다시 주식이 자산군 수익률 1위를 차지했지만, 2022년에는 달러($)가 수익률 1위 자산이었다. 2023년 다시 주식이 자산군 수익률 1위를 차지했지만, 2024년 9월 기준 수익률 1위는 금이다.

분석기간은 짧지만, 영원히 1등 하는 자산은 없고 다양한 경제 변수에 따라 자산의 순위는 주기적으로 바뀌었다. 경제상황에 따라 자산군 1위가 변하는 것은 연금저축을 운용할 때 계속 주목해야 하는 중요한 사실이다. 각 자산군은 경기 회복, 성장, 성숙, 후퇴, 침체 등 특정한 경기순환기에서 유리할 수 있으므로 자산을 다양하게 분배하여 리스크를 줄이는 것이 현명한 연금저축 운용전략이다.

■ 약 6년의 투자기간 동안 주식, 채권, 금, 달러 수익률 순위

투자기간: 2019년 1월 1일~2024년 9월 30일 기준(5.75년)

	1위	2위	3위	4위
2019년	주식(34.38%)	금(15.40%)	채권(10.94%)	달러(6.00%)
2020년	금(19.33%)	주식(8.05%)	채권(2.13%)	달러(-4.69%)
2021년	주식(33.78%)	달러(9.04%)	채권(6.06%)	금(-5.69%)
2022년	달러(8.04%)	금(-1.85%)	채권(-8.19%)	주식(-13.57%)
2023년	주식(21.10%)	달러(9.45%)	금(4.41%)	채권(4.22%)
2024년 1월 1일~9월 30일	금(27.39%)	주식(13.87%)	달러(1.47%)	채권(1.23%)

[주식, 채권, 금, 달러 기초자산]

- **주식**: 선진국MSCI 지수
- **채권**: 미국채10년선물지수
  (S&P 10-Year U.S. Treasury Note Futures(ER))
- **금**: S&P GSCI Gold Index(TR)
- **달러**: 미국달러선물지수

영원히 수익률이 1등인 자산은 없으므로 적절한 자산 배분과 리밸런싱이 반드시 필요하다.

자산의 투자 비중을 리밸런싱하지 않았다면 최종 수익률은?

앞의 예와 같은 투자기간(2019년 1월 1일~2024년 9월 30일)에 자산을 배분하지 않고 주식에 100% 투자하거나 채권 100%에 투자한 경우와 주식과 채권에 각각 50%씩 투자한 경우, 그리고 주식과 채권, 금, 달러에 각각 25% 비중으로 투자한 경우 최종 수익률은 다음과 같다.

■ 투자 비중별 최종 수익률 비교 **투자기간**: 2019년 1월 1일~2024년 9월 30일(5.75년)

	주식 100%	채권 100%	주식, 채권 각 50%	주식, 채권, 금, 달러 각 25%
누적수익률	**131.49%**	25.24%	66.91%	60.80%
연평균 수익률	**22.86%**	4.38%	12.15%	10.57%
최악의 해	−13.57%	**−1.85%**	−10.88%	−3.89%

누적수익률로만 살펴보면 결과는 다음과 같다.

① **주식에 100% 투자한 경우**: 누적수익률이 131.49%로 가장 높았지만, 최악의 해에는 −13.57%의 손실을 감수해야 했다.
② **채권에 100% 투자한 경우**: 누적수익률이 25.24%로 가장 낮았지만, 최악의 해 손실은 −1.85%여서 상대적으로 손실이 적었다.
③ **주식과 채권에 각각 50%씩 투자한 경우**: 누적수익률이 66.91%로 중간 정도였지만, 최악의 해에는 −10.88%의 손실을 감수해야 했다.
④ **주식과 채권, 금, 달러에 각각 25%씩 투자한 경우**: 누적수익률이 60.80%였고 최악의 해에는 −3.89%로 가장 낮은 손실을 기록했다.

이러한 결과를 통해 위험자산인 주식의 비중이 높을수록 수익률은 높지만 그만큼 손실위험도 감수해야 한다는 사실을 알 수 있다. 따라서 주식과 채권, 금, 달러 등 다양한 자산군을 혼합하여 포트폴리오를 구성하면 특정 자산의 성과에 의존하지 않고도 안정적인 수익을 기대할 수 있다. 또한 최악의 해에도 가장 낮은 손실을 기록해서 안정적으로 장기투자를 할 수 있다. 이러한 이유로 연금저축의 포트폴리오를 구성하고 운용할 때 다양한 자산군을 혼합하여 자산 배분전략을 세우고 일정 주기에 맞춰 포트폴리오 리밸런싱을 진행하는 것이 중요하다.

은퇴가 가까운 당신에게 - 월 배당 ETF 강력 추천!

연금저축, 수익이 커도 꺼내 쓸 때 원금이 훼손된다면?

필자는 연금저축 투자상품으로 월 배당 ETF에 주목한다. 그 이유 중 하나는 아무리 ETF 수익률이 들쭉날쭉해도 원금과 별도로 배당금으로만 인출할 수 있어서 심리적 타격을 상대적으로 적게 받을 수 있기 때문이다. 다음의 사례를 보면서 그 이유를 좀 더 살펴보자.

사례 1 연금저축에 이익만 발생할 때

A 종목에 5,000만 원, B 종목에 5,000만 원을 매수하여 연금저축 포트폴리오를 구성했다고 가정해보자. A 종목의 수익률이 10%(500만 원)이고 B 종목의 수익률이 3%(150만 원)일 때 전체 포트폴리오의 수익률은 6.5%(650만 원)이다. 이런 상황에서 원금 기준으로 1%(100만 원)를 인출하여 생활비를 확보해야 한다면 여러분은 A와 B 종목 중 어떤 것을 매도하여 인출할 계획인가?

사례 2 연금저축에 이익과 손실이 공존할 때

A 종목에 5,000만 원, B 종목에 5,000만 원을 매수하여 연금저축 포트폴리오를 구성했다고 가정해보자. A 종목의 수익률이 10%(500만 원)이고 B 종목의 수익률이 -3%(-150만 원)일 때 전체 포트폴리오의 수익률은 3.5%(350만 원)이다. 이런 상황에서 원금 기준으로 1%(100만 원)를 인출하여 생활비를 확보해야 한다면 여러분은 A와 B 종목 중 어떤 것을 매도하여 인출할 계획인가?

사례 3 연금저축에 손실만 발생할 때

A 종목에 5,000만 원, B 종목에 5,000만 원을 매수하여 연금저축 포트폴리오를 구성했다고 가정해보자. A 종목의 수익률이 -10%(-500만 원)이고 B 종목의 수익률이 -3%(-150만 원)일 때 전체 포트폴리오의 수익률은 -6.5%(-650만 원)이다. 이런 상황에서 원금 기준으로 1%(100만 원)를 인출하여 생활비를 확보해야 한다면 여러분은 A와 B 종목 중 어떤 것을 매도하여 인출할 계획인가?

앞의 사례처럼 연금저축에 일반 ETF를 담고 이익과 손실이 혼재되어 있다면 인출할 때 무척 혼란스러울 것이다. [사례 1]처럼 전체 포트폴리오가 수익 구간이면 심리적 부담 없이 매도 후 쉽게 인출할 수 있다. 하지만 [사례 2]나 [사례 3]처럼 포트폴리오에 손실 구간이 있을 때는 심리적 장벽을 느끼므로 매도할 때 불편할 수 있다.

이러한 문제는 월 배당 ETF 포트폴리오를 짜면 간단히 해결할 수 있다. 매월 발생하는 배당금으로 현금성 자산을 확보해서 인출하면 그만이기 때문이다. 목표 생활자금을 설정하고 그에 맞는 배당금 수령계획을 세워 준비했다면 포트폴리오 종목의 가격이 변동되어도 심리적 부담 없이 인출하여 생활비를 확보할 수 있다. 월 배당 ETF 연금 수령 실전 사례와 자세한 내용은 다음 영상을 참고하자.

건물가격이 오르락내리락해도 월세가 따박따박 나오듯이
월 배당 ETF 가격이 오르락내리락해도 배당금은 나온다.

월 배당 ETF 연금저축 운용 시뮬레이션 2가지 (ft. 커버드콜)

원금은 최대한 지키면서 배당(분배금)으로 생활비를 인출하려면?

이번에는 배당으로 생활비를 인출하기 위한 월 배당 ETF의 운용 방법을 소개하려고 한다. 연금저축 납입금액은 1,000만 원, 투자기간은 2019년 1월 1일부터 2024년 9월 30일까지로 가정하고 포트폴리오 리밸런싱은 매년 1회 진행한다.

인출기간	2023년 1월 1일~2024년 9월 30일
분석종목	TIGER 미국나스닥100커버드콜 ETF
	KODEX 미국배당커버드콜액티브 ETF
운용방법	[1안] TIGER 미국나스닥100커버드콜 100% 매수
	[2안] TIGER 미국배당커버드콜액티브 100% 매수

운용방법 1안 TIGER 미국나스닥100커버드콜 ETF 100%

1억 원 매수 시 – 월평균 배당금 1,114,185원, 추가 수익은 15,107,914원

미래에셋자산운용에서 만든 TIGER 미국나스닥100커버드콜 ETF는 월 1%의 분배율 지급을 목표로 운용된다(목표이고 확정은 아님). 여기에서 잠깐! 커버드콜 ETF가 급부상 중인데 왜 이런 상품이 등장했을까?

이 상품의 구조를 알려면 먼저 옵션(Option)의 개념을 이해해야 한다. 옵션은 미래의 특정 시점에 특정 자산을 정해진 가격으로 사고팔 수 있는 권리로, **콜 옵션(Call Option)은 만기일 이전에 사는 권리이고 풋 옵션(Put Option)은 만기일 이전에 파는 권리다.** 이런 상품은 주식을 보유한 상태에서 콜옵션을 매도하여 옵션 프리미엄을 받고 이 돈으로 월 분배

주식 커버드콜 ETF 전략은?
주식 보유+콜옵션 매도 포지션 유지!

주식은 상승할 때 이익이 발생하지만 콜옵션 매도 포지션은 손실이 발생한다. 따라서 기초자산인 나스닥 100지수가 상승하면 반대 포지션인 콜옵션 매도에서는 손실이 발생해서 이익이 상쇄된다. 반면 나스닥 100지수가 하락하면 주식에서는 손실이 발생하지만, 콜옵션 매도 포지션에서는 이익이 발생하므로 손실을 일부 만회할 수 있다.

콜옵션 매도거래에서 옵션거래는 권리를 사고 파는 것으로, 콜옵션은 살 권리, 풋옵션은 팔 권리를 갖는다. 이때 투자 포지션이 '매수자'와 '매도자'로 구분되는데, 매수자는 매도자에게 프리미엄을 지급하고 자신에게 유리한 포지션에서만 권리를 행사한다. 반대로 매도자는 자신에게 유리한지의 여부에 상관없이 거래 상대방인 콜옵션 매수자의 권리 행사 결정에 의해 손익이 결정된다.

보통 콜옵션 매수자가 권리를 행사할 때는 무한 손실이 발생하지만, 콜옵션 매도자가 권리를 포기할 경우에는 프리미엄만큼 이익이 발생한다.

■ TIGER 미국나스닥100커버드콜(합성)의 누적 수익률

(단위: 원)

연금저축 평가금액: 1억 원					
기준일	기준 가격	배당	보유주 수	배당금	누적 배당금
2023-01-31	9,035	91	11,068	1,007,194	1,007,194
2023-02-28	9,530	95		1,051,467	2,058,661
2023-03-31	9,730	97		1,073,603	3,132,263
2023-04-28	10,095	100		1,106,807	4,239,070
2023-05-31	10,200	101		1,117,875	5,356,945
2023-06-30	10,120	101		1,117,875	6,474,820
2023-07-31	10,040	101		1,117,875	7,592,695
2023-08-31	10,085	101		1,117,875	8,710,570
2023-09-26	9,835	99		1,095,739	9,806,309
2023-10-27	9,775	97		1,073,603	10,879,911
2023-11-28	9,670	96		1,062,535	11,942,446
2023-12-27	9,720	98		1,084,671	13,027,117
2024-01-29	10,225	103		1,140,011	14,167,128
2024-02-27	10,335	103		1,140,011	15,307,139
2024-03-28	10,420	105		1,162,147	16,469,286
2024-04-29	10,350	104		1,151,079	17,620,365
2024-05-30	10,345	104		1,151,079	18,771,444
2024-06-27	10,560	107		1,184,283	19,955,728
2024-07-30	10,355	104		1,151,079	21,106,807
2024-08-28	10,404	103		1,140,011	22,246,818
2024-09-27	10,400	104		1,151,079	23,397,897
		누적 배당수익률		**23.40%**	**23,397,897**
		누적 투자수익률		**15.11%**	**15,107,914**
		누적 종합수익률		**38.51%**	**138,505,811**

금을 지급하기 위해 등장했다. 즉 주식이 하락해도 이 분배금으로 손실을 보충하기 위해 탄생한 것이다.

이 상품을 운용하는 동안 매월 지급받는 분배금만큼 인출한다는 것이 연금저축의 인출전략이다. TIGER 미국나스닥100커버드콜 ETF의 목표 분배율은 월 1%, 연 12%이다. 따라서 연금저축 평가금액 1억 원으로 예상할 수 있는 매월 분배금은 약 100만 원 수준이다. 예를 들어 2023년 1월에 1억 원으로 TIGER 미국나스닥100커버드콜 ETF를 9,035원에 매수했다면 총 11,068주를 보유하게 된다. 그리고 매월 총 보유주수에 월 분배금을 곱한 금액만큼 분배금이 지급된다.

113쪽의 시뮬레이션 결과를 살펴보면 2023년 1월부터 2024년 9월까지 총 21번의 배당금이 지급되었다. 누적배당금은 23,397,897원, 월평균 배당금은 1,114,185원, 누적 배당수익률은 23.4%이다. 또한 TIGER 미국나스닥100커버드콜 ETF의 가격 상승으로 누적 투자수익률은 15.11%가 되어 15,107,914원의 추가 수익이 발생했다.

운용방법 2안 KODEX 미국배당커버드콜액티브 ETF 100%
1억 원 매수 시 – 월평균 배당금 654,069원, 추가 수익은 18,687,831원

삼성자산운용에서 만든 KODEX 미국배당커버드콜액티브 ETF는 연간 6~7%의 분배율 지급을 목표로 운용된다. 지급되는 분배금의 재원은 커버드콜 월 배당 ETF이므로 콜옵션 매도 포지션에 따른 프리미엄이다. 이 종목은 기초자산이 S&P500이라는 것과 콜옵션 매도 비중이

100%가 아닌 목표 분배율을 달성하기 위해 시장상황에 따라 옵션 비중을 조정하는 타깃 프리미엄 전략을 활용한다는 점이 TIGER 미국나스닥100커버드콜 종목과 다르다.

KODEX 미국배당커버드콜액티브 종목에서 타깃 프리미엄 전략을 활용하는 경우 100% 콜옵션 매도 비중의 커버드콜 전략보다 기초자산의 가격 변동에 더 많이 노출되어 있어서 TIGER 나스닥100커버드콜 종목보다 상대적으로 더 오르고 더 많이 하락하는 구조이다. 예를 들어 2023년 1월에 1억 원으로 KODEX 미국배당커버드콜액티브 ETF를 9,450원에 매수했다면 총 10,582주를 보유하게 된다. 그리고 매월 총 보유주 수에 월 분배금을 곱한 금액만큼 분배금이 지급된다.

116쪽의 시뮬레이션 결과를 살펴보면 2023년 1월부터 2024년 9월까지 총 21번의 배당금이 지급되었다. 누적배당금은 13,735,450원, 월평균 배당금은 654,069원, 누적 배당수익률은 13.74%이다. 또한 KODEX 미국배당커버드콜액티브 ETF의 가격 상승으로 누적 투자수익률은 18.69%가 되어 18,687,831원의 추가 수익이 발생했다.

■ KODEX 미국배당커버드콜액티브의 누적 수익률

(단위: 원)

연금저축 평가금액: 1억 원					
기준일	기준 가격	배당	보유주 수	배당금	누적 배당금
2023-01-31	9,450	52	10,582	550,265	550,265
2023-02-28	10,025	52		550,265	1,100,529
2023-03-31	9,770	53		560,847	1,661,376
2023-04-28	10,235	53		560,847	2,222,222
2023-05-31	9,735	53		560,847	2,783,069
2023-06-30	9,990	53		560,847	3,343,915
2023-07-31	9,925	53		560,847	3,904,762
2023-08-31	10,125	53		560,847	4,465,608
2023-09-26	9,980	53		560,847	5,026,455
2023-10-27	9,850	53		560,847	5,587,302
2023-11-28	9,675	53		560,847	6,148,148
2023-12-27	9,930	53		560,847	6,708,995
2024-01-29	10,445	54		571,429	7,280,423
2024-02-27	10,620	54		571,429	7,851,852
2024-03-28	10,930	65		687,831	8,539,683
2024-04-29	10,915	75		793,651	9,333,333
2024-05-30	10,855	80		846,561	10,179,894
2024-06-27	11,145	85		899,471	11,079,365
2024-07-30	11,210	85		899,471	11,978,836
2024-08-28	11,067	83		878,307	12,857,143
2024-09-27	11,216	83		878,307	13,735,450
		누적 배당수익률		**13.74%**	**13,735,450**
		누적 투자수익률		**18.69%**	**18,687,831**
		누적 종합수익률		**32.42%**	**132,423,280**

총정리 운용방법 비교 – 시세차익? VS 배당수익? VS 통합수익?

월 배당 ETF를 활용한 연금저축 인출전략은 가격 상승에 배팅해 필요한 자금을 매도하는 전략(부동산의 경우 시세차익)과, 배당에 올인하여 배당금만큼 인출하는 전략(부동산의 경우 월세수익)이 있다. 이 중에서 인출전략 1안은 배당에 올인하는 전략의 예시를, 인출전략 2안은 고배당+가격 상승에 배팅하는 전략의 예시를 보여주고 있다.

■ 인출전략 1안과 2안 비교

	[인출전략 1안] TIGER 미국나스닥100커버드콜	[인출전략 2안] KODEX 미국배당커버드콜액티브
배당금(배당률)	**23,397,897원(23.40%)**	13,735,450원(13.74%)
투자수익(수익률)	15,107,914원(15.11%)	**18,687,831원(18.69%)**
종합수익(토털리턴)	**138,505,811원(38.51%)**	132,423,280원(34.42%)

- **배당금**: TIGER 미국나스닥100커버드콜 **승!**
- **투자수익률**: KODEX 미국배당커버드콜액티브 **승!**
- **토털리턴 수익률**: TIGER 미국나스닥100커버드콜 **승!**

결과적으로 매월 100만 원씩 배당수익을 인출할 목적이라면 TIGER 미국나스닥100커버드콜 종목이 더 나은 대안이 될 수 있다. KODEX 미국배당커버드콜 종목을 선택한 경우 수익률은 더 높다. 하지만 매달 필요한 100만 원의 현금 흐름을 마련하려면 배당금을 제외하고도 매월 45만 원씩 ETF를 매도해서 자금을 마련해야 한다.

월 배당 ETF를 활용하여 연금운용 포트폴리오를 구성할 때 주의할 점은 시뮬레이션의 예시처럼 하나의 기초자산과 하나의 종목만으로 포트폴리오를 구성하지 않아야 한다는 것이다. 즉 목표 분배율을 달성할 수 있는 다양한 기초자산을 혼합하여 포트폴리오를 구성해야 한다는 점을 잊지 말자.

연금저축 '인출' 단계에서 꼭 알아야 할 Q & A

질문 1 연금저축 인출 개시 신청조건은 무엇인가?

연금저축 가입자의 나이 만 55세, 가입기간 5년 이상 조건을 충족하면 연금 개시를 신청할 수 있고 연금 수령방법을 선택하면 된다.

질문 2 연금저축의 종류에 따라 연금 수령방법은 어떻게 다른가?

연금 수령방법은 연금저축을 판매하는 금융회사마다 차이가 있다. 그러므로 연금 개시 전에 연금저축에 가입한 금융회사에 연금 수령방법을 문의하고 자신에게 적합한 연금 수령방법을 선택한다.

■ 연금저축의 종류와 연금 수령방법

증권사	보험사	은행
연금저축펀드	연금저축보험	연금저축신탁
• 확정기간형 • 확정금액형 • 비정기연금	• 종신형(생명보험) • 확정기간형	• 확정기간형 • 확정금액형

질문 3 연금 수령기간이 길수록 세제 혜택이 커지는가?

YES! 10년 이상 연금을 수령했을 때 적격 수령으로 보아 연금소득세가 저율과세되므로 가급적 수령기간은 최소 10년 이상 길게 결정하는 것이 좋다. 연금은 상황에 따라 ① 확정기간형, ② 확정금액형, ③ 비정기연금(임의식) 등 다양한 방법으로 수령할 수 있고 연금 수령방법은 금융회사마다 다르므로 꼭 확인해야 한다.

질문 4 연금저축에 퇴직금을 입금할 경우 언제부터 가입기간 요건(5년 이상)이 적용되는가?

퇴직금은 가입기간 요건이 따로 적용되지 않는다. 다만 퇴직금은 바로 연금저축으로 입금할 수 없으므로 IRP 계좌에서 퇴직금을 수령하고 만 55세 이후 연금저축으로 이전해야 비로소 연금저축에서 운용할 수 있다. 하지만 명예퇴직금과 퇴직위로금은 연금저축으로 바로 이전할 수 있다.

질문 5 연금저축은 연금 개시 전에 중도인출할 수 있는가?

YES! 연금저축은 퇴직연금과 달리 연금 개시 전에도 중도인출할 수 있다. 그러나 연금저축은 중도인출할 때 납입 단계에서 세액공제받은 금액과 운용수익에 대해 기타소득세 16.5%가 과세되므로 중도인출을 신중하게 결정해야 한다.

질문 6 연금 개시 전에 중도인출하면 어떤 세금이 부과되는가?

연금 개시 전에 중도인출하면 소득원천에 따라 과세 여부가 결정된다. 단 납입기간 중 세액공제 납입한도 600만 원을 초과하여 납입한 금액은 세액공제를 적용받지 않았으므로 중도인출할 경우 비과세된다.

■ 연금 개시 전 중도인출 시 소득원천에 따른 과세 여부

소득원천	중도인출 시 과세 여부
세액공제 미적용 납입금액	**비과세**
이연퇴직소득	퇴직소득세 100% 과세
세액공제 적용 납입금액	기타소득세 16.5%
운용수익	

질문 7 연금저축을 인출할 때 어떤 세금이 부과되는가?

연금 수령조건에 따라 ① 연금소득세, ② 종합소득세, ③ 기타소득세가 과세된다. 이때 과세 대상은 연금저축 납입기간 중 세액공제를 적용받은 납입금액과 운용수익이다. 비과세 대상은 납입 단계에서 세액공제를 받지 않은 추가 납입금액이고 인출할 때는 소득세가 과세되지 않는다.

질문 8 연금소득세율이 차등으로 적용되는 나이 기준은?

연금을 수령하는 나이에 따라 연금소득세율이 달라진다. 예를 들어 만 55세에 연금을 개시하면 연 5.5%의 연금소득세율이 적용되다가 만 70세가 되면 연 4.4%, 만 80세가 되면 연 3.3%의 연금소득세율이 적용된다. (종신형 연금 수령의 경우 만 55세부터는 4.4%, 만 80세부터는 3.3%의 연금소득세율이 적용된다.)

질문 9 연금 개시 전후에 연금저축을 다른 연금저축으로 이전할 수 있는가?

이미 연금이 개시된 연금저축 외 계좌는 다른 연금저축을 이전할 수 없지만, 연금이 개시된 연금저축은 다른 금융회사의 연금저축으로 이전할 수 있다(종신형 연금이 개시된 연금저축은 제외). 연금저축을 이전할 경우 기존 계좌의 세액공제 혜택을 유지할 수도 있고 이전한 연금저축에서 계속 납입하거나 연금을 수령할 수도 있다.

■ 연금계좌이전제도

개념	연금저축이나 개인형 퇴직연금(IRP) 계좌를 다른 금융회사로 옮길 수 있는 제도로, 이 제도를 통해 연금계좌를 이전해도 세제 혜택을 계속 유지할 수 있다.
이전 절차	• **1단계**: 새로운 금융회사에 연금계좌 개설 • **2단계**: 새롭게 개설한 금융회사에서 연금계좌 이전 신청 • **3단계**: 전화로 이전 확인 통화하면 2~3일 후 이전
이전 조건 (전액 이전만 가능)	**[현물 이전할 수 있는 경우]** • DC형 계좌에서 DC형 계좌로 이전 • IRP 계좌에서 IRP 계좌로 이전 **[금융상품 매도 후 현금화하여 이전할 수 있는 경우]** • 연금저축에서 연금저축으로 이전 • 연금저축과 IRP 계좌로 이전 • DC형 계좌에서 IRP 계좌로 이전(같은 금융기관 안에서는 매도 없이 이전 가능)
연금 수령 개시 후 이전	연금 수령 개시 후에도 이전할 수 있지만, 종신형 연금 형태로 개시한 경우에는 이전할 수 없다.
수수료	• 대부분의 금융회사는 이전 수수료를 부과하지 않는다. • 이전 후 연금계좌 상품의 수수료 구조를 확인해야 한다.

질문 10 연금저축을 IRP 계좌로 이전하기 위한 조건은 무엇인가?

연금저축을 IRP로 옮기거나 IRP를 연금저축으로 옮기려면 다음 조건에 해당해야 한다.

① 가입자의 나이가 만 55세 이상이고

② 가입 후 5년이 경과해야 하며

③ 당시 가입한 금융상품은 모두 매도한 후 현금화하여 이전해야 한다.

질문 11 연금저축에서 연금을 인출할 때 어떤 절차를 거쳐야 하는가?

먼저 금융기관에 연금 개시를 신청해야 한다. 신청할 때 필요한 서류는 신분증, 연금저축 가입 증서, 그리고 국세청에서 발급받은 '연금보험료 등 소득세액공제확인서'이다. 금융기관은 신청서를 접수한 후 계좌의 자금 구성(과세 제외 금액, 이연퇴직소득, 기타금액 등)을 안내하고 인출순서에 따라 연금을 지급한다.

질문 12 연금저축을 어떤 순서로 인출해야 세금을 덜 내는가?

연금저축 가입자는 연금 수령조건을 충족하여 연금이 개시되면 연금 수령방법을 결정해야 한다. 그러면 연금 인출이 시작되는데, 소득원천에 따라 다음의 순서로 인출해야 세금 부담을 최소화할 수 있다.

① 과세 제외 금액(세액공제 미적용 납입금액)을 인출하고
② 이연퇴직소득을 인출한 후
③ 마지막으로 과세 대상 소득(세액공제 적용 납입금액+운용수익)을 인출한다.

■ 연금 인출순서

<table>
<tr><th></th><th>소득원천</th><th>과세 여부</th></tr>
<tr><td>1순위</td><td>세액공제 미적용 납입금액</td><td>비과세</td></tr>
<tr><td rowspan="3">2순위</td><td rowspan="3">이연퇴직소득</td><td>퇴직소득세 과세</td></tr>
<tr><td>실제 수령 연차 10년 미만(30% 감면)</td></tr>
<tr><td>10년 초과(11년 차부터 40% 감면)</td></tr>
<tr><td rowspan="2">3순위</td><td>세액공제 적용 납입금액</td><td rowspan="2">수령금액 및 수령방법에 따라 연금소득세, 종합소득세, 기타소득세 과세</td></tr>
<tr><td>운용수익</td></tr>
</table>

세금이 적은 순서대로 인출하자!

연금 1억을 인출하는 방법 3가지 (ft. 확정기간형, 확정금액형, 비정기연금)

드디어 연금 납입기관에 오랜 운용기간을 거쳐 최종 단계에 도달했으면 이제는 연금을 인출하면 된다. 연금의 사전적 정의는 '정기적으로 지급하는 금전적인 급여'를 의미한다. 이와 같이 연금은 연금 인출방법을 선택하는 것부터 시작하고 확정기간형, 확정금액형, 비정기연금(임의식) 등 다양한 수령방법을 선택할 수 있다.

인출방법 1 확정기간형 연금 수령

확정기간형 연금 수령방법은 연금 수령기간을 결정하면 목표 운용수익률에 따라 연금 수령액이 결정되는 방법이다. 이 방법은 수익률이 같아도 연금 수령기간이 길수록 총연금 수령액은 증가하고 수익률이 높아질수록 연금 수령액과 총연금 수령액이 더욱 증가한다. 따라서 이러한 방식으로 인출해야 오랜 기간 연금을 수령하면서 총연금 수령액을 높일 수 있어서 연금 수령방법 중 가장 좋은 방법이다.

연금 수령기간 ↑ 연간 연금 수령액 ↓ 누적연금 수령액 ↑
연금 수령기간 ↓ 연간 연금 수령액 ↑ 누적연금 수령액 ↓

인출방법 2 확정금액형 연금 수령

확정금액형 연금 수령방법을 살펴보자. 예를 들어 포트폴리오 기대수익률이 연 3%인 연금 가입자 A 씨가 있다고 가정해보자. 1억 원의 연금자산을 투자할 경우 연 수익률이 3%인 안전자산으로 100% 매수하면 되고 여기에서 나오는 수익만큼 연금을 인출하면 된다.

연금 가입자 B 씨는 포트폴리오 기대수익률이 연 5%이다. B 씨는 안전자산만으로는 연 5%의 기대수익률을 달성할 수 없으므로 위험자산의 편입을 결정하고 S&P500 ETF를 매수하기로 결심했다. S&P500의 기대수익률은 지난 10년간 연 12.86%로 조사되었다. 이 경우 B 씨는 포트폴리오 기대수익률 연 5%를 달성하기 위해 1억 원의 연금자산 중 안전자산에는 79.7%인 7,970만 원을, 위험자산에는 20.3%인 2,030만 원을 매수하면 된다.

■ 기대수익률로 달라지는 연금 수령액

연금 수령기간	연 기대수익률	매월 연금 수령액	총연금 수령액(누적)
10년	3%	963,740원	115,648,822원
	5%	1,055,235원	126,628,241원
	7%	**1,150,033원**	**138,003,960원**
20년	3%	552,574원	132,617,654원
	5%	653,836원	156,920,752원
	7%	**762,445원**	**182,986,740원**
30년	3%	419,424원	150,992,708원
	5%	530,055원	190,819,871원
	7%	**650,925원**	**234,332,867원**
40년	3%	355,656원	170,714,712원
	5%	474,865원	227,935,145원
	7%	**605,875원**	**290,820,053원**

■ 기대수익률별 연금자산(위험자산, 안전자산) 비율

포트폴리오 기대수익률	안전자산 편입비중 (기대수익률 3%)	위험자산 편입비중 (기대수익률 12.86%)
연 5%	79.7%	20.3%
연 7%	59.4%	40.6%
연 9%	39.2%	60.8%

물론 포트폴리오 기대수익률이 높아질수록 위험자산의 비중이 높아져서 전체 손실 위험이 증가한다. 하지만 감내할 수 있는 수준의 목표 기대수익률을 선택하고 이를 기준으로 안전자산과 위험자산의 비중을 선택한다면 아무런 계획 없이 위험자산에 100% 투자하는 것보다 훨씬 더 안전하다.

인출방법 3 비정기연금(임의식) 수령

비정기연금(임의식) 수령방법은 매년 연금 수령액을 확정하여 수령하는 방법으로, 희망하는 연금 수령액과 목표하는 기대수익률에 비례하여 연금 수령기간이 결정된다.

■ 연금 수령액과 연 기대수익률에 따른 연금 수령기간

연간 연금 수령액	연 기대수익률	연금 수령기간	총연금 수령액
연 360만 원 (월 30만 원)	3%	약 56년	201,662,224원
	5%	평생	–
	7%	평생	–
연 600만 원 (월 50만 원)	3%	약 22.4년	134,870,906원
	5%	**약 32.3년**	**194,078,302원**
	7%	평생	–
연 840만 원 (월 70만 원)	3%	약 14.4년	120,998,163원
	5%	약 17.1년	144,063,466원
	7%	약 22.2년	187,316,696원
연 1,080만 원 (월 90만 원)	3%	약 10.6년	114,830,389원
	5%	약 11.9년	128,709,166원
	7%	약 13.7년	148,572,361원
연 1,500만 원 (월 125만 원)	3%	약 7.3년	109,555,376원
	5%	약 7.8년	117,421,600원
	7%	약 8.4년	127,022,363원

연금 인출방법은 종신형 연금 수령을 선택했을 경우만 제외하고 변경할 수 있다. 그리고 종신형 연금 수령방법은 생명보험사의 연금저축보험에서만 선택할 수 있다.

돈 걱정 없는 노후 =운용 수익>인출 비율

평생 마르지 않는 샘물처럼 연금을 운용하려면?

앞에서 설명한 연금 인출방법 중 확정금액형 연금 수령방법을 선택한다고 가정해보자. 확정금액에 도달하려면 그에 맞춰 투자수익을 올려야 하지만, 투자종목의 수익률을 예측하는 것은 매우 어리석은 일이다. S&P500의 과거 연평균 수익률이 12.86%라는 것은 과거의 결과일 뿐 미래의 수익률을 보장하지는 않는다. 하지만 한 가지 확실한 사실은 투자기간이 길수록 위험이 줄어든다는 것이다.

"연금을 **몇 년 동안** 수령할 수 있을까?"
"연금을 **얼마나** 수령할 수 있을까?"

이러한 질문에 대한 답은 결국 연금의 운용수익과 인출금액에 비례하여 결정된다. 마르지 않는 연금을 인출하기 위한 전제조건은 연간 인출비율보다 연간 운용수익이 더 높았을 때 실현 가능성이 더욱 높아진다.

원금을 훼손하지 않고 인출하려면?

예를 들어 현재 연금계좌 평가금액 1억 원을 매년 연 5%의 기대수익률을 목표로 운용하면서 연간 4%씩 인출한다면 매년 1%의 여유자금이 생긴다. 이 1%의 여유자금을 재투자하면 매년 연금 수령액이 증가해서 평생 마르지 않는 연금을 수령할 수 있다.

■ **수익이 인출을 넘어서는 평생연금 시뮬레이션** (단위: 원)

연금 수령 연차	연금계좌 평가금액	운용 수익률	운용 수익	연간 인출률	연간 인출	차액
1년 차	100,000,000	5%	5,000,000	4%	4,000,000	1,000,000
2년 차	101,000,000		5,050,000		4,040,000	1,010,000
3년 차	102,010,000		5,100,500		4,080,400	1,020,100
4년 차	103,030,100		5,151,505		4,121,204	1,030,301
5년 차	104,060,401		5,203,020		4,162,416	1,040,604
			⋮			
26년 차	128,243,200	5%	6,412,160	4%	5,129,728	1,282,432
27년 차	129,525,631		6,476,282		5,181,025	1,295,256
28년 차	130,820,888		6,541,044		5,232,836	1,308,209
29년 차	132,129,097		6,606,455		5,285,164	1,321,291
30년 차	**133,450,388**		**6,672,519**		**5,338,016**	**1,334,504**

시뮬레이션 결과, 30년 차에는 연간 인출금액이 533만 8,016원으로, 1년 차 400만 원에 비해 1.33배 증가했다. 이와 같이 투자기간이 길수

록 흑자 연금 구조가 될 확률이 높지만, 매년 5%의 연평균 수익률이 지속적으로 나온다는 보장은 없다. 또한 수익률 발생순서의 위험 때문에 실제 연금 수령액과 수령 후 연금계좌 평가금액에는 오차가 많을 수 있다는 것도 고려해야 한다.

tip 미성년 자녀에게 연금저축을 만들어주는 방법

자녀가 태어나 성년이 되기 전까지 사전증여를 통해 목돈을 마련해주려는 부모가 증가하고 있다. 미성년 자녀에게 증여세 없이 증여할 수 있는 증여한도는 10년간 2,000만 원이다. 따라서 자녀가 법률상 미성년자인 만 18세까지는 세금 없이 최대 4,000만 원까지 증여할 수 있다.

미성년 자녀에게 증여한 후 어떤 금융상품에서 운용해야 할지 고민이라면 미성년 자녀도 가입할 수 있는 연금저축을 활용하면 좋다. 연금저축은 운용과정에서 과세이연 효과를 누리면서 장기 운용할 경우에는 복리 효과까지 극대화할 수 있어 목돈 마련에 큰 도움이 된다.

미성년 자녀는 경제활동을 하지 않으므로 납입과정에서 세액공제 혜택을 받을 수는 없다. 하지만 세액공제를 받지 않은 납입금액은 인출할 때 비과세 혜택을 받을 수 있고 연금저축은 중도인출에 제한이 없으므로 돈이 필요할 때 쉽게 인출할 수 있다. 자, 그러면 자녀의 연금저축은 어떻게 만들 수 있는지 하나씩 알아보자.

[연금저축 개설 준비물]

부모 신분증, 부모 은행/증권계좌, 부모 명의 휴대폰, 미성년자 은행/증권계좌, 가족관계증명서(자녀 기준), 기본증명서(특정 – 친권 미성년 후견)

과거와 달리 이제는 비대면으로 쉽게 미성년 자녀의 증권계좌 등을 개설할 수 있다. 준비물 중 가족관계증명서나 기본증명서는 대법원 전자가족관계등록시스템 사이트

(efamily.scourt.go.kr)에 접속하여 발급받은 후 사진으로 찍고 이미지 파일을 휴대폰에 저장해 두면 편리하다. 왜냐하면 증권계좌를 개설하는 과정에서 관련 서류를 업로드해야 하기 때문이다.

■ **미성년자 연금저축 개설 5단계**

1단계

연금저축을 개설하려는 증권사 앱 설치

→

2단계

[계좌개설] 탭에서 [자녀 계좌개설] 탭 클릭

→

3단계

종합계좌 및 CMA 계좌 먼저 개설

→

4단계

계좌 개설 승인 후 자녀 명의 공동인증서 발급

→

5단계

[추가계좌 개설 탭]에서 '연금저축' 선택

계좌 개설에 대한 절차는 금융회사마다 다르므로 연금저축에 가입하는 금융회사의 가입 절차를 정확하게 확인하는 것이 안전하다.

금융회사의 미성년자 연금저축 이벤트를 활용할 것!

똑같이 연금 1억을 가졌는데 왜 인출 잔고가 다를까? (ft. 수익률 발생순서의 위험)

연금 인출 시 수익률 발생순서가 다르다 – 시퀀스 리스크

A 씨와 B 씨는 연금저축 평가금액이 1억 원으로 같고 연금 누적수익률도 20%로 같지만, 연차별 수익률이 다르다. 이들 모두 매년 1,000만 원씩 같은 금액을 인출했을 경우 연금 잔고도 과연 똑같이 남아있을까? 그리고 연금을 인출할 때 수익률 발생순서가 다를까?

■ **A 씨와 B 씨의 연금저축 수익률 비교**

연차	A 씨의 연금저축 수익률 순서	누적평가금액(원)	B 씨의 연금저축 수익률 순서	누적평가금액(원)
1년차	10%	110,000,000	20%	120,000,000
2년차	5%	115,500,000	−15%	102,000,000
3년차	−15%	98,175,000	5%	107,100,000
4년차	20%	**117,810,000**	10%	**117,810,000**
A 씨의 누적수익률	**20%**	**B 씨의 누적수익률**	**20%**	
A 씨의 연평균 수익률	**5%**	**B 씨의 연평균 수익률**	**5%**	

결론부터 말하면 아니다. A 씨와 B 씨는 연차별로 수익률이 달라서 수익률 발생순서도 다르다. 이것이 중요한 이유는 수익률 발생순서에 따라 최종 자산의 가치가 달라질 수 있기 때문인데, 이것을 '시퀀스 리스크(sequence risk)'라고 한다.

다음 표를 살펴보면 연간 1,000만 원씩 같은 금액을 인출할 경우 A 씨와 B 씨 모두 4년 후 잔고가 다르다. 즉 A 씨는 약 7,490만 원, B 씨는 7,544만 2,500원의 잔고가 남아있다. 결국 누적 수익률이 같아도 오래 전 투자한 자산의 수익률이 높을수록 인출 후 평가금액이 높은 것이다. 이처럼 연간 수익률의 발생순서는 최종 자산가치에 영향을 미친다.

■ A 씨와 B 씨의 인출 후 잔고 비교

연차	A 씨의 연금저축 수익률	평가금액(원)	인출금액(원)	인출 후 잔고(원)
1년 차	10%	110,00,000	−10,000,000	100,000,000
2년 차	5%	105,000,000	−10,000,000	95,000,000
3년 차	−15%	80,750,000	−10,000,000	70,750,000
4년 차	20%	84,900,000	−10,000,000	**74,900,000**
누적수익률	**20%**			
연평균 수익률	**5%**			

연차	B 씨의 연금저축 수익률	평가금액(원)	인출금액(원)	인출 후 잔고(원)
1년 차	20%	120,000,000	−10,000,000	110,000,000
2년 차	−15%	93,500,000	−10,000,000	83,500,000
3년 차	−5%	87,675,000	−10,000,000	77,675,000
4년 차	10%	85,442,500	−10,000,000	**75,442,500**
누적수익률	**20%**			
연평균 수익률	**5%**			

연금 평가금액 1억 원도 같고 연금 인출액도 같은 A 씨와 B 씨
→ 수익률 발생순서에 따라 잔고가 달라진다.

수익률 발생순서의 위험

수익률 발생순서 위험은 연금 인출계획이나 장기투자에서 매우 중요한 요소이다. 따라서 연금자산을 볼 때 단순히 평균 수익률만 보지 말고 수익률 발생순서와 그에 따른 변동성도 함께 고려해야 한다.

백수 시절 납입한 연금저축에 웬 세액공제? (ft. 홈택스 이중과세 정정 신청)

금융회사는 당신이 세액공제를 받았는지 알 수 없다

연금저축은 국내 거주자라면 소득과 나이 제한 없이 가입할 수 있다. 연금저축은 '납입' 단계에서 세액공제 혜택을 제공하는데, 이러한 혜택은 소득이 있는 경우에 적용받을 수 있다. 하지만 금융회사는 당신이 월급쟁이인지, 백수인지 알 수 없다. 즉 연금저축 가입자가 매년 연금저축 세액공제를 적용받았는지의 여부를 알 수 없으므로 연금저축에 납입한 금액은 일단 세액공제를 받은 금액으로 간주한다.

다음 사례를 살펴보자. 백수 시절에도 꾸준히 연금저축에 납입했는데, 이때 자동으로 세액공제가 적용되었다. 그 결과, 연금저축 납입금액을 인출할 때 따로 비과세가 적용되지 않았다면 과연 어떻게 해야 할까?

[사례] SOS! 백수인데 세액공제 적용? 인출할 때 비과세 혜택이 날아갔어요!

만 45세인 A 씨는 연금저축의 절세 효과를 얻기 위해 10년 동안 매년 1,800만 원씩 납입했다. 첫 5년 동안은 회사에 재직하면서 연금저축을 유지했고 매년 연말정산으로 600만 원의 세액공제를 적용받았다. 퇴직 후 5년 동안은 저축해둔 목돈으로 연금저축을 유지했고 소득이 없어 따로 세액공제는 적용받지 않았다.

만 55세가 된 A 씨는 연금 개시를 앞두고 연금저축의 소득 재원을 확인해보니 총납입원금 1억 8,000만 원 중 과세 제외 금액은 1억 2,000만 원, 세액공제받은 금액은 6,000만 원, 운용수익은 3,600만 원으로, 연금저축의 총평가금액이 2억 1,600만 원으로 확인되었다. 그러나 1가지 이상한 점이 있었다. A 씨는 재직 기간에 매년 600만 원씩 5년 동안 총 3,000만 원의 세액공제를 적용받았는데, 조회해보니 총 6,000만 원의 세액이 공제된 것으로 확인되었다. 게다가 이 비용은 인출할 때 비과세 적용도 안 된다. 도대체 왜 이런 일이 생겼을까?

세액공제 안 받은 납입금액은 인출 시 소득세 적용✕
비과세 연금소득이 많을수록 수령액 껑충!

연금저축의 경우 인출할 때 세액공제를 적용받지 않는 납입금액에 대해서는 소득세를 따로 과세하지 않는다. 즉 비과세 연금소득이 많을수록 세금 부담이 줄어드는 셈이다. 하지만 A 씨의 사례처럼 금융회사는 A 씨가 연금저축에 가입하고 유지하는 기간에 납입한 금액 중 세액공제한도 연 600만 원만큼은 세액공제를 적용받은 납입금액으로 인정하여 전산에 반영한다. 이러한 문제를 해결하려면 번거롭지만 다음과 같이 세액공제 적용금액을 미적용금액으로 변경하는 절차가 필요하다.

연금저축 세액공제 적용금액을 미적용금액으로 변경하는 방법

연금 개시를 앞두고 있다면 국세청 홈택스(hometax.go.kr)에서 연금보험료 등 소득세액공제확인서를 발급받고 연금저축에 가입한 금융회사의 연금저축 소득원천을 조회해야 한다. 그런 다음, 세액공제를 적용받지 않은 기간에 세액공제가 적용되었는지의 여부 등을 확인한다. 만약 이상한 점이 발견된다면 금융회사에 연금보험료 등 소득세액공제확인서를 제출하고 세액공제 미적용금액으로 변경하면 된다.

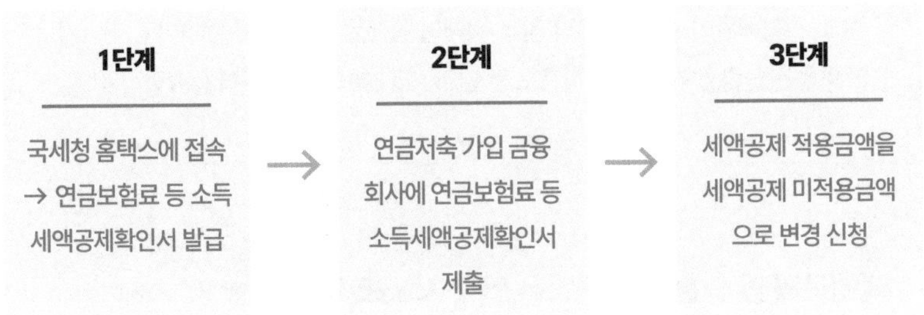

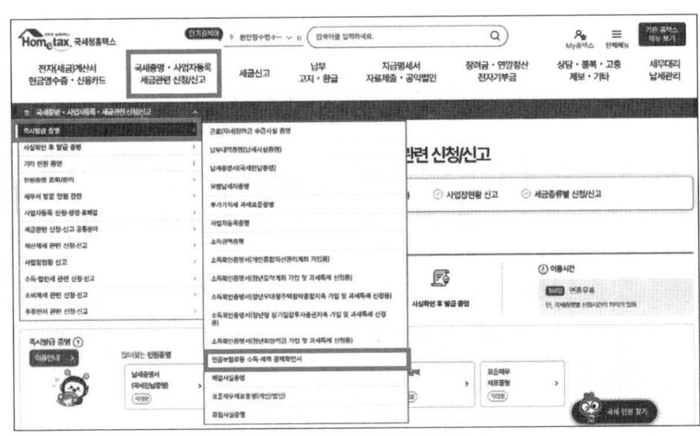

자료 출처: 국세청 홈택스(hometax.go.kr)

저율과세 연금소득세로 세금을 최소화하자

나이가 들수록 줄어드는 연금소득세 혜택

연금을 인출할 때 발생하는 세금 중 가장 낮은 세율이 적용되는 세목은 연금소득세다. 연금소득세는 만 55세 이상~만 70세 미만까지는 5.5%, 만 70세 이상~만 80세 미만은 4.4%, 만 80세 이상은 3.3%로, 나이가 많을수록 줄어드는 구조이다.

연금소득세율이 적용되는 연금저축 소득원천은 납입 단계에서 세액공제를 받은 금액과 운용수익이다. 만약 납입할 때 세액공제를 받지 않았다면 납입금액에는 비과세가 적용되고 운용수익에만 연금소득세율이 적용된다.

■ 연금소득세율

연금소득금액	세율
연 1,500만 원 이하	3.3%(만 80세 이상)
	4.4%(만 70세 이상 만 80세 미만)
	5.5%(만 70세 미만)
연 1,500만 원 초과	종합과세 또는 16.5% 분리과세 선택 가능

연금소득세의 적용조건

연금소득세를 적용하려면 반드시 다음 2가지 조건에 해당해야 한다.

① 연금 수령한도 안에서 인출할 것!
② 연금소득세 과세 기준인 연 1,500만 원 안에서 인출할 것!

예를 들어 곤쌤은 만 55세가 넘었고(연금 수령 연차=1년 차) 연금저축상품은 A와 B, 이렇게 2개를 보유하고 있다. 연금소득세를 적용받고 싶은데, 어떻게 인출해야 세금을 가장 적게 낼 수 있을까? 이 경우 연금소득세는 다음 2가지 조건을 충족했을 때 적용받을 수 있다.

조건 1 연금 수령한도 안에서 인출해야 한다.

여러 개의 연금저축을 보유해도 각 연금저축상품마다 연금 수령한도가 적용되어 다음과 같이 계산할 수 있다.

■ 곤쌤이 보유한 연금저축(A+B)의 연금 수령한도

연금 수령한도: 연금계좌 평가금액/(11－연금 수령 연차)×120%

A 연금저축 평가금액 1억 원	1억 원/(11－1)×120%=연 1,200만 원(연금 수령 연차는 1년 차 가정)
B 연금저축 평가금액 2억 원	2억 원/(11－1)×120%=연 2,400만 원(연금 수령 연차는 1년 차 가정)

연금 수령한도는 매년 1월 1일 연금계좌 평가금액을 기준으로 계산한다.
연금 개시 첫해는 연금 개시일을 기준으로 연금 수령한도를 계산한다.

A 연금저축의 수령한도는 연 1,200만 원이다. 만약 A 연금저축에서만 연 1,200만 원을 인출한 경우 연금소득세는 만 55세 기준 5.5%만 납부하면 된다.

B 연금저축의 수령한도는 연 2,400만 원이다. 만약 B 연금저축에서만 연 2,400만 원을 인출한 경우 연금 수령한도 안에서 인출했지만, 이미 A 연금저축에서 연금소득세 과세 기준 연 1,500만 원을 초과해서 인출했다면 초과분은 전부 종합소득세*나 분리과세**를 선택해야 한다.

조건 2 연금소득세 과세 기준인 연 1,500만 원 안에서 인출해야 한다.

이번에는 A 연금저축에서 1,200만 원을, B 연금저축에서 2,400만 원을 동시에 인출한 경우를 생각해보자. 각각의 연금저축에서 연금 수령한도 이내 금액을 인출했지만, 연금소득세 과세 기준 연 1,500만 원을 초과해서 인출했으므로 초과분은 전부 종합과세나 분리과세를 선택해야 한다.

---

* **종합소득세**: 종합소득세는 개인이나 사업소득자가 1년간 벌어들인 모든 소득을 합한 금액에 과세하는 세금으로, 사업소득, 근로소득, 연금소득, 금융소득, 기타소득이 포함된다. 종합소득세 세율은 과세표준 1,400만 원 이하는 6.6%이고 10억 원을 초과하면 최대 49.5%까지 차등 적용된다. 연금소득은 연금소득세 과세 구간인 연 1,500만 원을 초과인출할 경우 종합과세나 분리과세를 선택할 수 있는데, 종합과세를 선택할 경우 다른 소득과 합산해서 과세된다.

** **분리과세**: 분리과세는 어떤 소득을 종합소득에 합산하지 않고 분리하여 과세하는 세금이다. 분리과세 대상이 되는 소득은 당해 원천징수로 종결되는데, 근로소득, 이자소득과 배당소득(연 2,000만 원을 초과하면 신고), 기타소득금액(연 300만 원을 초과하면 신고)이 대상이다. 연금저축을 연금 개시 전에 연금 외 수령하거나 연금소득세 과세 구간인 연 1,500만 원을 초과인출할 경우 분리과세를 선택하면 16.5%의 세율이 적용된다.

따라서 곤쌤이 연금소득세를 적용받으려면 A 연금저축에서 연 1,200만 원을 인출하고 나머지 B 연금저축에서 연 300만 원을 인출하는 것이다. 이와 같이 각 연금계좌의 연금 수령한도 이내 금액을 인출하면서 연금소득세 과세 기준 연 1,500만 원 이하 금액을 수령하면 만 55세 기준 연 5.5%의 연금소득세율이 적용되어 80만 5,000원의 세금이 과세된다.

연금 수령한도와 인출금액에 따른 소득세 과세 구분

이번에는 연금 인출금액별로 연금 수령한도와 인출금액에 따라 소득세가 얼마나 과세되는지 살펴보자.

사례 1 연금소득세가 과세되는 경우

• 연금 수령한도 안에서 인출했는가? YES

→ 연금소득세 과세

연금 인출금액 연 1,200만 원

연금 수령한도	1억 원/(11－1)×120%＝연 1,200만 원
연금 인출금액	연 1,200만 원
연금 인출에 따른 세금	1,200만 원×5.5%＝66만 원

사례 2 **연금소득세와 기타소득세가 과세되는 경우**

• 연금 수령한도 안에서 인출했는가? NO

• 초과인출금액이 연 1,500만 원 이내인가? YES

→ **연금 수령한도 이내 인출금액**: 연금소득세 과세

→ **연금 수령한도 초과인출금액**: 16.5% 기타소득세 과세

연금 인출금액 연 1,500만 원

연금 수령한도	1억 원/(11−1)×120%=연 1,200만 원
연금 인출금액	연 1,500만 원
연금 인출에 따른 세금	1,200만 원×5.5%=66만 원 초과 300만 원×16.5%=49.5만 원

사례 3 **종합과세와 분리과세를 선택하는 경우**

• 연금 수령한도 안에서 인출했는가? NO

• 초과인출금액이 연 1,500만 원 이내인가? NO

→ 인출금액 전부 종합과세 및 분리과세 선택

연금 인출금액 연 2,000만 원

연금 수령한도	1억 원/(11−1)×120%=연 1,200만 원
연금 인출금액	연 2,000만 원
연금 인출에 따른 세금	• **종합과세를 선택한 경우**: 2,000만 원+다른 소득 합산(6.6~49.5%) • **분리과세를 선택한 경우**: 2,000만 원×16.5%(기타소득세)=330만 원

다소 복잡하지만 연금을 개시하고 연금소득세가 과세되는 첫 번째 원칙은 연금 수령한도 안에서 인출하는 것이다. 그러나 연금 수령한도가 연 1,500만 원을 초과하는 경우 연 1,500만 원까지 인출했을 때는 연금소득세가 과세된다. 하지만 연금소득세 과세 기준 연 1,500만 원을 초과인출한 경우에는 다른 소득과 합산하는 종합과세를 선택하거나 16.5%의 기타소득세가 과세되는 분리과세를 선택해야 한다.

연금 수령 연차가 높을수록 연금 수령한도 껑충!

연금은 왜 이리 복잡할까?

연금저축을 비롯하여 모든 연금 구조는 '납입기간 세액공제'와 '운용기간 과세이연' 등 세제 혜택을 주는 조건으로 최소한 10년 이상 수령하게 설계되어 있다. 이것에 대한 근거는 바로 연금 수령한도 계산식을 통해 알 수 있다. 연금 수령한도 계산식에서 분자에는 '연금계좌 평가금액'을, 분모에는 '11-연금 수령 연차'를 반영하는데, 여기에서 분모에 들어가는 숫자 '11'을 주목해야 한다. 연금 수령 연차*가 10년 차가 되면 분모의 숫자는 1이 되므로 사실상 연금 수령한도는 없어진다.

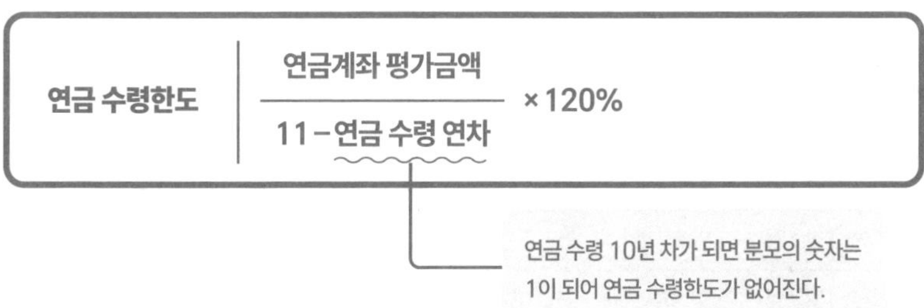

* 연금 수령 연차는 연금 개시 여부와 관계없이 결정된다.

연금 수령 연차는 연금 수령한도에 영향을 준다

결국 연금 수령 연차는 연금 수령한도에 영향을 준다. 그리고 연금 개시조건만 충족하면 연금 개시 여부와 관계없이 연금 개시조건을 충족한 시점부터 자동으로 연금 수령 연차는 증가한다. 그렇다면 여기에서 잠깐! 퀴즈를 풀면서 연금 수령 연차를 이해해보자.

[퀴즈 1] **2020년 1월 1일 연금저축에 가입한 만 50세 곤쌤이 2031년 1월 1일 연금을 개시한다고 가정했을 때 연금 수령 연차는?**

[정답] **7년 차. 연금 개시 나이조건인 만 55세부터 연금 수령 연차가 계산된다.**

연도	나이	가입 연차	연금 개시 가능 여부	연금 수령 연차
2020년 1월 1일	만 50세	가입 0년 차	-	-
2021년 1월 1일	만 51세	가입 1년 차	-	-
2022년 1월 1일	만 52세	가입 2년 차	-	-
2023년 1월 1일	만 53세	가입 3년 차	-	-
2024년 1월 1일	만 54세	가입 4년 차	-	-
2025년 1월 1일	만 55세	가입 5년 차	연금 개시조건 충족	1년 차
2026년 1월 1일	만 56세	가입 6년 차	-	2년 차
2027년 1월 1일	만 57세	가입 7년 차	-	3년 차
2028년 1월 1일	만 58세	가입 8년 차	-	4년 차
2029년 1월 1일	만 59세	가입 9년 차	-	5년 차
2030년 1월 1일	만 60세	가입 10년 차	-	6년 차
2031년 1월 1일	**만 61세**	**가입 11년 차**	**연금 개시 신청**	**7년 차**

만 64세가 되면 연금 수령한도가 의미 없다

곤쌤의 연금 수령 연차는 7년이다. 그렇다면 7년 차인 2031년의 연금 수령한도는 얼마까지 가능할까?

[퀴즈 2] 곤쌤의 연금계좌 평가금액이 1억 원이라고 가정했을 때 연금 수령한도는?

[정답] 1억 원/(11－7)×120%＝3,000만 원이다.

곤쌤의 연금 수령 연차가 7년 차이므로 연금 수령한도는 3,000만 원이다. 만약 연금 수령 연차가 10년 차가 되면 어떻게 될까? 1억 2,000만

연금 수령 연차	연금 수령한도 계산식	연금계좌 평가금액
1년 차	평가금액/(11－1)×120%	1억 원/10×120%＝1,200만 원
2년 차	평가금액/(11－2)×120%	1억 원/9×120%＝1,333만 원
3년 차	평가금액/(11－3)×120%	1억 원/8×120%＝1,500만 원
4년 차	평가금액/(11－4)×120%	1억 원/7×120%＝1,714만 원
5년 차	평가금액/(11－5)×120%	1억 원/6×120%＝2,000만 원
6년 차	평가금액/(11－6)×120%	1억 원/5×120%＝2,400만 원
7년 차	평가금액/(11－7)×120%	1억 원/4×120%＝3,000만 원
8년 차	평가금액/(11－8)×120%	1억 원/3×120%＝4,000만 원
9년 차	평가금액/(11－9)×120%	1억 원/2×120%＝6,000만 원
10년 차	**평가금액/(11－10)×120%**	**1억 원/1×120%＝1억 2,000만 원**

원으로 훌쩍 넘어가고 평가금액 이상의 금액을 찾을 수 있는 조건이 된다. 따라서 연금 수령 연차 10년이 넘으면 연금 수령한도는 의미가 없어진다.

tip 알쏭달쏭 연금 인출 총정리

연금 인출에 관한 내용을 반복하는 이유는 한 번 봐서는 도무지 이해하기 어렵기 때문이다. 이제 마지막으로 연금 수령한도와 연금 수령 연차, 그리고 연금소득세의 기준을 총정리해보자.

1. 연금 수령 연차는 연금 개시 여부와 관계없이 증가한다.

연금 개시조건인 ① 만 55세, ② 가입기간 5년을 충족하면 그때부터 연금 수령 연차는 1년 차이다. 연금 개시조건을 모두 충족한 상태에서 만 60세에 연금을 개시해도 연금 수령 연차는 자동으로 6년 차가 적용된다.

2. 연금 수령한도는 연금 수령 연차에 영향을 받는다.

연금 수령 연차가 높을수록 연금 수령한도는 증가한다.

[연금 수령한도 예시] 연금저축 평가금액 1억 원 기준

- 연금 수령 연차 1년 → 연금 수령한도는 연 1,200만 원
- 연금저축 평가금액 1억 원 기준으로 연금 수령 연차 5년 → 연금 수령한도는 연 2,000만 원
- 연금저축 평가금액 1억 원 기준으로 연금 수령 연차 10년
  → 연금 수령한도는 연 1억 2,000만 원

3. 연금 수령한도가 높다고 전체 연금액에 연금소득세가 적용되지 않는다.

연금소득세를 적용받을 수 있는 기준은 ① 연금 수령한도 이내 인출, ② 연 1,500만 원 이내 인출, 이렇게 2가지다. 만약 연금 수령한도 안에서 인출해도 인출금액이 연 1,500

만 원을 초과하면 연금소득세가 아니라 종합소득세를 신고 납부하거나 분리과세를 선택해서 16.5%의 기타소득세를 납부해야 한다.

4. 퇴직금이 입금된 연금계좌(연금저축, IRP 계좌)는 가입기간 5년 조건이 반영되지 않는다.

연금저축과 IRP 계좌에서 연금을 개시하려면 나이는 만 55세, 가입기간은 5년 이상이어야 한다. 하지만 퇴직금이 입금된 연금계좌(연금저축, IRP 계좌)는 나이 조건(만 55세)만 충족하면 가입기간과 관계없이 연금 개시를 신청할 수 있다.

연금 수령 중 가입자가 사망해서 해지한다면?

일시금으로 연금을 수령해도 연금소득세는 부과된다

연금 수령 중 가입자가 사망한 경우에는 부득이한 사유로 인한 인출로 간주한다. 따라서 일시금으로 연금을 수령해도 16.5%의 기타소득세가 아니라 4.4%의 연금소득세(연령별 차등 적용)로 저율과세가 부과된다.

예를 들어 연금 가입자 A 씨가 연금을 수령하던 중 만 75세에 사망했다고 가정해보자. 사망 당시 연금계좌에는 아직 미수령 원금 1억 원이 남아있다. 사망이 원인이 아닌 경우 연금저축을 해지하면 원칙적으로 미수령 원금 1억 원에 대해서 16.5%의 기타소득세가 과세되어 1,650만 원의 세금이 부과된다. 그러나 가입자의 사망으로 연금저축이 해지되고 인출된 경우는 부득이한 사유로 인한 인출이므로 A 씨의 연금 수령 당시 연금소득세율 4.4%가 적용되어 440만 원의 연금소득세가 부과되고 나머지 금액은 상속인들에게 상속된다.

연금저축 가입자 사망 시 현실적으로 배우자가 승계할 수 있을까?

연금저축 가입자가 사망하면 제도상 배우자만 유일하게 연금저축을 승계할 수 있다. 하지만 배우자 승계에 대해 알아본 결과, 연금저축 가입자가 사망해도 배우자에게 연금저축 승계 서비스를 제공하는 금융회사가 거의 없었다.

현실적으로 관련 제도는 있지만 서비스가 제대로 제공되지 않는 것이다. 그러나 향후에는 연금저축 가입자가 사망해도 배우자는 승계 서비스를 원활하게 이용할 수 있기를 바라면서 연금저축이 어떻게 상속되는지 알아보겠다.

배우자가 연금저축을 승계한 경우

배우자가 연금저축을 승계하려면 상속세 신고기한 이내(상속개시일이 속한 달의 말일로부터 6개월 이내)에 연금저축 승계를 신청해야 한다. 승계 신청을 한 경우 연금저축은 배우자가 승계한 날에 새롭게 연금저축에 가입한 것으로 간주된다.

연금저축을 승계받은 후 연금으로 수령하려면 승계받은 배우자의 나이가 만 55세 이상이어야 한다. 만약 만 55세 이전에 승계받은 경우에는 배우자의 연금저축으로 납입 및 운용 등 활용하다가 만 55세 이후부터 연금으로 수령할 수 있다. 다만 연금 가입자가 사망하여 승계받은 연금저축이므로 가입기간 산정 기산일은 사망한 배우자 기준으로 적용된다. 따라서 사망한 배우자가 연금저축 가입기간을 5년 이상 유지했을 경우 승계받은 배우자가 만 55세 나이조건만 충족한다면 연금으로 수령할 수 있다. 다만 연금저축을 승계받은 후 연금이 아닌 일시금으로 수령한 경우에는 16.5%의 기타소득세가 과세된다.

배우자가 연금저축을 승계하지 않은 경우

배우자가 연금저축을 승계하지 않으면 연금저축 평가금액은 상속인들의 공동재산으로 상속재산에 포함되고 상속세가 과세된다. 연금저축을 일시금으로 해지한 것에 대한 과세는 부득이한 사유로 인한 인출로 보아 연금저축 가입자의 나이를 근거로 연금소득세(3.3~5.5%)가 과세되고 과세된 금액은 상속재산에 포함된다.

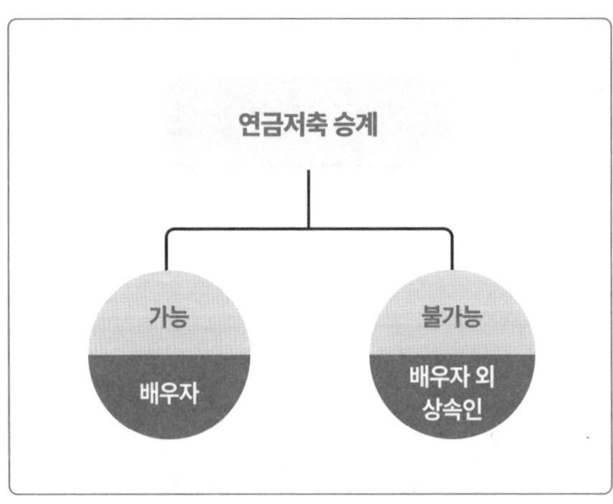

연금저축 가입자가 사망할 경우 상속 향방은?

다음은 연금저축, IRP 가입자가 사망할 경우 부부와 자녀 상속에 대한 내용이다. 자세한 내용은 QR 코드로 연결된 동영상을 통해 확인하자.

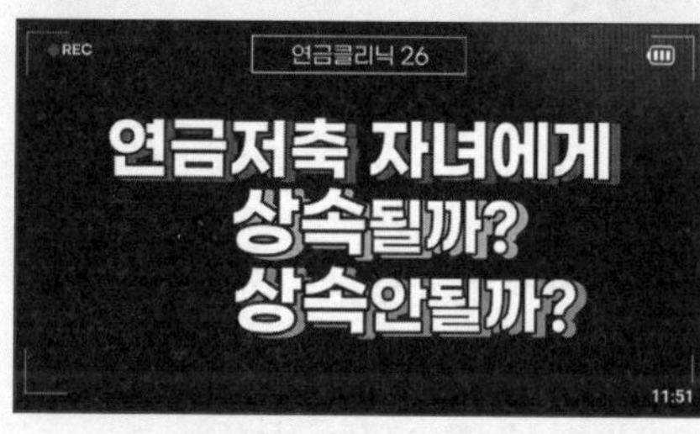

퇴직연금 '납입' 단계에서 꼭 알아야 할 Q & A

01 **[납입]** 퇴직금(DC형, DB형)을 제대로 굴리고 싶다면?

02 **[납입]** 납입한도에 맞춰서 최대로 세액공제받는 방법(ft. IRP+연금저축 콜라보)

03 **[납입]** 퇴직일시금 → IRP 계좌로 받으면 절세 효과 껑충!

04 **[납입]** 인센티브 → DC형으로 받으면 절세 효과 톡톡!

퇴직연금 '운용' 단계에서 꼭 알아야 할 Q & A

05 **[운용]** 퇴직금으로 큰돈이 들어올 때 분할매수전략

06 **[운용]** 투자성향에 따라 달라지는 적립식 투자법

07 **[운용]** 게으른 투자자를 위한 퇴직금 1억 굴리기

08 **[운용]** 부지런한 투자자를 위한 퇴직금 1억 굴리기

09 **[운용]** 퇴직연금(DC형, IRP) 계좌에서 선택할 수 있는 금융상품

퇴직연금 '인출' 단계에서 꼭 알아야 할 Q & A

10 **[인출]** 법정퇴직금, 명예퇴직금, 퇴직위로금은 어떤 계좌로 수령할까?

11 **[인출]** 2013년 이전 퇴직연금(DB형, DC형, IRP) 가입자 특례 활용하기 (ft. 연금 수령 6년 차 적용)

12 **[인출]** 신규 IRP VS 기존 IRP – 연금 수령액 차이가 1억?

13 **[인출]** 만 55세부터 IRP에서 연 1만 원이라도 인출하자(ft. 연금 수령 연차 쌓기)

14 **[인출]** IRP에서 돈이 나가는 순서가 따로 있다?

둘째 마당

월 300만 원 연금실천법 ②

퇴직연금 (DC형, IRP)

퇴직연금 '납입' 단계에서 꼭 알아야 할 Q & A

★ 퇴직연금제도는 DC형, DB형, IRP가 있으므로 각 상품의 특징과 필요성을 고려하여 선택하는 것이 중요하다.

★ IRP는 퇴직했을 때 지급받는 퇴직금을 연금으로 수령하는 용도로 사용할 수 있다. 그리고 IRP는 연금저축처럼 '납입' 단계에서는 세액공제를 받고 '운용' 단계에서는 과세이연 혜택을 받으며, '인출' 단계에서는 저율과세되는 특징이 있다.

★ 기업형 IRP는 상시 10명 미만의 근로자를 둔 사업장이 가입할 수 있다. 이것은 개별 근로자의 동의를 얻어 사업장이 개인형 퇴직연금제도에 가입하는 것으로, 이때 사업장은 퇴직급여제도를 설정한 것으로 인정된다. 기업형 IRP에는 DC형 퇴직연금제도와 같은 조건이 적용된다.

질문 1 퇴직연금이란 무엇인가?

퇴직연금제도는 근로자가 퇴직한 후 안정적인 생활을 할 수 있도록 기업이 일정 금액을 적립하고 이것을 근로자가 퇴직했을 때 연금 형태로 수령할 수 있는 제도이다. 퇴직연금은 'DB형(확정급여형)'과 'DC형(확정기여형)', 그리고 'IRP(개인형 퇴직연금)'로 나뉘는데, IRP는 비근로자도 가입할 수 있다.

질문 2 DB형(확정급여형) 퇴직연금이란 무엇인가?

DB형은 근로자가 퇴직했을 때 받을 연금액이 사전에 확정된 제도로, 퇴직하기 직전 3개월 평균 급여에 근속연수를 곱하는 방식으로 운용된다. 기업이 연금자산을 운용하고 운용결과에 따라 부족한 부분은 기업이 부담한다.

DB형 퇴직연금 가입자의 퇴직 시 퇴직급여
=퇴직 직전 3개월 평균 급여×근속연수

질문 3 DC형(확정기여형) 퇴직연금이란 무엇인가?

DC형은 기업이 매년 임금의 1/12을 근로자의 DC형 계좌에 적립하고 근로자가 직접 운용하는 제도이다. 이 연금은 운용성과에 따라 퇴직할 때 받을 퇴직급여가 달라질 수 있다.

DC형 퇴직연금 가입자의 퇴직 시 퇴직급여
=DC형 운용성과에 따라 결정

질문 4 IRP(개인형 퇴직연금)란 무엇인가?

IRP는 근로자가 퇴직 후 받은 퇴직금을 적립하고 이것을 노후자금으로 활용할 수 있는 제도이다. 법적으로 만 55세 이전에 퇴직할 경우에는 반드시 IRP 계좌로 퇴직금을 수령해야 하지만, 만 55세 이후에 퇴직하면 근로자의 선택에 따라 일반 통장으로도 퇴직금을 수령할 수 있다.

질문 5 IRP 용도가 다양하다던데?

IRP는 퇴사 후 퇴직금을 받는 계좌(만 55세 전 퇴직 시 IRP 수령은 필수)로, 나중에 연금으로 인출할 수 있다. IRP 개설을 추천하는 이유는 연금저축처럼 '납입' 단계에서는 세액공제, '운용' 단계에서는 과세이연, '인출' 단계에서는 저율과세 혜택을 받기 때문이다.

질문 6 퇴직연금(DC형, IRP)은 어떤 세액공제 혜택을 받는가?

퇴직연금(DC형, IRP)에 납입한 개인 부담금은 연간 최대 900만 원까지 세액공제를 받을 수 있다. 세액공제율은 16.5%(총급여 5,500만 원, 종합소득금액 4,500만 원 초과 시 13.2%)가 적용되어 연말정산하거나 종합소득세를 신고할 때 소득세 부담을 줄일 수 있다.

IRP 계좌에 연 900만 원을 납입할 경우

→ 148만 5,000원(16.5%) 또는 118만 8,000원(13.2%) 세액공제를 적용받는다.

질문 7 퇴직연금(DC형, IRP)의 개인 납입한도는 얼마인가?

퇴직연금의 개인 납입한도는 연간 최대 1,800만 원까지이고 DC형, IRP 계좌, 연금저축을 모두 통합해서 계산한다.

질문 8 ISA에 있는 돈을 IRP로 이전할 경우 납입한도가 있는가?

NO! 이런 경우에는 연간 납입한도와 관계없이 추가 납입할 수 있다.

IRP 납입한도 = 연 1,800만 원(연금계좌 포함) + ISA 계좌 만기자금

질문 9 퇴직연금 수수료는 어떻게 구성되어 있는가?

퇴직연금 수수료는 '운용관리 수수료'와 '자산관리 수수료'로 나뉘고 적립금액에 따라 차등적으로 부과된다. IRP를 비대면(다이렉트)으로 개설하면 운용관리 수수료와 자산관리 수수료가 면제될 수 있으니 참고하자.

질문 10 퇴직연금 수수료는 어디서 찾아볼 수 있는가?

각 금융회사 홈페이지와 금융감독원 통합연금 사이트(www.fss.or.kr)에서 퇴직연금 수수료를 확인할 수 있다. 통합연금 사이트에서는 다양한 금융상품의 수수료를 한눈에 확인할 수 있어 최적의 퇴직연금을 선택하는 데 큰 도움이 된다.

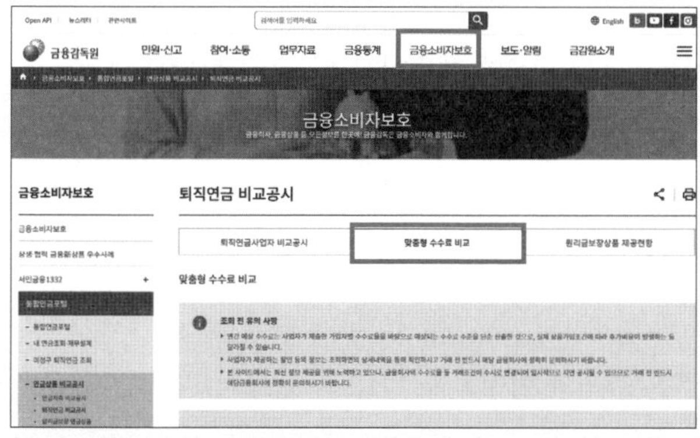

금융감독원 통합연금 사이트의 '퇴직연금 비교공시'
(www.fss.or.kr/fss/lifeplan/fixesCmpr/list.do?menuNo=200967)

퇴직금(DB형, DC형)을 제대로 굴리고 싶다면?

DB형을 선택했다면 할 일은?
급여 수준을 최고로 끌어올리고 오래 재직할 것!

퇴직연금제도를 도입한 회사에 재직하고 있다면 근로자는 DB형(확정급여형) 또는 DC형(확정기여형) 퇴직연금 중 하나를 선택해야 한다. 물론 어느 회사는 근로자에게 선택권을 주지 않아서 회사가 지정한 퇴직연금제도에 가입하는 경우도 있다.

DB형 퇴직연금은 과거의 법정퇴직금제도와 같아서 지금 당장 근로자가 할 일은 아무것도 없다. 다만 DB형은 퇴직 직전 3개월 평균 급여에 근속연수를 곱해서 퇴직급여가 확정되므로 급여 수준을 최고로 끌어올리고 오래 재직하는 것이 중요하다.

DC형을 선택했다면 투자공부 필수!
펀드 매니저처럼 운용하고 수익을 높이는 게 중요!

DC형 퇴직연금은 회사에서 근로자 명의의 DC형 계좌에 연간 연봉의 1/12을 퇴직급여로 입금해주는 연금으로, '회사의 기여금'이라고 한다. 회사 기여금의 입금 기준일은 회사마다 다르다. 1년에 한 번 입금해주는 회사도 있고, 매월 퇴직급여를 입금해주는 회사도 있다. 만약 선택할 수 있다면 매월 퇴직급여를 지급받고 적립식으로 금융상품을 매수하는 것이 좋다.

근로자는 DC형 계좌에 퇴직급여가 입금되면 금융상품을 선택하고 퇴직금을 운용해야 한다. 미래에 지급받는 퇴직급여의 수준은 운용성과가 좋으면 높아지고 운영성과가 나쁘면 낮아진다. 따라서 DC형 퇴직연금은 운용성과를 잘 내는 게 중요한데, 이것이 바로 연금을 공부해야 하는 이유이다.

임금인상률이 운용수익률보다 낮다면? DC형이 유리!

현재 급여 월 300만 원, 연간 임금인상률 3%, 근속연수 20년이라고 가정하고 DB형 퇴직연금 가입자의 20년 후 퇴직급여를 계산해보자.

퇴직 직전 3개월 평균 급여 541만 8,300원 × 20년(근속연수)
= 1억 836만 6,000만 원

이번에는 DC형 퇴직연금에 가입했을 때 운용수익에 따른 퇴직급여를 계산해보자.

- **운용수익 연평균 2%**: 9,614만 9,100원
- **운용수익 연평균 4%**: 1억 1,550만 3,500원
- **운용수익 연평균 6%**: 1억 4,010만 2,400원
- **운용수익 연평균 8%**: 1억 7,129만 700원

임금인상률이 운용수익률보다 높으면 DB형 퇴직연금이 유리하고 운용수익률보다 낮으면 DC형 퇴직연금이 유리하다.

- 임금인상률 〉 운용수익률 → **DB형** 퇴직연금 유리
- 임금인상률 〈 운용수익률 → **DC형** 퇴직연금 유리

DC형 퇴직연금의 수익률을 높이려면 증권사 상품을 선택하자

예금상품만으로 퇴직금을 운용한다면 어떤 금융사의 상품을 선택해도 똑같다. 하지만 DC형 퇴직연금은 운용수익률이 임금인상률보다 높았을 때 더 많은 퇴직급여를 지급받을 수 있다.

은행의 DC형 퇴직연금과 증권사 DC형 퇴직연금은 예금 외 펀드나 ETF 등 투자상품을 운용할 때 차이가 발생한다. 왜냐하면 은행에서 선택할 수 있는 투자상품은 증권사에서 판매하는 상품을 위탁받아 신탁 형태로 판매하는 상품이므로 증권사에서 선택할 수 있는 모든 종목을 판매하지 않는다. 따라서 다양한 자산군에 분산투자하려면 가급적 은행의 DC형 퇴직연금보다는 증권사의 DC형 퇴직연금을 선택하자.

■ 증권사 퇴직연금운용 상품의 종류

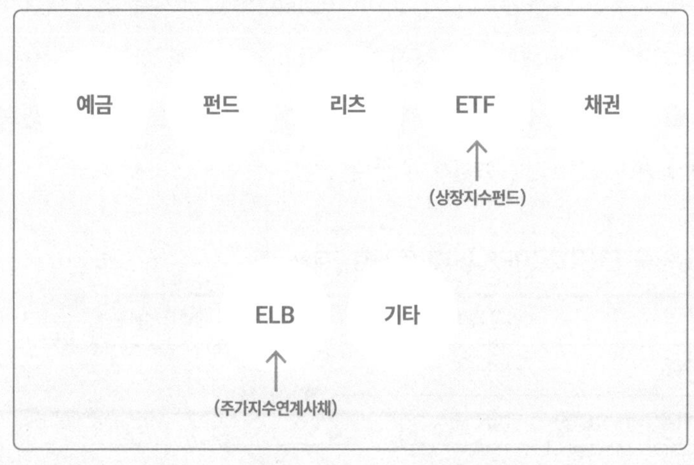

납입한도에 맞춰서 최대로 세액공제받는 방법 (ft. IRP+연금저축 콜라보)

세액공제한도=연금저축 600만 원, 퇴직연금(IRP, DC형) 900만 원
통합 세액공제한도=900만 원

연금저축은 연간 600만 원, 퇴직연금(IRP, DC형) 계좌는 연간 900만 원까지 각각 세액공제한도가 설정되어 있다. 여기에서 연금계좌(연금저축, 퇴직연금(IRP, DC형)*)를 통틀어 세액공제를 받을 수 있는 연간 납입한도가 900만 원이라는 것에 주의해야 한다.

■ 연금저축과 퇴직연금(IRP, DC형)의 세액공제한도액

	연간 세액공제한도액	(합산 시) 연간 세액공제한도액
연금저축	600만 원	**900만 원**
퇴직연금(IRP, DC형)	900만 원	

* 이번 장에서는 퇴직연금(IRP, DC형) 중에서 회사에 다니는 사람들만 가입하는 DC형은 제외하고 IRP를 중심으로 설명하겠다.

A 씨는 연금저축과 IRP를 모두 가지고 있다. 이 중 연금저축에만 1,800만 원을 납입하고 IRP 계좌에는 납입하지 않았다. 이 경우 총 1,800만 원 납입했지만 세액공제액은 연간 세액공제한도액인 600만 원까지만 적용된다.

■ A 씨의 연금저축+IRP 연간 납입금액과 세액공제액

	연간 납입금액	세액공제액
연금저축	1,800만 원	600만 원
IRP	0만 원	0만 원
총합	**1,800만 원**	**600만 원**

연간 세액공제한도는 연금저축과 IRP 계좌를 합산하면 총 900만 원까지 가능하지만, A 씨는 연금저축에만 연 1,800만 원을 납입했으므로 연금저축의 세액공제한도인 600만 원까지만 세액공제를 받는다. 만약 900만 원의 합산 시 세액공제를 모두 적용받으려면 IRP 계좌에 최소 300만 원을 납입해야 한다.

세액공제한도를 초과납입하면 어떤 혜택이 있을까? 연금 개시 이후 비과세 인출 가능!

경제활동을 한다면 매년 연말정산을 통해 세액공제를 적용받는 것이 유리하다. 경제적으로 좀 더 여유가 있는 B 씨는 연간 납입한도를 채워서 1,800만 원(연금저축 연 900만 원+IRP 연 900만 원)을 불입했다. 이 경우 세액공제는 두 계좌를 합산해서 연간 900만 원만 인정받는데, 세액공제한도를 초과납입한 900만 원은 손해일까? 아니다. 세액공제를 적용받지 않은 추가 납입금액 900만 원(=1,800만-900만)은 연금 개시 후 세금 없이 인출할 수 있고 운용기간 중 과세이연 효과도 누릴 수 있다. 그러므로 경제적으로 여유가 있다면 납입한도인 1,800만 원을 꽉 채우는 것도 좋다.

■ **B 씨의 연금저축+IRP 연간 납입금액과 세액공제액**

	연간 납입금액	세액공제액	비고
연금저축	900만 원	900만 원	전액 세액공제
IRP	900만 원		
총합	**1,800만 원**	**900만 원**	

B 씨는 올해 연금저축에 900만 원, IRP 계좌에 900만 원 총 1,800만 원을 납입했고 연 900만 원의 세액공제를 적용받았다. 이 경우 연금저축과 IRP 계좌 중 어디서 세액공제를 적용받은 것일까? 세액공제한도를 초과하여 납입했으면 세액공제를 받지 못한 금액이 발생하므로 세액공제 미적용 계좌를 지정해야 한다. 즉 국세청 홈택스(hometax.go.kr)에서 연금보험료 등 소득세액공제확인서를 발급받아 금융회사에 제출하면 세액공제 미적용 계좌를 지정할 수 있다. 세액공제 미적용 계좌는 매년 지정할 필요는 없고 인출시점에 한 번만 신청해도 된다.

납입금액별 연금저축+IRP의 선택 기준

그렇다면 세액공제한도에 맞춰서 납입할 경우와 초과해서 납입할 경우 어떤 연금계좌가 좋은지, 어떤 장단점이 있는지 살펴보자.

[사례 1] 세액공제한도(600만 원, 900만 원)까지만 납입한다면?

- **연 600만 원 세액공제를 받으려면?** → 연금저축 선택(중도인출 가능)
- **연 900만 원 세액공제를 받으려면?** → 연금저축 300만 원, IRP 600만 원 또는 연금저축 600만 원, IRP 300만 원
- **계좌 운용 및 관리가 번거롭다면?** → IRP 계좌 900만 원(중도인출 어려움)

[사례 2] 세액공제한도(600만 원, 900만 원)를 초과해서 납입한다면?

세액공제 한도를 초과납입한 금액은 인출할 때 비과세다.

- **IRP 계좌**: 세액공제를 받은 계좌로 지정
- **연금저축**: 세액공제를 받지 않은 계좌로 지정

— 중도인출할 경우 세금 관리를 위해

→ IRP(퇴직연금)는 중도인출이 어렵고 연금저축은 중도인출이 자유로우므로 추천!

경제활동이 없을 때 퇴직연금을 납입한다면? IRP 대신 연금저축 추천!

IRP에 가입해서 세액공제를 받으려면 경제활동을 해야 한다. 즉 소득이 있는 업무에 종사해야 한다. 하지만 중도에 일을 쉬면서도 퇴직연금을 납입하고 싶다면 IRP 대신 연금저축을 추천한다. IRP는 퇴직연금 상품이어서 중도인출이 제한되므로 갑자기 돈이 필요할 때 인출이 어렵지만, 연금저축은 중도인출에 제한이 없다. 그리고 운용할 때도 IRP는 위험자산의 투자 비중 한도가 있지만(IRP는 위험자산의 투자 비중을 70%로 제한), 연금저축은 위험자산의 투자 제한이 없어서 더 공격적인 투자를 할 수 있다.

■ **IRP 계좌 VS 연금저축의 차이점**

	IRP 계좌	연금저축
가입대상	경제활동 중인 모든 소득자	누구나 가입 가능
연간 납입한도	연 1,800만 원	
세액공제한도	연 900만 원	연 600만 원
	IRP 계좌와 연금저축 합산 연 900만 원	
운용 가능 금융상품	예금, ELB 펀드, ETF(상장지수펀드), 채권, 리츠 등	펀드, ETF, 리츠 등
중도인출	제한 있음	제한 없음
	세액공제받은 금액 및 운용수익을 인출할 때 16.5% 기타소득세 과세	

퇴직일시금 → IRP 계좌로 받으면 절세 효과 껑충!

퇴직일시금 1억 원의 세제 혜택을 최대로 받으려면?

퇴직금을 IRP 계좌로 받아야 하는 이유는 법으로 지정했기 때문이다. 대신 세제 혜택을 준다. 퇴직금을 IRP 계좌로 지급받고 만 55세 이후에 인출할 경우 퇴직소득세를 연금 수령 연차 10년 차까지는 30%, 11년 차부터는 40% 감면해준다.

일반 계좌로 퇴직일시금을 받을 경우

A 씨는 근속연수 20년 차이며 세전 퇴직일시금 1억 원을 받았다. 일반 계좌로 퇴직일시금을 받으면 퇴직소득세는 1억 원×1.12%(실효세율,* 지방소득세 제외)=1,120,000원이고 세후 퇴직금은 98,880,000원이다.

---

* **퇴직소득세 실효세율**: 세전 퇴직일시금을 퇴직소득세로 나누면 퇴직소득세 실효세율을 계산할 수 있다. 종합소득세율(6.6~49.5%)과 비교하여 세율이 낮은 이유는 퇴직소득세를 계산할 때 근속연수공제 등 다양한 공제 혜택을 적용하기 때문이다.

■ 세전 퇴직일시금 1억 원에 대한 세전 퇴직소득세

근속연수	20년
세전 퇴직일시금	1억 원
근속연수공제	4,000만 원
과세 대상 퇴직소득/(근속연수×12배)	6,000만 원
환산 급여	**3,600만 원**
환산 급여공제	2,480만 원
퇴직소득 과세표준×세율	1,120만 원
환산산출세액/(12배×근속연수)	672,000원
세전 퇴직소득세	**112만 원**
퇴직소득세 실효세율	1.12%

IRP 계좌로 퇴직일시금을 받을 경우

IRP 계좌로 세전 퇴직일시금 1억 원을 수령하면 당장 퇴직소득세를 공제하지 않으므로 1억 원이 그대로 들어온다. 대신 연금을 인출할 때 퇴직소득세를 공제한다. 예를 들어 만 55세(연금 수령 연차 1년), 연금 수령 한도 이내 금액을 인출했다면 퇴직소득세는 얼마가 발생할까? 우선 연금 수령한도가 얼마인지 계산해보자.

연금 수령한도 = 연금계좌 평가금액/(11 − 연금 수령 연차) × 120%

$$\frac{\text{1억 원}}{\text{11} - \text{수령연차 1년}} \times 120\% = \text{연 1,200만 원}$$

앞에서 계산한 연금 수령한도 1,200만 원을 인출할 경우 퇴직소득세는 다음과 같이 발생한다.

- 연 1,200만 원 × 실효세율 1.12%
  = 퇴직소득세 134,400원 × 70%(30% 감면) = 94,080원

연금 수령 11년 차부터는 퇴직소득세 40% 감면!

- **세후 연금 수령액**: 11,905,920원(= 1,200만 원 − 94,080원)

정리하자면 퇴직금 1억 원을 IRP 계좌로 받고 연금 개시 1년 차에 연금 수령한도 이내 금액인 1,200만 원을 인출했을 때 발생하는 퇴직소득세는 94,080원(지방소득세 제외)이다. 이것은 퇴직금을 일시금으로 받는 것보다 이득이다.

연금 수령한도 이상 인출하면 퇴직소득세 감면 없음!

연금저축이든, IRP든 연금 수령한도를 초과하여 인출하면 한도 초과분은 세제 혜택이 적용되지 않는다. 퇴직일시금을 이전한 연금계좌에서 퇴직소득세를 감면받을 경우에도 연금 수령한도 안에서 인출해야 한다. 만약 앞의 사례에서 연금 수령한도를 초과하여 연 2,000만 원을 인출했다면 퇴직소득세는 다음과 같다. 물론 초과인출해도 일시금으로 받을 때보다는 이득이다.

연금계좌에서 연 2,000만 원을 인출할 경우

1. 연금 수령한도 이내(연 1,200만 원) → 퇴직소득세 감면 있음

연 1,200만 원 × 실효세율 1.12%

= 퇴직소득세 134,400원 × 70%(30% 감면) = **94,080원**

2. 연금 수령한도 초과(연 800만 원) → 퇴직소득세 감면 없음

연 800만 원 × 실효세율 1.12% = **89,600원**

※ **퇴직소득세 총합**: 94,080원 + 89,600원 = **183,680원**(지방소득세 제외)

다음은 퇴직소득세를 스스로 계산할 수 있는 방법을 설명한 동영상이다.

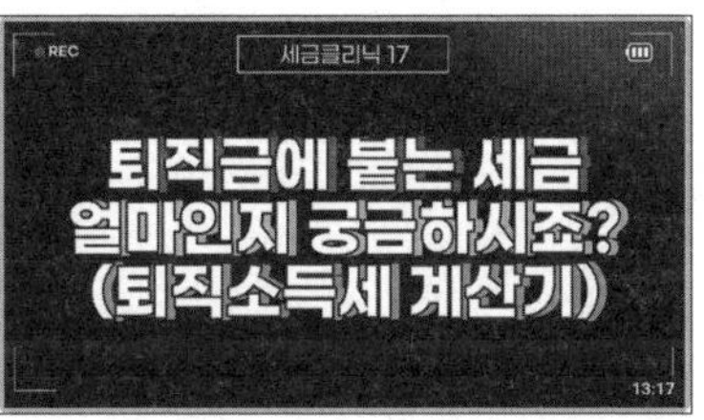

'김범곤의 연금연구소' 네이버 카페(cafe.naver.com/passfinance)의 '자료실'에서 엑셀 계산기를 제공하므로 퇴직소득세를 계산할 때 이용해보자(카페 가입 후 다운로드 가능).

인센티브 → DC형으로 받으면 절세 효과 톡톡!

1,000만 원 인센티브 → DC형=238만 8,800원 절세!

회사에서 인센티브(경영평가 성과급)를 지급할 때가 있다. 인센티브는 성과급이므로 근로소득세가 과세된다. 하지만 DC형 퇴직연금에 인센티브를 지급받으면 퇴직소득으로 보아 퇴직소득세(앞에서 A 씨는 1.12% 실효세율 적용,* 지방소득세 제외)가 과세된다. 그리고 운용기간 중에 발생하는 운용수익은 과세이연되고 퇴직소득세 과세 대상 소득이 되므로 소득세를 절세할 수 있다.

다음은 A 씨가 1,000만 원 인센티브를 급여계좌로 받을 경우와 DC형 계좌로 받을 경우를 비교한 것이다.

---

* **퇴직소득세 실효세율**: 세전 퇴직일시금을 퇴직소득세로 나누면 퇴직소득세 실효세율을 계산할 수 있다. 퇴직소득세를 계산할 때 근속연수공제 등 다양한 공제를 적용받으므로 종합소득세율(6.6~49.5%)보다 세율이 낮다.

소득세율 24%인 A 씨가 1,000만 원 인센티브를

- **급여계좌로 받으면?**
  1,000만 원×24%=240만 원 소득세 부과
- **DC형으로 받으면?** (퇴직금 1억 원, 근속연수 20년, 실효세율 1.12% 가정)
  1,000만 원×1.12%=11,200원 퇴직소득세 부과

⬇

※ 절세 효과=240만 원－11,200원=**238만 8,800원 감소**

인센티브도 DC형 계좌로 지급받아야 절세 효과가 크다.

DC형 계좌와 IRP 계좌가 납입 단계에서 받는 세제 혜택

인센티브를 DC형 계좌로 받으면 급여가 아니므로 세액공제 대상 납입금액이 아니다. 이것은 퇴직금 명목으로 입금된 근로자의 퇴직금이므로 퇴직소득세 과세 대상 소득이 된다. 하지만 이와 별개로 DC형 계좌와 IRP 계좌에 가입자 본인이 추가로 납입하는 금액에 대해서도 매년 세액공제 혜택이 주어진다.

세액공제율은 연금저축과 같다. 급여소득 기준으로 연 5,500만 원, 종합소득금액 기준으로 연 4,500만 원을 초과하면 13.2%(지방소득세 포함), 미만이면 16.5%(지방소득세 포함)의 세액공제율이 적용된다.*

---

* 연금계좌의 세액공제율에 대해서는 45쪽을 참고한다.

DC형 계좌에 납입하는 근로자 추가 납입금액은 향후 퇴직소득세 과세 대상의 소득일까?

2012년 이전 DC형 계좌에 납입하는 근로자의 추가 납입금액은 퇴직급여로 보아 퇴직소득세 과세 대상 소득이었다. 하지만 2012년부터 DC형 계좌에 근로자가 추가 납입한 금액에 대해서는 연금소득세 과세 대상 소득으로 보아 향후 인출할 때 저율과세인 연금소득세를 낸다(단 IRP로 받은 퇴직금은 퇴직소득세 적용)*.

그렇다면 DC형 계좌에 추가 납입하는 게 좋을까?

DC형 계좌에 추가 납입해도 연금계좌의 납입한도 1,800만 원이나 세액공제한도가 증가하는 것이 아니다. 따라서 세액공제를 받을 목적이라면 연금저축과 IRP 계좌를 활용해서 추가 납입하자. 연금저축 연금운용은 위험자산 투자한도가 100%이므로 DC형 계좌(위험자산 투자한도 70%)에만 납입하는 것보다 훨씬 더 효율적일 것이다.

---

* IRP로 받은 퇴직금에 적용되는 퇴직소득세에 대해서는 218쪽을 참고한다.

퇴직연금 '운용' 단계에서 꼭 알아야 할 Q & A

★ 퇴직연금을 너무 안정적인 상품으로만 운용할 경우 장기투자수익이 물가상승률을 따라가지 못해 실질 수익률이 마이너스가 될 수 있다. 따라서 감당할 수 있는 범위 안에서 위험자산과 안전자산을 혼합하여 포트폴리오를 구성해야 하는데, 이것이 바로 연금을 공부해야 하는 이유이다.

질문 퇴직연금에서 운용할 수 있는 상품과 전략은 무엇인가?

퇴직연금의 포트폴리오 구성방법과 운용전략은 연금저축과 크게 다르지 않다. 다만 퇴직연금은 위험자산의 투자한도가 70%로 제한된다.*

■ 위험자산의 투자한도

퇴직연금		연금저축
70%	<	100%

* 위험자산의 투자한도에 대해서는 167쪽을 참고한다.

■ **퇴직연금에서 운용할 수 있는 금융상품과 투자 비중**

원리금 보장형 상품	투자위험을 낮춘 상품	위험자산	고위험자산
은행의 예금, 적금	외국 국채 (환위험헤지, 신용등급 A− 이상)	채권	투자부적격등급 채권
저축은행 예금, 적금	채권혼합형 펀드 (주식 40% 이내, 투자 부적격 등급 채무증권 30% 이내)	주식형 펀드	전환사채, 신주인수권부사채, 교환사채
우체국 예금		혼합형 펀드	사모펀드
보험사 GIC		ELS	사모로 발행되거나 최대 손실이 원금의 40%를 초과하는 파생결합증권
증권사 ELB, RP	적격 TDF	DLS	
통화안정증권		주식형 ETF	
국채증권			
	100% 투자 가능	70% 투자 가능	투자 금지

자료 출처: 금융위원회(www.fsc.go.kr)

퇴직금으로 큰돈이 들어올 때 분할매수전략

갑자기 입금된 퇴직일시금 5,000만 원, 어떻게 운용해야 할까?

여러 가지 이유로 갑자기 DC형 퇴직연금에 5,000만 원이 들어왔다고 가정해보자. 이런 경우에는 목돈을 일시에 매수하지 말고 분할매수를 진행하는 것이 좋다. 일시매수는 가격이 상승하면 큰 수익을 얻을 수 있지만, 가격이 하락하면 큰 손실이 발생할 수 있기 때문이다.

다음은 퇴직금이 입금된 후 1년 동안과 3년 동안 일시매수와 분할매수를 진행한 결과를 비교한 사례다. 이때 매수 종목은 KODEX200으로, 우리나라 코스피 200지수를 추종하는 ETF이다.

사례 1 1년 전 퇴직금 5,000만 원을 일시매수한 경우

2023년 10월 25일 퇴직금 5,000만 원을 일시매수하고 1년 동안 보유한 결과이다. 수익률이 16.30%로 상당히 높은데, 이것은 일시금으로 매수하고 주식시장이 좋았기 때문이다.

계산 결과, 투자자님의 손익금액은
8,149,972원입니다.

가입 기간 : 2023년 10월 25일 ~ 2024년 10월 24일(11개월 29일) 전일 기준으로 다시계산

투자금액	평가금액/수익률
50,000,000원	58,149,972원/+16.30%

· 입력하신 총 투자금액을 각 종목의 투자 수량으로 배분하는 과정에서 투자수량이 정수로 계산되어 투자금액이 배분되므로, 입력한 총 투자금액과 투자성과의 합계에 차이가 있을 수 있습니다. 예) 총 투자금액 100,000원으로 15,000원짜리 종목에 각 100%씩 투자 시 6주 투자한 것으로 가정하여 (6.6주 투자가 불가하므로) 투자금액 합계는 9만원으로 계산됩니다.

참고: 분할매수하는 과정에서 매수 대기자금의 운용수익은 반영하지 않음(이하 동일)

자료 출처: 삼성자산운용 KODEX

사례 2 **1년 전 퇴직금 5,000만 원을 12개월 분할매수한 경우**

2023년 10월 25일부터 2024년 10월 24일까지 퇴직금 5,000만 원을 12개월로 나누어 적립투자한 결과이다. 수익률이 0.41%로 상당히 저조한데, 이것은 12개월 동안 적립한 평균 매입가격이 현재 가격보다 조금 낮은 상태를 의미한다.

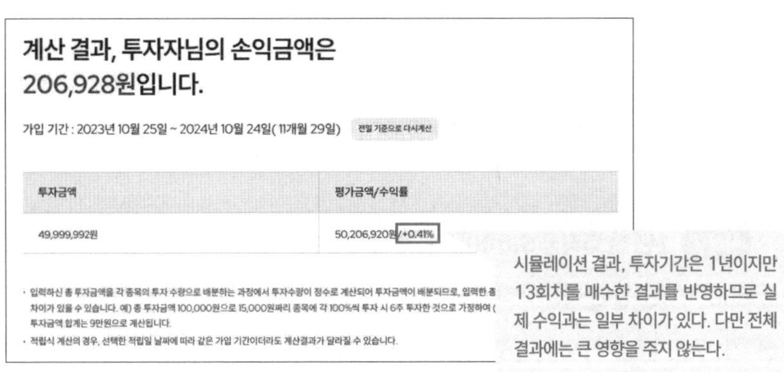

계산 결과, 투자자님의 손익금액은
206,928원입니다.

가입 기간 : 2023년 10월 25일 ~ 2024년 10월 24일(11개월 29일) 전일 기준으로 다시계산

투자금액	평가금액/수익률
49,999,992원	50,206,920원/+0.41%

· 입력하신 총 투자금액을 각 종목의 투자 수량으로 배분하는 과정에서 투자수량이 정수로 계산되어 투자금액이 배분되므로, 입력한 총
차이가 있을 수 있습니다. 예) 총 투자금액 100,000원으로 15,000원짜리 종목에 각 100%씩 투자 시 6주 투자한 것으로 가정하여 (
투자금액 합계는 9만원으로 계산됩니다.

· 적립식 계산의 경우, 선택한 적립일 날짜에 따라 같은 가입 기간이더라도 계산결과가 달라질 수 있습니다.

시뮬레이션 결과, 투자기간은 1년이지만 13회차를 매수한 결과를 반영하므로 실제 수익과는 일부 차이가 있다. 다만 전체 결과에는 큰 영향을 주지 않는다.

사례 3 **3년 전 퇴직금 5,000만 원을 일시매수한 경우**

2021년 10월 25일 퇴직금 5,000만 원을 일시매수하고 3년 동안 보유한 결과이다. 수익률이 -2.46%로 결과가 만족스럽지 않은데, 이것은 매수했을 때 가격보다 3년 지난 시점인 현재 가격이 낮은 상태를 의미한다.

계산 결과, 투자자님의 손익금액은
-1,229,163원입니다.

가입 기간 : 2021년 10월 25일 ~ 2024년 10월 24일(2년 11개월 29일) 전일 기준으로 다시계산

투자금액	평가금액/수익률
50,000,000원	48,770,837원/-2.46%

- 입력하신 총 투자금액을 각 종목의 투자 수량으로 배분하는 과정에서 투자수량이 정수로 계산되어 투자금액이 배분되므로, 입력한 총 투자금액과 투자성과의 합계에 차이가 있을 수 있습니다. 예) 총 투자금액 100,000원으로 15,000원짜리 종목에 각 100%씩 투자 시 6주 투자한 것으로 가정하여 (6.6주 투자가 불가하므로) 투자금액 합계는 9만원으로 계산됩니다.

사례 4 **3년 전 퇴직금 5,000만 원을 36개월 분할매수한 경우**

2021년 10월 25일부터 2024년 10월 24일까지 퇴직금 5,000만 원을 36개월로 나누어 적립투자한 결과이다. 수익률은 8.39%로, 연평균 수익률로 환산하면 2.77%이다. 수익률이 높다고는 볼 수 없지만, 손실이 발생한 상태는 아니다.

계산 결과, 투자자님의 손익금액은
4,196,676원입니다.

가입 기간 : 2021년 10월 25일 ~ 2024년 10월 24일(2년 11개월 29일) 전일 기준으로 다시계산

투자금액	평가금액/수익률
49,999,968원	54,196,644원/+8.39%

- 입력하신 총 투자금액을 각 종목의 투자 수량으로 배분하는 과정에서 투자수량이 정수로 계산되어 투자금액이 배분되므로, 입력한 총 투자금액과 투자성과의 합계에 차이가 있을 수 있습니다. 예) 총 투자금액 100,000원으로 15,000원짜리 종목에 각 100%씩 투자 시 6주 투자한 것으로 가정하여 (6.6주 투자가 불가하므로) 투자금액 합계는 9만원으로 계산됩니다.
- 적립식 계산의 경우, 선택한 적립일 날짜에 따라 같은 가입 기간이더라도 계산결과가 달라질 수 있습니다.

시뮬레이션 결과, 투자기간은 3년이지만, 37회차를 매수한 결과를 반영하므로 실제 수익과는 일부 차이가 있다. 다만 전체 결과에는 큰 영향을 주지 않는다.

시뮬레이션 결과, 퇴직금을 일시금으로 매수했을 때와 분할매수했을 때, 그리고 투자기간에 따라 결과가 모두 달랐다.

총정리 일시매수 VS 분할매수 결과 분석

일시금으로 매수해도 특정 기간에만 수익률이 좋을 뿐 전체 기간의 수익률이 모두 좋다고 판단할 수 없었다. 이것은 적립식 투자도 마찬가지다. 다만 이러한 분할매수는 투자기간이 길어질수록 점차 연평균 수익률이 높아져서 손실 위험이 그만큼 줄어든다. 따라서 보수적인 투자를 원한다면 목돈을 일시금으로 매수하지 말고 분할매수할 것을 권장한다.

■ 일시매수와 분할매수의 투자기간별 결과

투자종목	투자기간	일시매수	분할매수	투자결과
KODEX200	직전 1년	16.47%	0.52%	일시금매수 **승**
	직전 3년	−2.31%	8.32%	분할매수 **승**

투자기간이 길수록 분할매수 수익률 ↑

투자성향에 따라 달라지는 적립식 투자법

위험자산은 적립식으로, 안전자산은 일시금 매수로!

91쪽에 나온 대로 자신의 투자성향을 파악했다면 위험자산과 안전자산의 투자 비중을 결정했을 것이다. 예를 들어 위험자산 50%, 안전자산 50%를 선택했다면 적립식 투자를 하는 분들은 위험자산과 안전자산에 각각 50%씩 매수하면 된다. 반면 퇴직금 1억 원을 분할매수하려는 분들은 위험자산은 분할매수하고 안전자산은 일시금으로 매수하면 된다.

다음은 IRP 계좌에 매월 100만 원씩 12개월 동안 적립식 투자하는 사례이다. 여기에서는 안전자산과 위험자산의 투자 비중을 각각 50%씩 '적립식 투자'로 시작한 후 리밸런싱을 통해 재투자하고 있다.

1단계		2단계		3단계		4단계
안전자산 50%, 위험자산 50%로 **'적립식 투자'** 시작	→	1년 후 투자수익률과 평가금액 점검	→	1년 후 포트폴리오 리밸런싱 진행	→	다시 매월 100만 원씩 적립 시작

사례 IRP 계좌에 매월 100만 원씩 12개월 동안 적립식 투자한 경우

1단계 | 안전자산 50%, 위험자산 50%로 '적립식 투자' 시작

월 100만 원 중 50%인 50만 원은 안전자산인 RISE 머니마켓액티브 종목을, 나머지 50만 원은 위험자산인 KODEX 선진국MSCI World 종목을 매수한다. 이 경우 가격 변동에 신경 쓰지 말고 1년 동안 꾸준히 적립식 매수를 진행한다.

■ 안전자산 50%, 위험자산 50% 적립식 투자종목

투자 비중	ETF 종목	월 매수금액
안전자산 50%	RISE 머니마켓액티브	월 50만 원
위험자산 50%	KODEX 선진국MSCI World	월 50만 원

2단계 | 1년 후 투자수익률과 평가금액 점검
(투자기간 2023년 11월 25일~2024년 10월 24일)

다음은 1년 동안 꾸준히 매수하고 결과를 확인한다. 안전자산인 RISE 머니마켓액티브의 평가금액은 613만 9,935원으로, 납입총액 대비 투자수익률은 2.33%이다. 그리고 위험자산인 KODEX 선진국MSCI World의 평가금액은 666만 2,097원으로, 납입총액 대비 투자수익률은 11.03%이다. 결과적으로 전체 포트폴리오 수익률은 6.68%이다.

최초에 설정했던 안전자산 RISE 머니마켓액티브 종목의 투자 비중은 50%였지만 47.96%로, 2.04% 줄어들었다. 반면 위험자산인 KODEX 선진국MSCI World 종목의 투자 비중은 50%에서 52.04%로, 2.04% 증가했다.

■ 1년 후 투자수익률과 투자 비중

ETF 종목	평가금액	투자수익률	최초 투자 비중	현재 투자 비중
RISE 머니마켓액티브	6,139,935원	2.33%	50%	47.96%
KODEX 선진국MSCI World	6,662,097원	11.03%	50%	52.04%
총합	**12,802,032원**	**6.68%**	**100%**	**100%**

3단계 | 1년 후 포트폴리오 리밸런싱 진행

다음은 포트폴리오의 비중을 최초 비중으로 되돌리는 포트폴리오 리밸런싱*을 진행한다. 1년 후 위험자산과 안전자산은 모두 플러스 수익이 발생해서 위험자산은 2.04% 투자 비중이 증가했고 안전자산은 2.04% 투자 비중이 감소했다. 이것을 다시 최초 투자 비중인 50% 대 50%로 맞추려면 위험자산 종목은 2.04% 매도하고 안전자산 종목은 2.04% 매수해야 한다.

이렇게 리밸런싱을 진행하면 각 자산군 중 투자 비중이 높아져서 고평가된 종목은 매도하고 반대로 투자 비중이 낮아져서 저평가된 종목은 매수하는 과정이 반복된다. 그리고 이러한 과정을 통해 좀 더 효율적으로 장기투자를 할 수 있다.

---

* **리밸런싱(rebalancing)**: 최초 설정했던 투자 비중을 원래대로 되돌리는 과정으로, 좀 더 자세한 내용은 90쪽을 참고한다.

■ 1년 후 포트폴리오 리밸런싱 결과

ETF 종목	리밸런싱 비중	리밸런싱 후 매수금액
RISE 머니마켓액티브	안전자산 50%	6,401,016원
KODEX 선진국MSCI World	위험자산 50%	6,401,016원
총합	**100%**	**12,802,032원**

4단계 | 다시 매월 100만 원씩 적립 시작

다음은 지난 1년 동안 매월 적립했던 100만 원을 다시 위험자산은 50% 비중으로, 안전자산도 50% 비중으로 매수한다. 그리고 이 과정을 투자기간에 맞춰 반복하면 시장상황에 흔들리지 않고 손실 위험을 낮추면서 장기투자를 할 수 있다.

■ 안전자산 50%, 위험자산 50% 재투자상황

ETF 종목	투자 비중	월 매수금액
RISE 머니마켓액티브	안전자산 50%	50만 원
KODEX 선진국MSCI World	위험자산 50%	50만 원
총합	**100%**	**100만 원**

게으른 투자자를 위한 퇴직금 1억 굴리기

안전자산은 금리형 ETF 매수 - 중간에 매도해도 투자수익 지급

퇴직 후 퇴직금을 IRP 계좌로 이체받으면 운용해야 하는데, 먼저 안전자산과 위험자산의 비중을 결정한다. 앞에서 안전자산은 일시금으로 매수하고 위험자산은 적립식 매수를 권장했지만, 이번에는 게으른 연금 투자자를 위해 일시금으로 매수했을 때의 사례를 살펴보려고 한다.

IRP 계좌는 퇴직연금의 한 종류이므로* 운용 정책상 안전자산에 최소 30% 비중을 유지해야 한다. 안전자산의 비중이 높아지면 그만큼 기대수익률은 낮아지고 손실에 대한 변동성도 줄어든다. 반면 위험자산의 비중이 높아지면 기대수익률도 높아지지만, 손실에 대한 변동성도 커진다. 여기에서는 안전자산 50%, 위험자산 50% 비중으로 포트폴리오를 구성했다.

---

* IRP와 DC는 퇴직연금이므로 위험자산 투자는 70%로 제한되지만, 연금저축은 위험자산에 100% 투자할 수 있다.

다음은 퇴직금 1억 원을 IRP 계좌로 받아 운용하는 사례로, 안전자산과 위험자산의 투자 비중을 각각 50%씩 '일시금 투자'로 시작한 후 리밸런싱을 통해 재투자하고 있다.

1단계		2단계		3단계		4단계
안전자산 50%, 위험자산 50%로 '일시금 투자' 시작	→	1년 후 투자수익률과 평가금액 점검	→	1년 후 포트폴리오 리밸런싱 진행	→	투자 비중 재정비

사례 **퇴직금 1억 원을 IRP 계좌로 받아 운용하는 경우**

1단계 | 안전자산 50%, 위험자산 50%로 '일시금 투자' 시작

안전자산은 예금상품을 매수해도 좋다. 하지만 만기일을 채우지 못하고 중간에 매도할 경우에는 그동안 쌓인 이자수익을 지급받지 못하므로 금리형 ETF를 매수하는 것이 좋다. 왜냐하면 금리형 ETF는 중간에 매도해도 그동안 쌓인 투자수익을 지급하기 때문이다.

■ 투자 직전 1년간 수익률이 높은 금리형 ETF (2024년 10월 24일 기준)

기초자산	ETF 종목	투자 직전 1년간 수익률
MMF	RISE 머니마켓액티브	4.23%
단기금리	TIGER CD금리투자KIS(합성)	3.64%
	TIGER KOFR금리액티브(합성)	3.64%

안전자산인 RISE 머니마켓액티브 종목에 5,000만 원을 매수하고 위험자산인 KODEX 선진국MSIC World 종목에 5,000만 원을 매수한다. 그리고 1년을 기다린다.

■ **안전자산 50%, 위험자산 50% 투자종목과 매수금액**

투자 비중	ETF 종목	매수금액
안전자산 50%	RISE 머니마켓액티브	일시금 5,000만 원
위험자산 50%	KODEX 선진국MSCI World	일시금 5,000만 원

2단계 | 1년 후 투자수익률과 평가금액 점검

(투자기간 2023년 11월 25일~2024년 10월 24일)

1년 후 평가금액을 확인해보니 안전자산인 RISE 머니마켓액티브의 평가금액은 5,216만 6,886원으로, 4.33%의 투자수익률이 발생했다. 반면 위험자산인 KODEX 선진국MSCI World의 평가금액은 6,620만 9,792원으로, 32.42%의 투자수익률이 발생했다. 최초 설정한 투자 비중인 50% 대 50%에서 안전자산은 44.07%로, 5.93% 감소했고 위험자산은 55.93%로, 5.93% 증가했다

■ **1년 후 투자수익률과 투자 비중**

ETF 종목	평가금액	투자수익률	최초 투자 비중	현재 투자 비중
RISE 머니마켓액티브	52,166,886원	4.33%	50%	44.07%
KODEX 선진국MSCI World	66,209,792원	32.42%	50%	55.93%
총합	**118,376,678원**	**18.38%**	**100%**	**100%**

3~4단계 | 1년 후 포트폴리오 리밸런싱 진행 및 투자 비중 재정비

이번에는 포트폴리오의 비중을 최초 비중으로 되돌리는 리밸런싱을 진행한다. 현재 IRP 계좌의 평가금액 1억 1,837만 6,678원 중에서 안전자산인 RISE 머니마켓액티브와 위험자산인 KODEX 선진국MSCI World를 각각 똑같이 5,918만 8,339원씩 매수하여 원래 비중으로 되돌린다. 이 과정을 1년 동안 반복하고 1년 후 다시 포트폴리오 리밸런싱을 진행한다.

■ 1년 후 포트폴리오 리밸런싱 결과

ETF 종목	리밸런싱 비중	리밸런싱 후 매수금액
RISE 머니마켓액티브	안전자산 50%	59,188,339원
KODEX 선진국MSCI World	위험자산 50%	59,188,339원
총합	**100%**	**118,376,678원**

부지런한 투자자를 위한 퇴직금 1억 굴리기

IRP에 안전자산과 위험자산 50%씩 퇴직금 투자하기

이번에는 퇴직금 1억 원을 IRP 계좌로 받아 운용하는 사례로, 안전자산과 위험자산의 투자 비중을 각각 50%씩 '적립식 투자'로 시작한 후 리밸런싱을 통해 재투자하고 있다.

사례 **퇴직금 1억 원을 IRP 계좌로 받아 운용하는 경우**

1단계 | 안전자산 50%, 위험자산 50%로 '적립식 투자' 시작

이번에는 앞에서와 같이 퇴직금 1억 원을 받았지만 보수적이고 부지런한 투자자로 가정하고 운용해보겠다. 원금 손실이 없는 안전자산인 RISE 머니마켓액티브에 5,000만 원을 매수하는 것은 크게 부담스럽지 않을 것이다. 그러나 위험자산인 KODEX 선진국MSCI World 종목에 5,000만 원을 일시금으로 매수하는 것은 상당히 부담스러울 수 있다.

■ 안전자산 50%, 위험자산 50% 적립식 투자종목과 매월 매수금액

투자 비중	ETF 종목	매월 매수금액
안전자산 50%	RISE 머니마켓액티브	5,000만 원
위험자산 50%	KODEX 선진국MSCI World	월 4,166,666원(12개월)

이러한 부담을 덜기 위해 이번에는 위험자산을 일시금으로 매수하지 않고 12개월 동안 분할매수를 진행하려고 한다. 5,000만 원을 12개월로 나누어 매수하려면 매월 416만 원을 12개월 동안 매수하면 된다. 이렇게 첫 달에 416만 원을 매수하고 남은 4,584만 원(=5,000만 원-416만 원)은 어떻게 해야 할까? 걱정할 필요 없다. 남은 자금은 안전자산인 RISE 머니마켓액티브를 매수하면 된다.

정리하면 RISE 머니마켓액티브 종목에 1억 원을 매수하고 매월 416만 원씩 매도하여 위험자산인 KODEX 선진국MSCI World 종목을 매수한다. 이 과정을 1년 동안 반복하고 1년 후 포트폴리오 리밸런싱을 진행한다.

2단계 | 1년 후 투자수익률과 평가금액 점검

(투자기간 2023년 11월 25일~2024년 10월 24일)

1년 후 평가금액을 확인해보니 안전자산인 RISE 머니마켓액티브의 평가금액은 5,216만 6,886원으로, 4.33%의 투자수익률이 발생했다. 반면 위험자산인 KODEX 선진국MSCI World는 평가금액 5,650만 1,535원으로, 13%의 투자수익률이 발생했다. 최초 설정한 투자 비중인 50%

대 50%에서 안전자산은 48.01%로 감소했고 위험자산은 51.99%로 증가했다.

■ **1년 후 투자수익률과 투자 비중**

ETF 종목	평가금액	투자수익률	최초 투자 비중	현재 투자 비중
RISE 머니마켓액티브	52,166,886원	4.33%	50%	48.01%
KODEX 선진국MSCI World	56,501,535원	13.00%	50%	51.99%
총합	**108,668,421원**	**8.67%**	**100%**	**100%**

3~4단계 | 1년 후 포트폴리오 리밸런싱 진행 및 투자 비중 재정비

이번에는 포트폴리오의 비중을 최초 비중으로 되돌리는 리밸런싱을 진행한다. 현재 IRP 계좌의 평가금액 1억 866만 8,421원 중에서 안전자산인 RISE 머니마켓액티브와 위험자산인 KODEX 선진국MSCI World를 추가로 매수하여 원래 비중으로 되돌린다. 이 과정을 1년 동안 반복하고 1년 후 다시 포트폴리오 리밸런싱을 진행한다.

■ **1년 후 포트폴리오 리밸런싱 결과**

ETF 종목	리밸런싱 비중	리밸런싱 후 매수금액
RISE 머니마켓액티브	안전자산 50%	54,334,211원
KODEX 선진국MSCI World	위험자산 50%	54,334,211원
총합	**100%**	**108,668,421원**

■ 부지런한 투자 VS 게으른 투자결과 비교

	적립식 매수(부지런한 투자)	일시금 매수(게으른 투자)
평가금액	108,668,421원	118,376,678원
차액	일시금으로 매수한 게으른 투자의 수익이 9,708,257원 더 많다.	

분석기간이 짧아 의미 있는 결과를 도출하지는 못했지만, 투자 직전 1년은 게으른 투자(일시금 매수)가 부지런한 투자(적립식 매수)보다 투자결과가 더 좋았다. 사실 투자에는 정답은 없고 결국 개인의 위험성향과 투자 스타일에 맞게 계획을 세우고 운용하는 것이 중요하다. 따라서 '일시금 매수가 좋다.', '적립식 분할매수가 좋다.'와 같은 결론을 내리지 않도록 한다.

이와 같이 퇴직연금은 적립식 매수, 일시금 매수, 포트폴리오 구성 등 여러 가지 의사를 결정해야 하므로 운용을 어려워하는 분들이 많다. 필자가 운영하는 네이버 카페와 유튜브 채널*에서는 매월 연금운용에 대한 정보뿐만 아니라 새롭게 상장되는 ETF 종목과 월 배당 ETF 종목을 분석하여 업로드하므로 참고해보자.

* 필자는 '김범곤의 연금연구소' 네이버 카페(cafe.naver.com/passfinance)와 '김범곤의 연금수업' 유튜브 채널(www.youtube.com/@bumgon84)을 운영하고 있다.

퇴직연금(DC형, IRP) 계좌에서 선택할 수 있는 금융상품

퇴직연금에서 선택할 수 있는 금융상품은 다양하다. 무조건 고수익을 좇는 투자보다는 감당할 수 있는 범위 안에서 주식과 채권, 대체투자 등 다양한 자산군으로 포트폴리오를 구성하고 운용하는 것이 좋다. 그리고 반드시 목표 수익률을 설정하고 운용계획을 세워야 한다.

정기예금

정기예금은 만기가 있어서 약정된 만기까지 보유할 경우 약정된 이자율을 반영하여 이자를 준다. 현재 금리 수준이 높고 향후 금리가 하락할 가능성이 높다면 만기가 긴 예금상품을 매수하는 것도 좋다. 퇴직연금의 정기예금상품은 부분 인출할 수 있다. 이 경우 약정된 이자를 지급받을 수 있지만, 만기까지 보유했을 때보다 이자가 적게 지급된다.

ELB(주가지수연계사채)

ELB는 '사채'라는 이름 때문에 위험해 보이지만, 원리금 보장형만 퇴직연금에서 매수할 수 있다. 보통 정기예금보다 금리 수준이 조금 높은 편이고 증권사에서 원리금을 보증한다. ELB 상품은 실시간으로 매수하거나 매도할 수 없고 청약일이 따로 있어서 예약 신청을 하고 청약일에 매수해야 한다. 만기는 3개월부터 3년까지 다양하고 ELB 청약을 예약했지만 청약일에 매수하지 않으면 ELB 상품의 매수는 취소된다.

펀드

일반적인 펀드는 ETF처럼 실시간으로 매수하거나 매도할 수 없다. 그리고 매수를 신청하면 현재의 기준 가격으로 매수하는 것이 아니다. 즉 국내 주식형 펀드를 기준으로 오후 15시 30분 이전에 매수 신청을 하면 매수 신청일의 다음 날 기준가를 적용하여 매수하고 오후 15시 30분 이후에 매수 신청하면 매수 신청일의 다음다음 날 기준가를 적용하여 매수한다.

■ **펀드의 매수가 적용 기준**

월요일(T)	화요일(T+1)	수요일(T+2)
오후 3시 30분 **이전** 매수	기준가 적용	
오후 3시 30분 **이후** 매수		기준가 적용

환매의 경우에는 좀 더 시간이 오래 걸린다. 오후 15시 30분 이전에 환매(매도) 신청을 하면 매도 신청일의 다음 날 기준가를 적용하여 환매가격이 결정되고 그다음다음 날 환매(입금) 처리된다. 오후 15시 30분 이후에 환매(매도) 신청을 하면 매도 신청 다음다음 날의 기준가를 적용하여 환매가격이 결정되고 그다음 날 환매(입금) 처리된다.

■ 펀드의 환매가 적용 기준

월요일(T)	화요일(T+1)	수요일(T+2)	목요일(T+3)
오후 3시 30분 **이전** 매도	기준가 적용		환매(입금)
오후 3시 30분 **이후** 매도		기준가 적용	환매(입금)

이처럼 펀드의 경우는 매수하는 시점과 매도하는 시점의 기준가 결정에 시차가 발생하므로 실시간 가격에 대응하는 데 한계가 있다. 하지만 관리 측면에서 자동이체할 수 있고 펀드 매니저가 펀드를 직접 운용하는 간접운용 투자상품이므로 ETF 등으로 직접 운용하기 어렵다면 일반 펀드를 적극 활용할 필요가 있다.

ETF(상장지수펀드)

ETF는 속성이 펀드이지만, 주식시장에 상장되어 거래되고 실시간으로 매수 및 매도할 수 있다. 그리고 다양한 기초자산에 투자할 수 있어 포트폴리오를 쉽게 구성할 수 있고 일반 펀드보다 수수료가 저렴해 퇴직연금에서 운용하기에 적합하다. 다만 퇴직연금(DC형, IRP)에는 레버리지와 인버스 ETF를 투자할 수 없고 통화, 원자재 등 파생상품의 위험평가금액이 높은 ETF 종목에는 투자가 제한된다.

리츠(REITs)

리츠는 부동산투자회사에 투자하고 발생하는 이익을 투자자에게 돌려주는 상품이다. 퇴직연금에서 매수할 수 있는 리츠는 개별 종목 리츠와 펀드(ETF 포함) 형태의 리츠로 구분할 수 있다. 개별 종목 리츠는 하나의 리츠 종목을 매수하는 것으로, 집합투자의 리츠보다 변동성이 크다. 펀드 형태의 리츠는 다양한 리츠 종목에 분산투자되어 있으므로 개별 리츠보다 변동성이 낮아 안정적으로 투자할 수 있다.

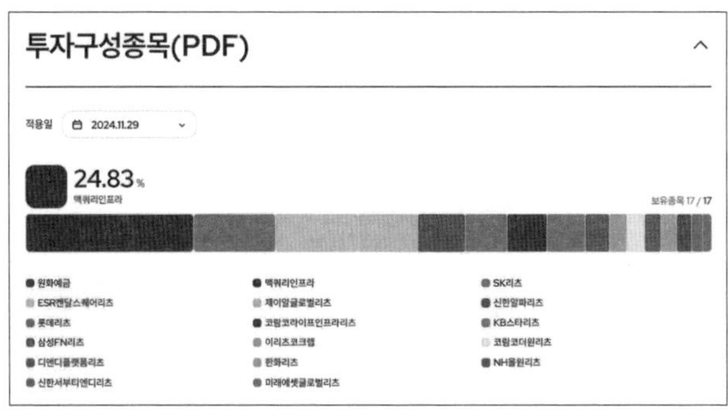

KODEX 한국부동산리츠 투자 구성 종목

자료 출처: 삼성자산운용 KODEX

채권

채권은 발행기관에 따라 '국채'와 '회사채'로, 만기에 따라 '단기채', '중기채', '장기채'로 구분할 수 있다. 그리고 채권은 투자방법에 따라 개별 채권을 직접 매수할 수 있는 장내채권이 있고 집합투자 형태로 매수할 수 있는 채권형 펀드나 채권형 ETF 등이 있다.

장내채권의 경우 거래소에 상장되어 채권을 사거나 팔 수 있다. 이때 표면금리가 낮을수록 가격 변동폭이 크고 표면금리가 높을수록 가격 변동 위험은 적다. 표면금리는 채권의 이자를 결정하는 금리로, 채권을 발행할 때 결정된다.

장내채권투자는 약정된 이자지급일에 이자를 지급받거나 보유기간 중 채권금리가 하락해서 채권가격이 상승할 때 시세차익을 얻으려는 목적이 핵심이다. 반면 집합투자 형태인 채권형 펀드나 채권형 ETF 등은 지급받는 이자가 아니라 시세차익을 목적으로 투자한다. 시세차익을 보려면 매수한 시점보다 채권금리가 하락해야 한다. 그리고 해외채권의 경우에는 환율 등의 영향으로 채권가격이 상승하거나 하락할 수 있다.

퇴직연금 '인출' 단계에서 꼭 알아야 할 Q & A

★ 퇴직금을 목돈으로 받으면 소득 공백을 메우거나 대출상환 등으로 활용해서 연금 수령액이 줄어드는 경우가 많다. 퇴직 후 급한 자금이 필요하다면 퇴직연금을 일시금으로 수령하는 게 더 나을 수 있지만, 장기적인 안정성을 중시한다면 연금 방식으로 수령하는 것을 고려해야 한다.

질문 1 퇴직연금(IRP, DC형)을 중도인출할 수 있는가?

원칙적으로 퇴직연금은 중도인출할 수 없지만, 주택을 구입하거나 의료비 지출 등 특정한 사유가 있으면 중도인출할 수 있다.* 다만 중도인출할 경우 퇴직소득세가 부과된다.

질문 2 퇴직연금(IRP)의 세금 감면 혜택은 무엇인가?

퇴직 후 퇴직금을 IRP로 입금받고 만 55세 이후에 연금이 개시되고 인출하면 퇴직소득세가 30%(11년 차 40%) 감면된다. 그리고 수령기간 중에 발생하는 운용이익은 소득세가 부과되지 않아 과세이연 효과를 누리면서 인출할 수 있다. 운용이익은 연금소득세

---

* 퇴직연금 인출에 대해서는 220쪽을 참고한다.

** **연금소득세 수령조건**: ① 연금 수령한도 안에서 인출, ② 연간 1,500만 원 안에서 인출, 자세한 내용은 140쪽을 참고한다.

과세 대상 소득으로, 수령조건**을 충족했을 때 연금소득세는 3.3~5.5%로, 저율과세된다.

질문 3 퇴직연금(IRP, DC형)은 상속할 수 있는가?

IRP는 가입자가 사망했을 때 배우자에 한해 퇴직연금을 승계할 수 있지만, DC형 계좌는 승계할 수 없다. 사망 후 상속인에게 지급되는 퇴직금은 간주 상속재산으로 포함되어 상속세 과세 대상 재산에 합산되므로 상속세가 과세된다.

질문 4 퇴직연금(IRP, DC형)의 수령 시기는 언제인가?

퇴직연금제도(DB형, DC형)에 가입한 경우 퇴직 후 IRP로 퇴직금을 지급받고 만 55세 이후부터 연금 형태로 수령할 수 있다. 만 55세는 법적으로 정해진 최소 연금 수령 연령이고 이후 본인의 필요에 따라 일정 기간 안에 연금을 수령할 수 있다.

질문 5 퇴직금이 입금된 IRP도 연금 수령조건인 가입기간 5년을 적용해야 하는가?

NO. 퇴직금이 입금된 IRP는 연금 수령을 위한 계좌의 가입기간조건이 따로 적용되지 않는다.

질문 6 퇴직연금은 어떤 방식으로 수령할 수 있는가?

퇴직연금은 ① 일시금, ② 종신연금(생명보험사), ③ 확정연금, ④ 비정기연금(임의식) 등 다양한 방식으로 수령할 수 있다.

① **일시금**: IRP로 퇴직금을 지급받고 해지할 경우 한 번에 전액을 수령하는 방식

② **종신연금(생명보험사)**: 평생 동안 일정한 금액을 수령하는 방식

③ **확정연금**: 일정 기간에 정해진 금액을 수령하는 방식

④ **비정기연금(임의식)**: 필요할 때 연금 인출금액을 자유롭게 결정하여 수령하는 방식

질문 7 퇴직금 중도인출을 최소화하는 방법은 무엇인가?

① 예비 비상자금을 마련한다.

긴급상황에 대비해 별도의 예비 비상자금을 마련하면 예상치 못한 지출이 발생했을 때 연금계좌의 중도인출을 피할 수 있다. 이러한 예비 비상자금은 3~6개월치 생활비를 목표로 설정하는 것이 좋다.

② 목표를 설정하고 계획을 수립한다.

장기적인 재무 목표와 연금운용 목적을 명확하게 설정하고 정기적인 점검을 통해 진행 상황을 모니터링하는 것이 중요하다. 이렇게 하면 단기적 자금 문제 때문에 연금계좌에서 퇴직금을 중도인출하는 것을 막을 수 있다.

③ 대출과 금융상품을 활용한다.

연금계좌 대신 낮은 금리의 대출상품이나 신용한도를 활용하여 자금을 조달할 수 있다. 이러한 방법을 통해 연금자산을 보호하면서 필요한 자금을 확보할 수 있다.

④ 세액공제한도를 초과납입한다.

연금계좌(연금저축, IRP) 납입한도는 연 1,800만 원이다. 세액공제한도는 연금저축과 IRP 계좌를 합산해서 연간 최대 900만 원까지 납입할 수 있다. 연금계좌(연금저축, IRP)에 세액공제한도를 초과하여 납입하면 세액공제를 적용받지 않은 납입금액은 향후

중도인출하거나 연금 개시 후 인출할 때 세금이 부과되지 않는다. 그리고 운용과정에서 발생하는 이자소득과 배당소득에 대해 과세이연 효과를 누릴 수 있어서 연금을 운용할 때 복리 효과를 극대화할 수 있다. 목돈이 있거나 저축 여력이 충분한 경우에는 연금계좌의 연간 납입금액을 최대한 납입하는 것도 중도인출할 때 발생하는 불가피한 손실을 막을 수 있는 방법이다. 다만 연금저축은 중도인출이 자유롭지만, IRP 계좌는 퇴직연금으로 분류되므로 특수한 중도인출 사유가 있을 때만 인출할 수 있다는 점에 주의한다.

만약 세액공제한도를 초과하여 납입하려는 계획이 있다면 연금저축과 IRP 계좌에 각각 900만 원씩 납입하자. 그러면 연간 세액공제 900만 원을 적용받을 수 있고 부득이한 사유로 중도인출해야 할 때 연금저축에서 세액공제를 적용받지 않은 납입금액을 비과세로 인출하여 효율적으로 연금을 운용할 수 있다(120쪽 참고).

법정퇴직금, 명예퇴직금, 퇴직위로금은 어떤 계좌로 수령할까?

DB형, DC형은 법정퇴직금!

퇴직금은 '법정퇴직금'과 '명예퇴직금' 또는 '퇴직위로금'으로 구분할 수 있다. 이 모든 퇴직금은 퇴직소득세 과세 대상 소득이고 DB형과 DC형은 법정퇴직금으로 분류한다.

만 55세 '이후' 퇴직자는 IRP 또는 일반 통장으로, 만 55세 '이전' 퇴직자는 IRP로만 수령 가능

법정퇴직금은 나이 기준에 따라서 IRP나 일반 통장으로 지급받을 수 있다. 하지만 만 55세 이전에 퇴직했다면 선택지는 없고 무조건 IRP 계좌로 퇴직금을 지급받아야 한다.

퇴직금을 받으려면 법정퇴직금제도에 따라 요청하면 된다. DB형 가입자가 회사에 IRP 계좌확인서를 제출하면 퇴직일로부터 14일 안에 퇴직금이 입금된다. 그리고 만 55세 이후 퇴직자가 일반 통장으로 퇴직금을 수령할 경우에는 세금을 차감한 세후 퇴직일시금이 입금된다. 그러나 회사에서 일반 통장으로 퇴직금을 지급하지 않는 경우에는 대부분 IRP로 퇴직금을 지급받게 된다.

명예퇴직금과 퇴직위로금 → IRP와 연금저축에 분리 수령 가능

법정퇴직금(DB형, DC형)과 별도로 명예퇴직금과 퇴직위로금은 분리해서 수령할 수 있다. 예를 들어 법정퇴직금 1억 원, 명예퇴직금 2억 원을 지급받기로 했다면 법정퇴직금은 IRP로, 명예퇴직금은 연금저축으로 분리 이전할 수 있다.

이렇게 제도상으로는 분리 이전할 수 있지만, 회사나 금융회사에서 분리 이전할 수 없는 경우도 있다. 그러므로 법정퇴직금과 명예퇴직금 및 퇴직위로금을 분리해서 지급받으려면 회사와 금융회사에 분리 이전할 수 있는지와 이전 절차에 대해 꼭 문의해야 한다.

IRP로 퇴직금을 받으면 중도인출이 번거롭다?

인출은 가능하지만 이연퇴직소득세 과세!

IRP 계좌로 퇴직금이 입금되면 아예 못 찾는다고 생각하는 분들이 종종 있다. 하지만 IRP는 다음의 방법으로 인출할 수 있다.

① 만 55세 이후에 연금이 개시되고 인출
② 만 55세 이전에 중도인출 사유에 해당될 때 인출
③ 만 55세 이전에 IRP를 해지해서 인출

먼저 IRP를 해지하면 IRP로 퇴직금을 받았을 때 과세하지 않았던 이연퇴직소득세가 과세된 후에야 세후 퇴직일시금을 지정한 계좌로 지급받을 수 있다. 그리고 만 55세 이후 연금 개시 전에는 퇴직연금의 중도인출 사유가 아닌 상황에서는 인출할 수 없다. 연금 개시 이후에 저율과세가 적용되는 연금소득세 수령조건에 따라 인출하면 퇴직소득세의 30%(11년차 40%)를 감면해주고 초과인출하면 세제 감면 없이 퇴직소득세가 부과된다.

■ 일시금 수령 시 퇴직소득세(지방소득세 미포함) (단위: 원)

퇴직금	근속 5년	근속 10년	근속 15년	근속 20년
5,000만 원	2,143,750	680,000	300,000	0
1억 원	9,418,750	3,875,000	2,175,000	1,120,000
2억 원	32,462,500	17,875,000	10,560,000	7,025,000
3억 원	58,108,333	38,990,000	25,850,000	18,040,000
4억 원	84,687,500	63,690,000	45,100,000	33,825,000

2013년 이전 퇴직연금 (DB형, DC형, IRP) 가입자 특례 활용하기 (ft. 연금 수령 6년 차 적용)

IRP 연금 수령 연차는 언제부터 카운팅될까? – 만 55세+가입기간 5년

IRP 연금 수령 연차는 ① 만 55세 이상, ② 가입기간 5년 조건을 충족했을 때 → 1년 차가 적용된다(퇴직금이 입금된 경우에는 가입기간조건 미적용). 이와 별도로 2013년 3월 이전에 퇴직연금을 개설했는지의 여부에 따라 연금 가입일자와 연금 수령 연차가 달라진다.* 연금 수령 연차는 연금 수령한도에 영향을 주어 퇴직소득세 감면 기준 금액이 된다.

그리고 운용이익과 세액공제 적용분은 퇴직소득세가 아닌 연금소득세 과세 기준 금액이 되니 참고하자.

DB형 가입자 – 2013년 3월 이전 가입자 특례 적용

DB형 가입자는 퇴직금을 신규 IRP 계좌로 받거나 기존에 가입한 IRP 계좌로 받을 수 있다. 2013년 3월 이전에 DB형 퇴직연금에 가입한 사

---

* **IRP 개설**: IRP 계좌는 금융사별로 여러 개 개설할 수 있다.

람은 특례 적용되어 신규 IRP로 퇴직금을 받아도 연금 수령 연차는 자동으로 6년 차부터 시작한다. 반면 2013년 3월 이후에 DB형 퇴직연금에 가입한 경우 연금 수령 연차는 1년 차가 적용된다.

사례 1 2013년 3월 이전 DB형 퇴직연금에 가입한 근로자

[질문] 퇴직금 1억 원을 신규 IRP 계좌로 입금받은 경우 연금 수령 연차와 연금 수령한도는 얼마인가? (퇴직 시 나이 만 55세 가정)

연금 수령한도=연금계좌 평가금액/(11-연금 수령 연차)×120%

⬇

1억 원/(11-6)×120%=연 2,400만 원

[정답] 이 경우 2013년 3월 이전에 가입했으므로 연금 수령 연차는 특례 적용으로 6년 차여서 연금 수령한도를 계산하면 연 2,400만 원이다. 따라서 연 2,400만 원 안에서 인출할 경우 퇴직소득세는 30%(11년 차 40%) 감면되지만, 연 2,400만 원 한도를 초과인출한 금액에 대해서는 퇴직소득세가 감면되지 않는다.

사례 2 2013년 3월 이후 DB형 퇴직연금에 가입한 근로자

[질문] 퇴직금 1억 원을 신규 IRP 계좌로 입금받은 경우 연금 수령 연차와 연금 수령한도는 얼마인가? (퇴직 시 나이 만 55세 가정)

연금 수령한도=연금계좌 평가금액/(11-연금 수령 연차)×120%

⬇

1억 원/(11-1)×120%=연 1,200만 원

[정답] 2013년 3월 이후 DB형 퇴직연금 가입자는 특례 적용이 없다. 따라서 연금 수령 연차는 1년 차가 적용되어 연금 수령한도는 연 1,200만 원이다. 연 1,200만 원 안에서 인출할 경우 퇴직소득세는 30%(11년 차 40%) 감면되지만, 연 1,200만 원 한도를 초과인출한 금액에 대해서는 퇴직소득세가 감면되지 않는다.

DC형 가입자 – 2013년 3월 이전 가입자 특례 적용

2013년 3월 이전에 가입한 DC형 퇴직연금을 신규 IRP 계좌로 이전받으면 연금 수령 연차는 6년 차가 적용된다. 하지만 2013년 3월 이후에 DC형 퇴직연금에 가입했다면 이전받는 신규 IRP의 연금 수령 연차가 적용된다.

사례 3 2013년 3월 이전 DC형 퇴직연금에 가입한 근로자

[질문] 퇴직금 1억 원을 신규 IRP 계좌로 입금받은 경우 연금 수령 연차와 연금 수령한도는 얼마인가? (퇴직 시 나이 만 55세 가정)

연금 수령한도 = 연금계좌 평가금액/(11 – 연금 수령 연차) × 120%

⬇

1억 원/(11 – 6) × 120% = 연 2,400만 원

[정답] 2013년 3월 이전에 가입한 DC형 계좌를 신규 IRP 계좌로 이전받았으므로 연금 수령 연차는 6년 차가 적용되고 이로 인한 연금 수령한도는 연 2,400만 원이다. 따라서 연 2,400만 원 안에서 인출할 경우 퇴직소득세는 30%(11년 차 40%) 감면되지만, 연 2,400만 원 한도를 초과인출한 금액에 대해서는 퇴직소득세가 감면되지 않는다.

사례 4 **2013년 3월 이후 DC형 퇴직연금에 가입한 근로자**

[질문] 퇴직금 1억 원을 5년 전 가입한 IRP 계좌로 입금받은 경우 연금 수령 연차와 연금 수령한도는 얼마인가? (퇴직 시 나이 만 55세 가정)

> 연금 수령한도=연금계좌 평가금액/(11－연금 수령 연차)×120%
>
> ⬇
>
> 1억 원/(11－1)×120%=연 1,200만 원

[정답] IRP 계좌는 5년 전에 가입했으므로 가입기간 5년 조건을 충족했고 가입자 나이가 올해 만 55세이므로 현재 연금 수령 연차는 1년 차가 적용된다. 그리고 2013년 3월 이후 가입한 DC형 계좌여서 특례 적용되지 않으므로 연금 수령한도는 1,200만 원이다.

만약 같은 조건으로 퇴직시점을 5년 늦춰 만 60세에 퇴직한다면 IRP 계좌의 연금 수령 연차는 6년 차가 적용되어 연금 수령한도는 연 2,400만 원이다.

> 연금 수령한도=연금계좌 평가금액/(11－연금 수령 연차)×120%
>
> ⬇
>
> 1억 원/(11－6)×120%=연 2,400만 원

> IRP 계좌의 연금 수령 연차는 연금 개시조건(가입기간 5년, 만 55세)을 충족한 경우 연금 개시 여부와 관계없이 연금 개시시점까지 매년 1년씩 증가한다.

신규 IRP VS 기존 IRP – 연금 수령액 차이가 1억?

퇴직금은 2013년 이전에 개설한 IRP로 받을 것!

퇴직금을 신규 IRP로 지급받는 경우와 2013년 이전에 가입한 IRP로 지급받는 경우에 따라 연금 가입일자와 연금 수령 연차가 크게 달라질 수 있으므로 주의해야 한다.

사례 1 2010년 1월 1일 DC형 퇴직연금에 가입한 근로자 → 2012년 1월 1일에 가입한 IRP 계좌로 입금받은 경우

[질문] 퇴직금 1억 원을 2012년 1월 1일에 가입한 IRP 계좌로 입금받을 경우 연금 수령 연차와 연금 수령한도는 얼마인가? (퇴직 시 나이 만 60세 가정)

[답변] 2012년 1월 1일에 가입한 IRP의 연금 수령 연차는 2024년 기준으로 11년 차이다. 2013년 3월 이전에 개설하고 연금 개시조건(만 55세, 가입기간 5년)을 충족했으므로 연금 개시 여부와 관계없이 자동으로 연금 수령 연차는 증가한다. 다만 2013년 3월 이전에 IRP 계좌를 개설했으므로 연금 개시조건을 충족하는 2019년부터 1년 차로 카운팅되기 시작하고 '6년 차부터' 연금 수령을 시작하는 것이다.

■ **2024년 퇴직금 1억 원 수령 과정 – 현재 만 60세, IRP는 2012년에 개설**

	2012년	2013년	2014년	2015년	2016년	2017년	2018년
가입 연차	가입 1년 차	가입 2년 차	가입 3년 차	가입 4년 차	가입 5년 차	가입 6년 차	가입 7년 차
나이	만 48세	만 49세	만 50세	만 51세	만 52세	만 53세	만 54세
수령 연차							

2019년(연금 개시 가능)	**2020년**	**2021년**	**2022년**	**2023년**	**2024년**
가입 8년 차	가입 9년 차	가입 10년 차	가입 11년 차	가입 12년 차	가입 13년 차
만 55세	만 56세	만 57세	만 58세	만 59세	만 60세
6년 차	7년 차	8년 차	9년 차	10년 차	11년 차

2013년 이전 가입이므로
만 55세, 6년 차 적용!

2024년
만 60세, 연금 수령 한도 없음!

연금 수령한도 = 연금계좌 평가금액/(11 – 연금 수령 연차) × 120%
1억 원/(11 – 11) × 120% = 연 1억 2,000만 원

DC형 가입도 2013년 이전에!
IRP 가입도 2013년 이전에!
=대박! 연금 수령한도 적용 ×

연금수령 10년 차부터 연금계좌 평가액 이상으로
연금수령한도가 계산된다. 따라서 연금수령한도는
연금수령연차 10년 차부터 없다고 볼 수 있다.

이와 같이 퇴직금을 받을 연금계좌를 신규 IRP가 아닌 기존 IRP로 이전하면 기존 IRP 가입일을 승계하게 되어 기존 계좌의 연금 수령 연차를 따라간다. 따라서 이전한 IRP 계좌의 연금 수령 연차 11년 차를 적용받게 되므로 연금 수령한도는 따로 없다.

사례 2 2010년 1월 1일 DC형 퇴직연금에 가입한 근로자

→ 2014년 1월 1일에 가입한 IRP 계좌로 받은 경우

[질문] 퇴직금 1억 원을 2014년 1월 1일에 가입한 IRP 계좌로 입금받을 경우 연금 수령 연차와 연금 수령한도는 얼마인가? (퇴직 시 나이 만 60세 가정)

[답변] 2014년 1월 1일에 가입한 IRP의 연금 수령 연차는 2024년 기준으로 6년 차이다. 2013년 3월 이후에 개설하고 연금 개시조건(만 55세, 가입기간 5년)을 충족하면 연금 개시 여부와 관계없이 자동으로 연금 수령 연차는 증가한다. 다만 2013년 3월 이후에 IRP 계좌를 개설했으므로 연금 개시조건을 충족하는 2019년부터 1년 차로 카운팅되기 시작하고 2024년에 '6년 차'가 된다.

■ **2024년 퇴직금 1억 원 수령 과정 – 현재 만 60세, IRP는 2014년에 개설**

	2012년	2013년	2014년	2015년	2016년	2017년	2018년
가입 연차	가입 1년 차	가입 2년 차	가입 3년 차	가입 4년 차	가입 5년 차	가입 6년 차	가입 7년 차
나이	만 48세	만 49세	만 50세	만 51세	만 52세	만 53세	만 54세
수령 연차							

2019년(연금 개시 가능)	2020년	2021년	2022년	2023년	2024년
가입 8년 차	가입 9년 차	가입 10년 차	가입 11년 차	가입 12년 차	가입 13년 차
만 55세	만 56세	만 57세	만 58세	만 59세	만 60세
1년 차	2년 차	3년 차	4년 차	5년 차	6년 차

2013년 이후 가입이므로
만 55세, 1년 차 적용!

2024년
만 60세, 6년 차 적용

연금 수령한도=연금계좌 평가금액/(11－연금 수령 연차)×120%
1억 원/(11－6)×120%=연 2,400만 원

만약 2013년 3월 이전에 가입한 연금계좌(DC형, IRP, 연금저축)를 2013년 3월 이후에 가입한 연금계좌(DC형, IRP, 연금저축)로 이전할 경우 이전된 연금계좌의 가입일과 연금 수령 연차를 승계하므로 연금 수령 연차의 특례 적용이 사라진다. 따라서 연금계좌 간에 상호 이전할 경우에는 가입일과 연금 수령 연차의 승계에 특히 신경 써야 한다.

이번 사례는 DC형 퇴직연금 가입자가 2013년 이전에 가입했으므로 퇴직 후 IRP 계좌로 퇴직금이 입금되면 자동으로 6년 차 특례 적용을 받는다. 하지만 IRP는 2014년에 가입했으므로 특례 적용을 받지 못한다. 따라서 연금저축의 가입 일정을 꼼꼼히 따져보고 연금 수령 여부를 결정해야 한다.

연금계좌(연금저축, DC형, IRP)를 이전할 때 가입기간 승계조건

연금계좌(연금저축, DC형, IRP)는 서로 이전할 수 있다. 즉 만 55세 이전에는 IRP 계좌 ↔ IRP 계좌, 연금저축 ↔ 연금저축으로, 퇴직 후에는 DC형 ↔ IRP 계좌로 이전할 수 있다. 그리고 만 55세 이후에는 연금 개시조건을 충족한 경우 IRP 계좌 ↔ 연금저축끼리 서로 이전할 수 있다.

연금계좌는 다른 연금계좌로 이전하면 가입일을 승계하는 조건이 있다. 단 연금계좌를 이전할 때 새로운 연금계좌로 이전하는 경우와 기존에 가입한 연금계좌로 이전하는 경우에는 가입일을 승계하는 조건이 서로 다르다.

1. 신규 연금계좌로 이전할 경우 – 기존 연금계좌 가입일 승계

신규 연금계좌로 이전할 경우에는 과거에 가입한 연금계좌의 가입일을 승계한다. 예를 들어 2010년 1월 1일에 가입한 연금계좌를 신규 개설한 연금계좌로 이전하는 경우 이전 후 가입일은 2010년 1월 1일이 된다.

2. 기존 연금계좌로 이전할 경우 – 신규 연금계좌 가입일 승계

이전을 희망하는 A 계좌를 B 계좌로 이전하는 경우 B 계좌의 가입일을 승계한다. 예를 들어 2010년 1월 1일에 가입한 연금계좌를 2020년 1월 1일 가입한 연금계좌로 이전하는 경우 A 계좌의 가입일은 2020년 1월 1일이 된다.

3. 이전이 불가능한 경우 – 2013년 3월 전후 개설한 연금계좌

2013년 3월 이후에 개설한 연금계좌는 2013년 3월 이전에 개설한 연금계좌로 이전할 수 없다. 2013년 3월 이전에 가입한 연금계좌의 연금 개시조건은 가입기간이 최소 10년이었다. 따라서 연금 개시조건이 충족되면 연금 수령 연차는 6년 차부터 시작된다.

반면 2013년 3월 이후에 가입한 연금계좌의 연금 개시조건은 가입기간 5년이다. 그래서 연금 개시조건을 충족하면 연금 수령 연차는 1년 차부터 시작하므로 연금 수령조건이 서로 다른 2013년 3월 이후 계좌는 2013년 3월 이전 계좌로 이전하지 못한다. 다만 2013년 3월 이전 계좌는 2013년 3월 이후 계좌로 이전할 수 있지만, 불리한 조건으로 이전하는 경우는 거의 없을 것이다.

만 55세부터 IRP에서 연 1만 원이라도 인출하자 (ft. 연금 수령 연차 쌓기)

연금조건이 성립되면 무조건 연금 수령을 시작해야 하는 이유

오랜 기간 근무했던 회사에서 퇴직한 후 다시 재취업을 하는 경우가 많다. 이런 경우 이미 IRP에서 연금을 개시할 수 있는 조건을 충족했어도 계속 경제활동을 하고 있으므로 대부분 연금 수령을 미룬다. 하지만 이렇게 되면 연금 수령 연차를 쌓을 수 없고 결과적으로 연금 수령한도도 제한된다. 이러한 상황에서는 정작 필요할 때 IRP에서 돈을 빼낼 수도 없고 퇴직소득세도 줄일 수 없다.

실제 연금 수령 연차를 쌓아야 연금 수령한도 UP! 퇴직소득세 절세 효과 UP!

이런 경우 당장 연금을 수령할 필요는 없지만, 퇴직소득세를 절세할 수 있는 방법이 있다. 퇴직금이 입금된 IRP 계좌에서 퇴직소득세를 절세하려면 실제 연금 수령 연차가 중요하다. 왜냐하면 퇴직소득세는 실제 수령 연차에 따라 10년 차까지는 30%, 11년 차부터는 40% 감면되기 때문이다. 단 퇴직금이 입금된 경우에는 IRP의 연금 개시 나이조건인 만 55세만 충족하면 된다(가입조건 5년은 빼줌).

만약 가입자의 나이조건을 충족한 상태라면 곧바로 연금 개시를 신청하고 연금 수령금액을 연 1만 원으로 설정하자. 이렇게 10년을 인출하면 연금 수령한도는 없어지고 다음 연도 인출부터 실제 수령 연차는 11년이 된다.

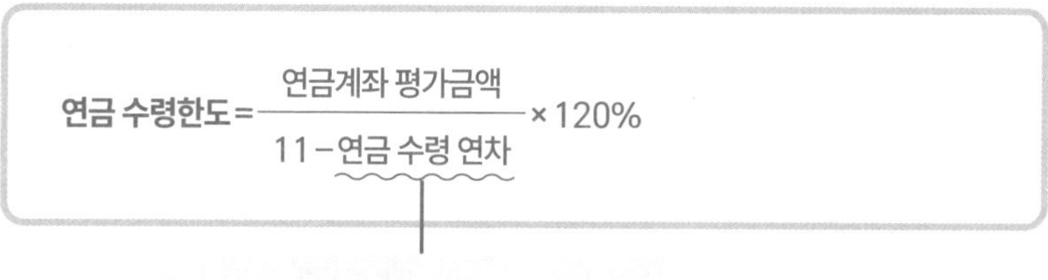

이 시점부터는 연금 수령한도가 없으므로 퇴직금에 해당하는 이연퇴직소득을 전액 인출할 수도 있고 퇴직소득세를 40% 감면받을 수도 있다.

IRP에서 돈이 나가는 순서가 따로 있다?

IRP의 돈뭉치(소득원천)는 어떻게 구성될까?
① 납입금액 + ② 퇴직금 + ③ 운용수익

경제활동 기간에 IRP를 개설하고 납입하면 연간 900만 원은 세액공제 납입금액으로 인정받고 그에 따른 세액공제를 받을 수 있다. 경제적으로 여유가 있는 분들은 추가 납입도 하는데, 이때 세액공제는 받지 못한다. 이후 정년에 도달하여 DC형이나 DB형에 있던 퇴직금을 IRP로 받으면 IRP에는 ① 납입금액(세액공제받은 납입금액과 세액공제받지 못한 납입금액), ② 퇴직금, 그리고 이들 두 자금을 운용한 결과로 발생한 ③ 운용수익이 쌓인다.

하나의 IRP 안에 다양한 속성의 돈이 있는 셈인데, 이것을 '소득원천'이라고 한다. IRP는 소득원천에 따라 연금 인출순서와 세금이 다르게 적용된다.

IRP의 인출순서

퇴직연금은 비과세 → 과세 순으로 인출하는 것이 기본 원칙이다.

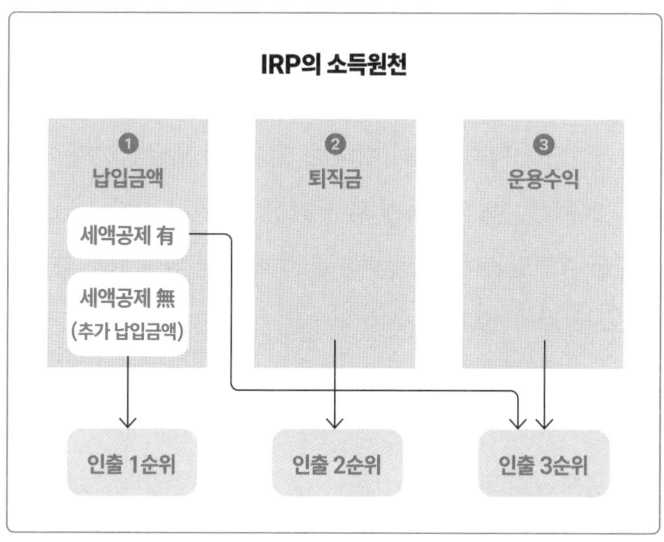

인출순서 1위 추가 납입금액(세액공제 ×) – 비과세 인출 및 연금 수령한도와 무관

납입금액 중에서 세액공제를 적용받지 않은 추가 납입금액은 인출할 때 세금이 없으므로 인출순서 1위다. IRP를 세액공제를 받을 목적으로만 활용했다면 세액공제받지 않은 납입금액은 발생할 가능성이 없다. 하지만 세액공제받지 않은 납입금액이 있을 경우 연금을 개시하면 자동으로 가장 먼저 세금 없이, 그리고 연금 수령한도와 상관없이 인출할 수 있다.

연금 개시 전에 세액공제받지 않은 납입금액을 IRP에서 중도인출하려면 특별한 사유가 있어야 한다. 따라서 세액공제한도를 초과하여 납입할 계획이 있다면 IRP보다는 중도인출이 자유로운 연금저축을 활용하는 게 좋다.

인출순서 2위 **퇴직금 – 과세이연, 퇴직소득세 과세 대상 소득**

IRP에 과세이연되는 퇴직소득이 있다면 퇴직금이 입금된 경우이다. 퇴직금은 인출 2순위로, 퇴직소득세 과세 대상이지만, IRP에서 인출하면 퇴직소득세를 감면받는다. 감면 비율은 실제 수령 연차 10년까지는 30%이고 11년 차부터는 40%이다.

과세이연되는 퇴직소득이 인출되는 기간에는 연금소득세 과세 기준인 연 1,500만 원에 포함되지 않으므로 신경 쓸 필요가 없다. 왜냐하면 연 1,500만 원에 포함되는 소득원천은 세액공제를 적용받은 납입금액과 운용수익이기 때문이다.

인출순서 3위 **납입금액(세액공제 有) + 운용수익**

마지막으로 인출되는 소득원천은 세액공제를 적용받은 납입금액과 운용수익이다. 이 금액은 연금소득세 과세 대상 소득으로, 연 1,500만 원 안에서 인출하면 연금소득세가 저율과세(3.3~5.5%)된다. 만약 이 금액을 초과하여 인출한다면 전액 종합과세(6.6~45%)나 분리과세(16.5%)를 선택해야 한다. 그리고 모든 연금계좌를 합산하여 연 1,500만 원 기준으로 세액공제를 적용하므로 연금계좌가 2개 이상이고 동시에 연금을 개시했다면 연 1,500만 원 안에서 인출하는 것이 절세 효과에 좋다.

퇴직 후 소득 공백 상태라면 어떤 계좌부터 인출할까? 연금소득세 저율과세 적용되는 계좌부터 인출!

퇴직 후 공적연금이 개시되기 이전까지 소득 공백 기간이 발생할 수 있는데, 이것을 '소득 크레바스(income crevasse)'라고 한다. 소득 크레바스는 직장에서 은퇴하고 공적연금을 받을 때까지 안정된 소득이 없는 기간을 의미하는데, 이 기간에 소득 공백을 무엇으로 채울지 계획을 잘 세워야 한다. 대부분 재취업을 해도 소득이 이전보다 줄어들 확률이 높지만, 생활비는 쉽게 줄어들지 않는다. 이 시점에 발생하는 소득 공백은 퇴직금이 입금된 IRP 계좌를 먼저 활용하는 것보다 세액공제를 적용받은 연금계좌에서 먼저 인출하는 것이 좋다. 왜냐하면 인출 한도 때문이다.

세액공제를 적용받은 금액과 운용이익을 인출할 경우 연금소득세 과세 기준 소득이므로 연 1,500만 원 안에서 인출했을 때 절세 효과가 크다. 반면 퇴직금이 입금된 IRP는 연 1,500만 원 이내라는 기준이 없으므로 인출 한도 면에서는 넉넉하다. 따라서 필요한 자금의 규모가 크지 않은 시점에는 연금소득세 과세 대상 재원이 포함된 연금계좌를 먼저 인출하고 필요한 자금의 규모가 커지는 시점부터는 퇴직금이 입금된 IRP를 활용하자.

퇴직연금(DB형, DC형, IRP) 중도인출의 모든 것

중도인출과 관련된 법적 제한 사항

퇴직연금은 중도인출이 매우 제한적이어서 주로 긴급한 의료비나 재해로 인한 비용, 주택구입자금 등 특수한 상황에만 허용된다.

■ 퇴직연금 중도인출 사유

중도인출 사유	신청 방법과 세부 중도인출 사유
무주택자인 가입자가 본인 명의로 주택을 구입하는 경우	매매계약서 작성일로부터 소유권 이전 등기 후 1개월 안에만 신청 가능
무주택자인 가입자가 거주를 목적으로 임대차 보증금을 부담하는 경우	임대차계약서 작성일로부터 잔금 지급 후 1개월 안에만 신청 가능
가입자(배우자 포함) 또는 부양가족이 6개월 이상 요양이 필요한 질병이나 부상을 입은 경우	연간 임금 총액의 12.5%를 초과하는 의료비를 부담하는 경우
중도인출 신청일을 기준으로 역산하여 5년 이내에 파산선고를 받은 경우	'채무자 회생 및 파산에 관한 법률'에 따라 파산선고를 받은 경우
중도인출 신청일을 기준으로 역산하여 5년 안에 개인 회생 절차 개시 결정을 받은 경우	'채무자 회생 및 파산에 관한 법률'에 따라 개인 회생 절차 개시 결정을 받은 경우
천재지변 등으로 피해를 입은 경우	고용노동부 장관이 정하여 고시하는 천재지변 등의 재난을 입은 경우
퇴직연금 담보대출을 상환하는 경우	사업주의 휴업 실시로 인한 임금 감소 또는 재난으로 인한 피해로 받은 퇴직연금 담보대출을 상환하는 경우

중도인출하면 세금 혜택은 없다!

중도인출하는 금액에는 퇴직소득세가 100% 과세된다. 중도인출 없이 퇴직 후 퇴직금을 IRP로 받고 만 55세 이후 연금 형태로 인출한다면 퇴직소득세는 실제 수령 연차에 따라 10년 차까지 30%, 11년 차부터는 40% 감면된다. 하지만 퇴직금을 중도인출할 경우에는 이런 감면 혜택을 받지 못한다.

중도인출하면 근속연수*는 초기화!

퇴직소득세를 계산할 때 세금을 공제해주는 근속연수 공제는 근속연수가 길수록 유리하다. 하지만 퇴직금을 중도인출(중간 정산)하면 근속연수는 다시 1년부터 시작해서 중도인출일부터 퇴직일까지의 기간이 적용되므로 줄어드는 근속연수에 비례하여 근속연수 공제금액은 줄어들고 퇴직소득세 부담은 증가한다.

■ **퇴직소득세 비교(입사일과 퇴직일이 같다고 가정)**

가정 1 | 퇴직금 중도인출 없이 퇴직한 경우

- 2010년 1월 1일 입사, 2025년 1월 1일 퇴직
- 근속연수 총 15년, 예상 퇴직소득 1억 5,000만 원 수령, **퇴직소득세 5,437,250원**

가정 2 | 퇴직금 중도인출 후 계속 근무하다가 퇴직한 경우

- 2010년 1월 1일 입사, 2020년 1월 1일 중도인출, 2025년 1월 1일 퇴직
- **2020년 1월 1일 중도인출**: 근속연수 10년, 중도인출금액 5,000만 원, 퇴직소득세 131만 원
- **2025년 1월 1일 퇴직**: 근속연수 5년, 퇴직금 1억 원, 퇴직소득세 9,418,750원
  → **퇴직소득세 총합**: 10,728,750원(=131만 원+941만 8,750원)

퇴직소득세 차이: 10,728,750원−5,437,250원=5,291,500원

퇴직금 중간 정산으로 인한 세금 고민 해결? 퇴직소득 세액정산 특례

퇴직소득 세액정산 특례는 퇴직금을 중간에 미리 정산했어도 최종 퇴직할 때 전체 근무기간을 인정받아 퇴직소득세를 줄일 수 있는 제도이다. 쉽게 말해서 퇴직금을 중간에 받았어도 처음부터 끝까지 계속 일한 것처럼 세금을 계산해주는 것이다.

---

* **근속연수와 퇴직소득세**: 근속연수가 길어지면 퇴직소득세 실효세율이 낮아지므로 중도인출해서 초기화될 경우에는 혜택이 사라진다.

퇴직소득 세액정산 특례를 받으려면?

- **신청 시기**: 최종 퇴직할 때 퇴직소득세를 신고하기 전에 회사에 퇴직소득 세액정산 특례 신청
- **필요한 서류**: 입사 후 지금까지 받은 퇴직금에 대한 원천징수영수증 필요. 해당 서류는 회사나 거주지 관할 세무서에서 발급 가능

주의할 점

개인별 상황에 따라 퇴직소득 세액정산 특례가 유리할 수도 있고 불리할 수도 있다. 그러므로 퇴직소득 세액정산 특례를 적용했을 때와 적용하지 않았을 때 어떤 경우가 유리한지 신중하게 비교해야 한다(세무 전문가 상담 필수).

중도인출이 불가피한 경우 손실을 줄이는 방법

주택 구입이나 질병, 사업 자금 등 부득이한 사유로 퇴직금을 중도인출해야 한다면 세액공제받은 금액와 운용이익에 대해 기타소득세 16.5%가 아닌 세법에서 정한 절차에 따라 소득세가 과세된다. 이 경우 세금 감면 혜택을 받을 수 있으므로 전문가와 상담하여 유리한 방법을 찾는 것이 좋다.

■ 부득이한 사유로 연금계좌(연금저축, IRP)에서 중도인출할 때 부과되는 세금

<table>
<tr><th>중도인출 사유</th><th>연금소득세 과세</th><th>퇴직소득세 과세</th></tr>
<tr><td>3개월 이상 요양이 필요한 의료비 지출</td><td rowspan="3">• 만 55세 이상~만 70세 미만: 5.5%
• 만 70세 이상~만 80세 미만: 4.4%
• 만 80세 이상: 3.3%</td><td rowspan="3">• 실제 수령 연차 10년 이내: 퇴직소득세 30% 감면
• 실제 수령 연차 10년 초과: 퇴직소득세 40% 감면</td></tr>
<tr><td>개인 회생, 파산 신고</td></tr>
<tr><td>천재지변</td></tr>
<tr><td>연금 가입자의 사망</td><td rowspan="3">연금계좌에서 세액공제받은 금액과 운용이익이 부득이한 사유로 인출되면 연금소득세가 과세된다.</td><td rowspan="3">퇴직금이 이전된 연금계좌에서 퇴직금 원금이 부득이한 사유로 인출되면 감면된 퇴직소득세가 과세된다.</td></tr>
<tr><td>해외 이주</td></tr>
<tr><td>연금 사업자의 영업 정지, 인가 취소, 파산</td></tr>
</table>

다음은 퇴직금을 중간 정산하거나 중도인출할 경우 퇴직소득세를 줄이는 방법과 금융소득종합과세를 스스로 계산하는 방법을 설명한 동영상이므로 참고해보자.

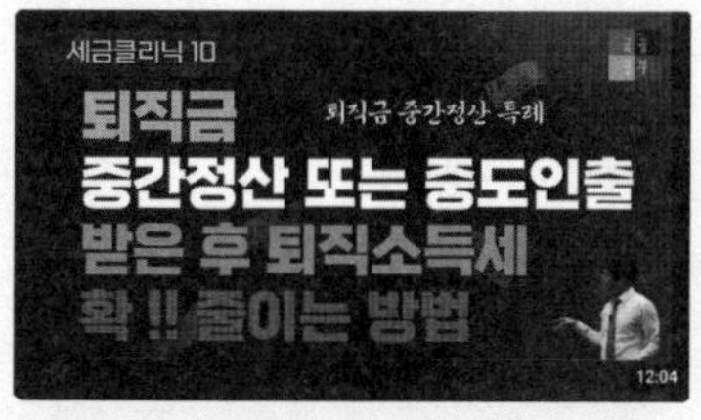

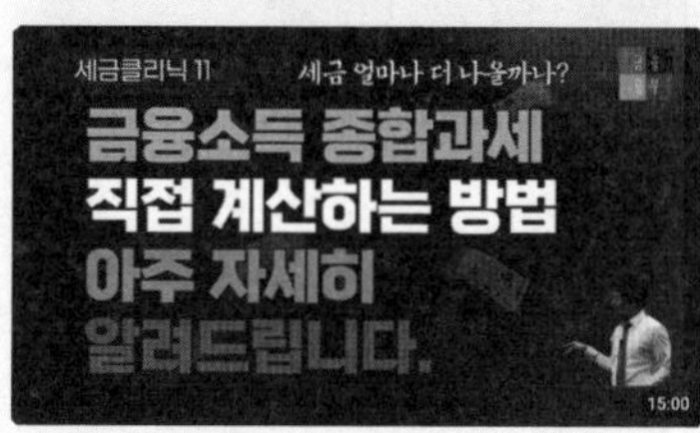

ISA 계좌 '납입' 단계에서 꼭 알아야 할 Q & A

01 **[납입]** 투자가 목적이라면? ISA 중개형을 선택할 것!

02 **[납입]** ISA 가입 5년 후 – 1억 한도 절세 통장 효과!

03 **[납입]** ISA로 예금만 굴려도 무조건 이득!(ft. 분리과세와 건강보험료)

04 **[납입]** ISA의 최강점은 200~400만 원 금융소득 비과세!

05 **[납입]** ISA 계좌 VS 연금계좌, 어떤 것부터 가입할까?

ISA 계좌 '운용' 단계에서 꼭 알아야 할 Q & A

06 **[운용]** ISA 3년 운용 – 예금 신봉자도, 배당 투자자도 대만족!
(ft. 절세는 보너스!)

07 **[운용]** ISA 배당투자 비교하기 – 개별 주식 VS 월 배당 ETF

08 **[운용]** ISA에서 월 배당 ETF 포트폴리오 만들기
(ft. 월 100만 원씩 1년 납입 → 월 85.5만 원 받기)

ISA 계좌 '인출' 단계에서 꼭 알아야 할 Q & A

09 **[인출]** 목돈이 있다면? ISA 거쳐서 연금계좌(연금저축, IRP)로 옮길 것!

10 **[인출]** ISA 만기자금 3,000만 원은 어디로 이전할까? – 연금저축 또는 IRP

11 **[인출]** 투자 이익이 포함된 ISA 만기자금은 어떻게 이전할까?

12 **[인출]** ISA를 해지하거나 만기 전에 이것만은 조심할 것!

13 **[인출]** ISA를 유지하면서 배당금만 인출하는 전략

14 **[인출]** ISA를 만기에 해지하면 건강보험료가 부과될까?

셋째 마당

월 300만 원 연금실천법 ③

ISA

ISA 계좌 '납입' 단계에서 꼭 알아야 할 Q & A

★ ISA(Individual Savings Account)는 개인종합자산관리 계좌로, 다양한 금융상품(국내 상장주식, 펀드, 파생결합증권(ELS), 예금, 적금 등)을 담아서 운용할 수 있다.

질문 1 ISA 계좌는 소득이 꼭 있어야 가입할 수 있는가?

NO! 성년이라면 소득 유무와 관계없이 누구나 ISA에 가입할 수 있다.

질문 2 ISA 계좌는 미성년자도 가입할 수 있는가?

미성년자가 ISA에 가입하려면 만 15세 이상이고 근로소득이 있어야 한다.

질문 3 ISA 계좌의 연간 납입한도는 얼마인가?

ISA 계좌에는 연간 2,000만 원까지 납입할 수 있다.

질문 4 ISA 계좌의 의무 가입기간은 얼마인가?

ISA의 의무 가입기간은 3년이고 3년 이후 해지하면 세제 혜택을 준다.

질문 5 ISA 계좌의 최대 일시금 납입금액은 얼마인가?

ISA에 가입한 후 5년이 지나면 최대 1억 원까지 납입할 수 있고 납입금액은 이월할 수 있다. 그리고 올해 미납금액은 다음 연도에 납입할 수 있다.

연간 2,000만 원 × 5년 = 1억 원(최대 납입금액)

질문 6 ISA 계좌는 어떤 세제 혜택이 있는가?

ISA는 과세 대상 매매차익과 금융소득(이자 + 배당금)이 발생할 경우 200만 원 또는 400만 원 한도로 비과세이고 비과세 초과분은 9.9% 분리과세가 적용된다.

질문 7 ISA 계좌는 어떤 유형이 있는가?

ISA 계좌에는 중개형, 신탁형, 일임형이 있다.

질문 8 ISA 계좌는 어디서 판매하는가?

은행과 증권사에서 ISA 계좌를 판매한다.

질문 9 ISA 계좌에 가입할 수 없는 사람이 있는가?

가입 직전 3개년도 중 1회 이상 금융소득 종합과세자(이자소득과 배당소득이 2,000만 원을 초과한 자)는 ISA에 가입할 수 없다.

투자가 목적이라면? ISA 중개형을 선택할 것!

투자용은 ISA 중개형, 예금용은 ISA 신탁형!

ISA 계좌에는 중개형, 신탁형, 일임형이 있지만, 간단하게 선택할 수 있다. 즉 투자가 목적이면 ISA 중개형을, 예금이 목적이면 ISA 신탁형을 선택하고 ISA 일임형은 고민도 하지 말자. 왜냐하면 일임형은 투자 성과가 미미하고 수수료도 비싸므로 선택할 필요가 없다.

■ ISA 계좌의 종류

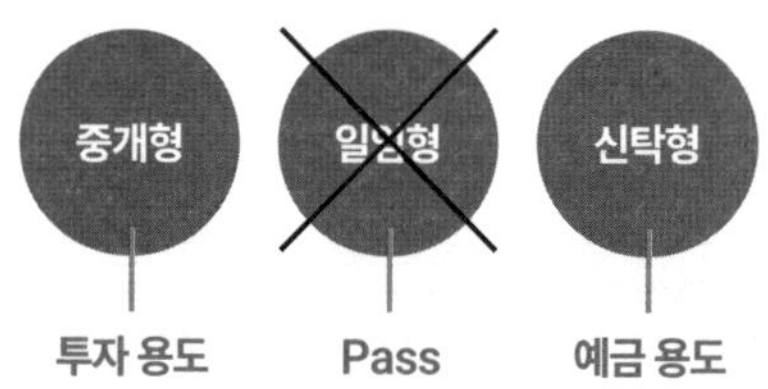

신탁형은 중개형과 비교했을 때 신탁보수 등이 부과된다. ISA 계좌 안에서 똑같은 금융상품을 매수해도 수수료는 신탁형이 더 높다. 또한 은행에서 가입하는 신탁상품의 경우에는 증권사와 달리 매수할 수 있는 투자종목이 제한되는 경우도 있다. 따라서 투자상품으로 운용할 계획이라면 중개형 ISA 계좌를 선택하면 된다.

■ ISA 유형별로 투자할 수 있는 금융상품

	투자할 수 있는 금융상품	투자방법
중개형	국내 상장주식, 펀드, ETF, 리츠, 상장수익증권, 파생결합증권, 사채, ETN(상장지수증권), RP(환매조건부채권)	투자자가 직접 상품 선택
신탁형	펀드, ETF, 리츠, 상장수익증권, 파생결합증권, 사채, ETN, 예금	
일임형	펀드, ETF 등	투자 전문가에게 운용을 맡김
※ 중개형만 증권사에서 가입 가능, 신탁형과 일임형은 증권사와 은행에서 모두 가입 가능		

'김범곤의 연금수업' 유튜브 채널*에서는 ISA 계좌에 가입할 때 금융회사를 선택하는 방법을 알려준다.

* **'김범곤의 연금수업' 유튜브 채널**: www.youtube.com/@bumgon84

ISA 가입 5년 후 – 1억 한도 절세 통장 효과!

ISA의 가입조건 – 연령, 거주, 금융소득

ISA는 성년이고 국내 거주자이면 누구나 가입할 수 있다. 미성년자는 만 15세 이상이고 근로소득이 있으면 ISA에 가입할 수 있다. 다만 가입 직전 3개년도 중 1회 이상 금융소득 종합과세자(이자소득과 배당소득이 2,000만 원을 초과한 자)는 ISA에 가입할 수 없다.

■ ISA 가입자격과 관련 사항

가입자격	• 만 19세 이상 또는 근로소득이 있는 만 15세~만 19세 미만 • 가입 직전 3개년도 중 1회 이상 금융소득 종합과세 대상자 가입 불가
의무 가입기간	3년 경과 후 해지할 경우 세제 혜택 적용(만기는 자유롭게 설정 가능)
중도인출	납입원금 한도 안에서 중도인출 가능
납입한도	연간 2,000만 원씩 5년까지 가입 가능 → 최대 1억 원(올해 미납분은 다음 연도로 이월 가능)

ISA의 최대 납입한도와 연간 납입한도

ISA의 최대 납입한도는 1억 원, 연간 납입한도는 2,000만 원이고 올해 납입하지 못한 한도는 다음 연도로 이월된다. 예를 들어 2024년 10월 1일에 ISA에 가입하고 1만 원만 납입했다. 그리고 2025년 1월 1일이 되었으면 가입한 지 1년이 지나지 않았지만 납입한도는 2024년 미납금액 1,999만 원과 2025년 납입한도 2,000만 원이 합산되어 총 3,999만 원을 납입할 수 있다.

	2024년 10월 1일(ISA 가입)	2025년 1월 1일	2026년 1월 1일	2027년 1월 1일	2028년 1월 1일
납입한도	2,000만 원	4,000만 원	6,000만 원	8,000만 원	1억 원

ISA에 가입한 후 5년이 경과하면 일시금으로 납입할 수 있는 한도는 1억 원으로 증가한다. ISA에 가입하면 결국 1억 원 한도 절세 통장을 마련하게 되는 것이다.

ISA로 예금만 굴려도 무조건 이득! (ft. 분리과세와 건강보험료)

세금도 아끼면 목돈이 된다

예금에 가입하고 만기가 되면 세금을 차감하고 이자를 주는데, 이때 차감되는 이자소득세는 15.4%이다. 즉 이자가 100만 원이면 15만 4,000원, 200만 원이면 30만 8,000원, 300만 원이면 46만 2,000원과 같이 이자소득이 증가할수록 세금도 함께 늘어난다. 그리고 금융소득(이자소득+배당소득)은 연간 1,000만 원을 초과하면 건강보험료에 영향을 주어 지역가입자가 되고 2,000만 원을 초과하면 금융소득 종합과세에 해당되어 더 많은 세금을 납부해야 한다. 그러나 ISA를 3년 동안 유지하면 발생하는 금융소득(이자소득+배당소득)에 대해서 비과세한도(200만 원 또는 400만 원)만큼은 세금이 없다. 또한 비과세한도를 초과하여 발생한 금융소득(이자소득+배당소득)에 대해서도 9.9% 세율로 분리과세를 적용해준다.

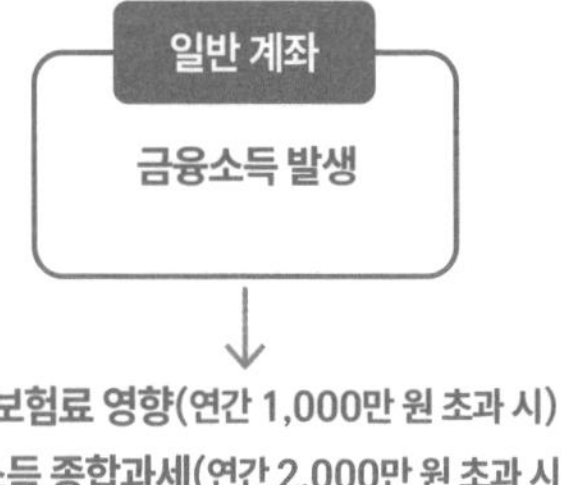

분리과세에 주목해야 하는 이유

분리과세란, 금융소득 종합과세나 건강보험료 산정 소득에 포함하지 않고 분리해서 부과하는 세금을 말한다. 분리과세의 경우 ISA 계좌를 유지하면서 발생하는 금융소득(이자소득+배당소득)은 과세이연이 된다. 따라서 이자소득세와 배당소득세가 과세되지 않다가 인출할 때 과세되므로 장기간 복리 효과를 누릴 수 있다.

ISA 계좌의 절세 효과 사례 ① - 은행 예금 비교

ISA 계좌에서 예금에 가입한 경우와 일반 은행에서 예금에 가입한 경우를 비교해보자. 가입금액 2,000만 원, 1년 만기 후 5년 동안 이자와 원금을 재투자했을 때 만기 예상금액을 비교해보면 절세 효과로 최대 71만 2,100원 차이가 난다.

■ **ISA와 일반 예금의 5년 후 절세 효과 비교** (단위: 만 원)

가입기간	만기 예상금액		차액
	ISA	일반 예금	
1년	2,080	2,067.68	12.32
2년	2,163.2	2,137.65	25.55
3년	2,250.73	2,209.99	39.74
4년	2,340.72	2,284.77	54.94
5년	2,433.31	2,362.09	**71.21**
	절세 효과	**71만 2,100원**	

예금 상품도 ISA 계좌로 굴리면 일반 계좌와 비교해서 최대 71만 2,100원 이득!

ISA 계좌의 절세 효과 사례 ② – 건강보험료 비교

이번에는 ISA 계좌와 일반 주식계좌에서 배당수익이 났을 때를 비교해보자. 일반 주식계좌에서 연 1,001만 원의 배당금을 수령한 경우 건강보험료 지역 가입자에게는 1,001만 원×7.09%=연 70만 9,000원의 건강보험료가 부과된다.* 하지만 ISA 계좌에서 배당수익이 발생했을 때는 건강보험료 산정소득에 포함되지 않는다. 즉 배당수익이 발생해도 200만 원이나 400만 원 한도로 비과세가 적용되고 비과세한도 초과분은 9.9% 분리과세 적용된다. 그리고 ISA를 해지하거나 만기 이전까지는 과세이연이 되므로 일반 주식계좌보다 ISA 계좌가 훨씬 이득이다.

---

* **금융소득과 건강보험료**: 건강보험료 직장 가입자는 보수 외 소득이 2,000만 원을 초과할 경우 초과분에 대해 건강보험료가 추가로 징수된다. 그리고 지역 가입자는 금융소득이 1,000만 원을 초과하면 전액 건강보험료가 징수된다.

ISA의 최강점은 200~400만 원 금융소득 비과세!

3년 의무 가입기간이 충족되면 비과세 혜택! ISA 세제 혜택의 범위는 소득과 관련 있다

ISA 계좌에 가입하면 국세청에서 소득정보가 금융회사로 전달되는데, 전달되기 전까지는 일반형으로 가입된다. 3년 의무 가입기간을 충족할 경우 비과세한도는 일반형은 200만 원, 서민형과 농어민형은 2배 더 많은 400만 원이다.

■ ISA 계좌의 유형별 비과세한도

<table>
<tr><th colspan="2">대상</th><th>비과세한도</th></tr>
<tr><td>일반형</td><td>서민형과 농어민형이 아닌 자</td><td>200만 원</td></tr>
<tr><td>서민형</td><td>• 총급여 5,000만 원 이하 근로자
• 종합소득 3,800만 원 이하인 자</td><td rowspan="2">400만 원</td></tr>
<tr><td>농어민형</td><td>종합소득 3,800만 원 이하인 농어민</td></tr>
<tr><td colspan="3">비과세한도를 초과할 경우 9.9% 세율을 적용해 원천징수로 분리과세</td></tr>
</table>

가입 당시에는 소득이 초과하여 일반형을 적용받았어도 향후 소득이 감소한 경우에는 서민형으로 전환할 수 있다. 서민형으로 전환하려면 소득확인증명서를 발급받아 가입한 금융회사에 제출하면 된다. 다만 비대면 제출, 서면 제출 등 금융회사마다 제출방법이 다르므로 직접 금융회사에 전화해서 문의해야 한다.

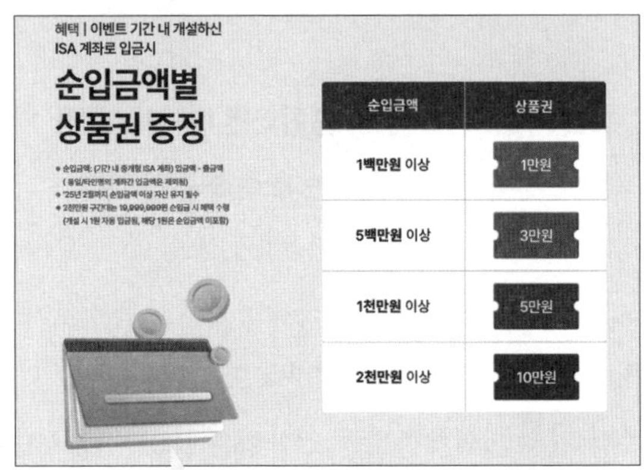

금융사별로 ISA 계좌 이벤트를
확인한 후 가입하면 좋다.

ISA 계좌 VS 연금계좌, 어떤 것부터 가입할까?

ISA 계좌의 목표가 3년 비과세가 아니라면? 최대 1억 원 납입을 목표로!

3년마다 ISA 계좌의 비과세 혜택을 받을 목적이 아니라면 최대 1억 원을 목표로 납입하기를 권장한다. 목돈이 있다면 연간 2,000만 원 한도로 납입하고 적립식이라면 ISA 계좌에서 저축하는 것도 좋은 방법이다. 물론 ISA 계좌는 3년이라는 시간이 지나야 세제 혜택을 받을 수 있지만, 납입원금을 자유롭게 중도인출할 수 있다는 것이 장점이다.

ISA 계좌는 중도인출에, 연금계좌는 세액공제에 강점! 그냥 둘 다 가입하자

"ISA 계좌와 연금계좌 중에서 무엇을 먼저 가입해야 하나요?"

이런 질문을 많이 하는데, 일단 모두 가입하면 된다. ISA 계좌는 시간이 지날수록 납입한도가 증가하니까 묵혀둘수록 그릇이 커진다.*

ISA 계좌는 납입원금을 중도인출할 수 있다는 강점이 있고 연금계좌는 납입 단계에서 세액공제를 준다는 강점이 있다. 따라서 당장 소득세를 절세하면서 장기간 운용한 후 연금 형태로 인출할 계획이라면 연금계좌를 선택하자. 다만 가까운 미래에 목돈을 인출하여 소비할 계획이 있다면 ISA 계좌를 선택해야 한다.

■ **연금계좌와 ISA 계좌를 선택할 때의 체크 사항**

	연금계좌(연금저축, IRP)	ISA 계좌
세제 혜택 반복 적용	X	○
세액공제	○	X
연금 인출	○	X
목돈 인출	X	○

* ISA 계좌의 최대 납입한도는 1억 원, 연간 납입한도는 2,000만 원이다. 올해 납입하지 못한 한도는 다음 연도로 이월되므로 가입 후 5년이 지나면 1억 원의 절세 통장이 생기는 셈이다.

ISA 계좌 '운용' 단계에서 꼭 알아야 할 Q & A

질문 1 ISA 계좌는 언제까지 운용할 수 있는가?

ISA 계좌는 평생 운용할 수 있다.

질문 2 ISA를 운용할 때 발생하는 이자소득과 배당소득은 종합소득과세에 포함되는가?

NO! ISA 계좌에서 발생하는 이자소득과 배당소득은 금융소득 종합과세 기준 금액에 포함되지 않고 비과세 및 분리과세된다.

질문 3 ISA를 운용할 때 발생하는 이자소득과 배당소득은 건강보험료에 산정되는가?

NO! ISA 계좌에서 발생하는 이자소득과 배당소득은 건강보험료가 산정되는 금융소득에 포함되지 않는다.

질문 4 ISA 상품의 3가지 유형 중 주식에 투자할 수 있는 상품은?

중개형 ISA 계좌를 선택하면 절세계좌 중 유일하게 국내 주식(국내에서 만든 해외 ETF 포함)에 투자할 수 있다.

질문 5 ISA 계좌에서 운용하기 좋은 투자 상품은 무엇인가?

ISA 계좌는 운용해서 발생하는 이자소득과 배당소득에 대한 세제 혜택이 크므로 월 배당 ETF를 추천한다.

질문 6 ISA 계좌를 3년마다 해지한 후 재가입하거나 연금계좌로 이전한다면 어떻게 운용해야 좋은가?

3년마다 연금계좌로 이전하려면 ISA 계좌에서 보유한 금융상품은 모두 매도해야 한다. 매도는 이익을 확정하는 행위이므로 손실이 발생하지 않게 보수적으로 운용하는 것이 중요하다.

ISA 3년 운용 – 예금 신봉자도, 배당 투자자도 대만족! (ft. 절세는 보너스!)

중개형 ISA 가입자 수 564만 명! 압도적 1위!

우리나라의 ISA 계좌 가입자 수는 2024년 8월 31일 기준 약 564만 명이다. ISA 유형 중 중개형에 가입한 사람은 83.08%로 가장 많고 신탁형은 14.74%, 일임형은 2.18%이고 총 투자금액은 30조 2,722억 원이다. 이렇게 많은 사람이 가입했어도 ISA 계좌를 처음 들어보거나 가입은 했지만 방치하고 활용을 못하는 분들이 많으니 이제부터 ISA 계좌 활용방법을 하나씩 살펴보자.

■ ISA 계좌 가입자 수와 투자금액 현황

(2024년 8월 31일 기준)

	신탁형 ISA			일임형 ISA			중개형 ISA			총합		
	회사 수	가입자 수 (명)	투자금액 (억원)	회사 수	가입자 수 (명)	투자금액 (억원)	회사 수	가입자 수 (명)	투자금액 (억원)	회사 수	가입자 수 (명)	투자금액 (억원)
은행	14	795,283	130,517	10	116,373	9,109	0	0	0	14	911,656	139,626
증권	15	36,530	3,255	12	6,842	440	25	4,690,825	159,400	25	4,734,197	163,096
보험	1	211	0	0	0	0	0	0	0	1	211	0
총합	**30**	**832,024**	**133,772**	**22**	**123,215**	**9,549**	**25**	**4,690,825**	**159,400**	**40**	**5,646,064**	**302,722**

자료 출처: 금융투자협회 ISA 다모아

예금 신봉자를 위한 ISA 활용법
3년간 돈이 묶이는 예금과 달리 중도인출 가능!

은행의 예금은 세금이 과세된다. 하지만 ISA 계좌의 예금은 200만 원 또는 400만 원까지 비과세*이므로 굳이 세금을 내면서까지 은행 예금에 가입할 이유가 없다. 이제 예금은 ISA 계좌에서 가입하면 된다.

"꼭 3년은 유지해야 한다면서요?"라고 질문할 수 있다. 3년은 세제 혜택이 주어지는 기간이어서 3년 후 비과세 혜택을 받을 수 있다. 그렇다고 돈이 묶이지는 않는다. ISA 계좌는 중도인출을 허용할 뿐만 아니라 납입한 원금 안에서는 모두 찾을 수 있다. 따라서 ISA 계좌를 가입했어도 중간에 돈이 필요하다면 납입한 원금 안에서 인출하면 된다.

배당 투자자를 위한 ISA 활용법
세제 혜택은 의무 가입기간 3년마다 반복 가능!

ISA 계좌에서 200만 원 또는 400만 원의 비과세 혜택을 반복해서 받으려면 3년마다 ISA 계좌를 해지했다가 다시 반복해서 재가입하면 된다. 게다가 3년이면 ISA 계좌에 최대 6,000만 원까지 납입**하면서 과

* 소득구간별로 비과세한도가 달라지는데, 이것에 대해서는 235쪽을 참고한다.

** ISA 계좌의 1년 납입한도는 2,000만 원으로, 5년간 최대 1억 원까지 납입할 수 있다.

세이연 효과도 누릴 수 있다. 과세이연은 세금이 차감되지 않은 이자소득을 합산하여 재투자하므로 복리 효과가 크다. 또한 비과세한도를 초과해도 은행의 15.4%보다 5.5% 낮은 9.9%의 세율로 분리과세되므로 ISA 계좌를 활용하지 않을 이유가 없다.

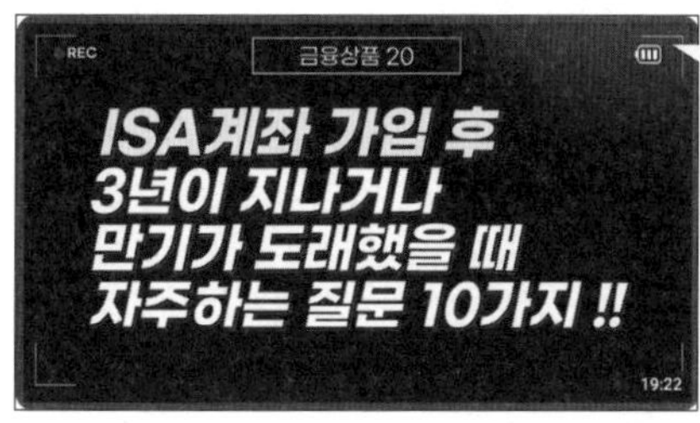

3년마다 반복해서 재가입할 경우 정기예금이나 원금 손실 없는 금리형 ETF를 활용하면 좋다.

ISA 계좌와 배당이 만나면 최고 조합!

어떤 계좌든 국내 주식의 매매차익은 비과세다. 따라서 국내 주식형 펀드의 매매차익도 비과세이고 국내 주식형 ETF의 매매차익도 비과세다. 매매차익이 투자 목적인데, 투자 대상이 국내 주식이라면 ISA 계좌를 활용할 필요가 없다.

반면 주식의 배당소득은 과세 대상 소득이다. 국내 주식에서 발생하는 배당금과 국내 주식형 펀드에서 발생하는 분배금(배당), ETF에서 발생하는 분배금(배당)은 모두 배당소득세 과세 대상 소득이다. 배당소득은 이자소득과 동일하게 15.4%의 세금이 부과되고 연간 2,000만 원을 초과하면 금융소득 종합과세에 영향을 준다. 그리고 배당소득이 1,000

만 원을 초과할 경우에는 건강보험료 지역 가입자*의 납입보험료가 오를 수 있다.

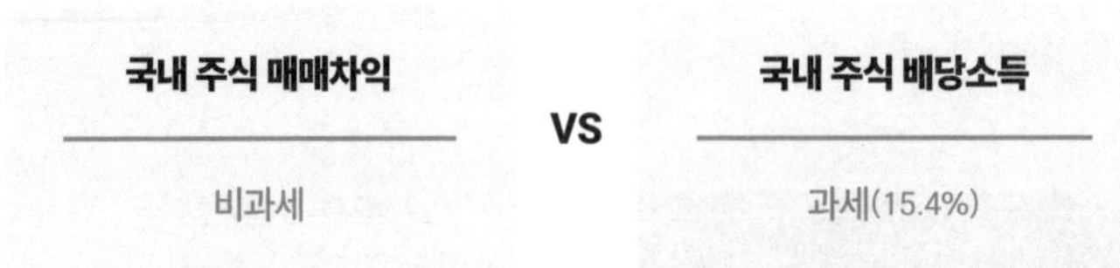

ISA 계좌에서는 배당소득세 과세이연! 다른 계좌의 배당소득은 거래할 때 금융소득종합과세와 건강보험료에 영향을 주지만, ISA는 분리과세되므로 영향이 없다.**

그러나 ISA 계좌에서 발생하는 배당소득은 인출할 때까지 과세되지 않는다. 만약 배당금을 지급받고 다시 재투자한다면 재투자할 때마다 매번 15.4%의 세금까지 추가로 투자할 수 있어서 복리 효과가 크다.

물론 3년 의무 가입기간을 꼬박 채우고 ISA 계좌를 해지할 경우에도 인출할 때 세금이 과세된다. 하지만 비과세한도(200만 원 또는 400만 원)까지는 세금이 없고 초과분에 대해서만 9.9%의 세율로 분리과세되므로 세부담이 줄어든다. 또한 ISA 계좌를 해지해서 수령하는 이자소득과 배당소득은 2,000만 원을 초과해도 금융소득 종합과세와 건강보험료에 영향을 주지 않으므로 ISA 계좌에서 장기투자를 목적으로 운용한다면 배당 중심으로 운용해야 한다.

---

* **건강보험료 지역 가입자**: 금융소득 1,000만 원을 초과할 경우 전액 건강보험료 부과

** **건강보험료 직장 가입자**: 보수 외 소득이 2,000만 원을 초과할 경우 초과분에 대해 건강보험료 부과(금융소득은 1,000만 원을 초과할 경우 보수 외 소득에 전액 합산)

tip 3년 후 연금계좌를 이전하려면? 보수적 운용 필수!

ISA 이전은 보유 상품을 매도해야 가능!(ft. 익절이냐, 손절이냐?)

3년마다 연금계좌로 이전하려면 ISA 계좌에서 보유한 금융상품을 모두 매도해야 한다. 매도는 이익을 확정하는 행위로, 이익이 발생한 금융상품은 비교적 매도가 쉽지만, 손실이 발생한 금융상품은 매도가 어렵다.*

3년이라는 기간은 투자에서 길게 느껴질 수도, 짧게 느껴질 수도 있다. 그러나 3년 동안 무조건 이익이 발생한다는 보장이 없으므로 3년마다 연금계좌로 이전할 계획이 있다면 ISA 계좌를 보수적으로 운용하는 것이 좋다. 여기에서 '보수적'이란, 원금 손실 가능성이 없는 금융상품으로 운용하거나 포트폴리오를 구성할 때 위험자산보다는 안전자산의 비중을 높게 설정하여 운용하는 것을 의미한다.

---

* ISA 계좌의 연금계좌 이전에 대해서는 256쪽을 참고한다.

ISA 배당투자 비교하기 – 개별 주식 VS 월 배당 ETF

국내 주식의 단점 – 배당일 들쭉날쭉, 투자자금 많이 필요

ISA 계좌에서 국내 주식과 월 배당 ETF 모두 배당 포트폴리오를 구성할 수 있는 좋은 방법이다. 하지만 이 2가지 방법에는 몇 가지 차이점이 있다. 주식의 경우 매수한 종목에 따라 배당 지급일이 다르고 보통 연 1회 배당을 지급하는 경우가 많아 매월 배당을 받는 포트폴리오를 구성하기가 어렵다. 또한 여러 종목을 매수할 때 1주당 배당가격이 높아 많은 투자자금이 필요할 수 있다. 반면 월 배당 ETF를 활용하면 낮은 가격에 많은 종목을 보유하면서 매월 배당금을 지급받고 제2의 월급처럼 활용하거나 매월 재투자 금액을 확보할 수 있어서 좋다.

■ 월 배당 ETF 매수 VS 개별 주식 매수 가격 비교

TIGER 은행고배당플러스TOP10	ETF 구성 종목으로 포트폴리오를 구성한 경우
1주당 14,340원	10종목 1주당 720,620원 (BNK금융지주, IB금융지주, JB금융지주, KB금융, 기업은행, 삼성생명, 삼성화재, 신한지주, 우리금융지주, 하나금융지주)

ETF 1종목을 매수하면 개별 주식 10종목을 보유한 효과와 같다.

■ TIGER 은행고배당플러스TOP10 구성 종목

(2024년 11월 1일 기준)

종목	구성 비중	현재 가격	종목	구성 비중	현재 가격
신한지주	14.71%	54,000원	JB금융지주	7.06%	17,920원
KB금융	15.28%	91,800원	BNK금융지주	6.27%	9,670원
우리금융지주	15.00%	15,750원	삼성생명	5.50%	103,800원
기업은행	14.04%	14,360원	삼성화재	4.92%	344,000원
하나금융지주	13.44%	61,100원	DGB금융지주	3.06%	8,220원
총합		**237,010원**	**총합**		**483,610원**

10종목을 1주씩 매수하려면 총 720,620원이 필요하다.

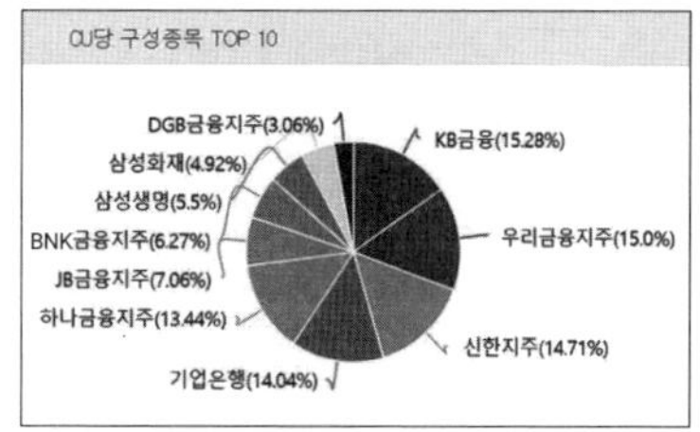

자료 출처: 네이버페이 증권(finance.naver.com)

2024년 11월 기준 우리나라에는 87개 종목의 월 배당 ETF가 상장되어 있다. 이 종목을 같은 비중으로 매수했을 때 10월 한 달 기준으로 예상되는 월 배당률은 0.58%이다. 이것은 1억 원을 매수했을 경우 월 58만 원의 배당금을 받을 수 있다는 의미다. 만약 월 0.4~0.5% 내외로 연

5~6%의 연 배당수익을 창출할 목적이라면 월 배당 ETF의 모든 종목을 매수하자. 이것은 충분히 달성할 수 있는 시나리오이다.

■ 모든 월 배당 ETF 종목을 같은 비중으로 매수했을 때의 결과 (2024년 10월 기준)

평가 항목	수익률과 분배율
직전 1개월 수익률	1.67%
직전 1개월 배당률	**0.58%**
토탈리턴 수익률	2.25%

- 토탈리턴 수익률=1개월 수익률+1개월 배당률
- **자료 출처**: '김범곤의 연금수업' 유튜브 채널(www.youtube.com/@bumgon84)

'부록'에서 소개하는 최강 월 배당 ETF 상품을 참고해서 나만의 포트폴리오를 만들어보자.

ISA에서 월 배당 ETF 포트폴리오 만들기 (ft. 월 100만 원씩 1년 납입 → 월 85.5만 원 받기)

미션 1 월 배당 ETF의 기초자산과 연간 예상 분배율 학습하기

월 배당 ETF에 투자하려면 ISA 계좌 유형은 중개형을 선택해야 한다. 그리고 본격적으로 포트폴리오를 구성하기 전에 가장 먼저 기초자산에 대해 공부하고 각 기초자산에서 얻을 수 있는 최대 목표 분배율에 대해 학습해야 한다. '김범곤의 연금수업' 유튜브 채널(www.youtube.com/@bumgon84)에서 매월 월 배당 ETF의 수익률과 분배율을 분석하고 있으니 참고한다.

■ 월 배당 ETF 기초자산에 따른 연간 최대 목표 분배율

국내 주식	SCHD	미국 주식 등	커버드콜		
			미국 주식	미국 채권	국내 주식
최대 연 6% 내외	최대 연 3.5% 내외	최대 연 3% 내외	최대 연 15% 내외	최대 연 12% 내외	최대 연 14% 내외

SCHD	국내 채권	미국 채권	인컴 (자산 배분형)	리츠 (REITs)
최대 연 3.5% 내외	최대 연 3~4% 내외	최대 연 5~6% 내외	최대 연1 5% 내외	최대 연 7% 내외

월 배당 ETF의 기초자산 목표 분배율은 말 그대로 목표일 뿐이어서 과거 지급 이력을 바탕으로 예측한다. 예를 들어 연 6% 목표 수익률을 추구한다면 월 평균 0.5% 분배율을 기대한다는 뜻이다.

미션 2 연간 목표 분배율 결정하기

월 배당 ETF는 원금 손실 가능성이 있어서 가격의 변화를 예측하기 어렵다. 하지만 연간 분배율은 과거 지급 이력을 살펴볼 때 급격한 변화가 없어서 비교적 쉽게 예측할 수 있다. 따라서 월 배당 ETF 포트폴리오를 구성할 때 연간 목표 분배율을 먼저 결정하고 이 분배율을 달성할 수 있는 기초자산과 종목을 선택해야 한다. 참고로 커버드콜 월 배당 ETF*

* **커버드콜 월 배당 ETF**: 커버드콜이 포함된 월 배당 ETF는 주식을 보유한 상태에서 콜옵션을 매도하여 옵션 프리미엄을 받고 이 돈으로 월 분배금을 지급한다. 이 상품은 주식이 하락해도 분배금으로 손실을 보충하기 위해 탄생했는데, 이것에 대해서는 279쪽을 참고한다.

의 포함 여부에 따라 목표 분배율 수준이 달라진다는 것을 고려하자.

■ **커버드콜 월 배당 ETF*의 목표 분배율**

목표 분배율	커버드콜 포함 여부
연 6% 내외	X
연 6% 초과~최대 연 15%	○

미션 3 월 배당 ETF 기초자산의 투자 비중 결정하기

월 배당 ETF 10종목의 기초자산에 각각 10%의 투자 비중으로 포트폴리오를 구성하기로 결정했으면 예상할 수 있는 연간 목표 분배율은 8.55%이다(252쪽 표 참고). 포트폴리오 연간 목표 분배율은 각 기초자산에 해당하는 ETF 종목의 예상 분배율과 투자 비중을 곱한 후 이것을 모두 합산하여 계산할 수 있다.

이때 연간 목표 분배율이므로 1년 동안 지급받은 분배금이 실제 목표 분배율만큼 지급되었는지를 파악해야 한다. 만약 목표에 도달하지 못했으면 원인을 분석해서 새로운 종목으로 포트폴리오를 수정할지, 계속 유지할지의 여부를 결정해야 한다.

* 커버드콜 ETF의 특징에 대해서는 112쪽을 참고한다.

■ 월 배당 ETF 10종목의 기초자산에 대한 연간 목표 분배율

<table>
<tr><th colspan="2">월 배당 ETF의 기초자산</th><th>투자 비중</th><th>(연) 목표 분배율</th><th>포트폴리오
(연) 목표 분배율</th></tr>
<tr><td colspan="2">국내 주식</td><td>10%</td><td>6.0%</td><td rowspan="10">8.55%</td></tr>
<tr><td colspan="2">SCHD</td><td>10%</td><td>3.5%</td></tr>
<tr><td colspan="2">미국 주식 등</td><td>10%</td><td>3.0%</td></tr>
<tr><td rowspan="3">커버드콜</td><td>미국 주식</td><td>10%</td><td>15.0%</td></tr>
<tr><td>미국 채권</td><td>10%</td><td>12.0%</td></tr>
<tr><td>국내 주식</td><td>10%</td><td>14.0%</td></tr>
<tr><td colspan="2">국내 채권</td><td>10%</td><td>4.0%</td></tr>
<tr><td colspan="2">미국 채권</td><td>10%</td><td>6.0%</td></tr>
<tr><td colspan="2">인컴(자산 배분형)</td><td>10%</td><td>15.0%</td></tr>
<tr><td colspan="2">리츠(REITs)</td><td>10%</td><td>7.0%</td></tr>
</table>

미션 4 기초자산에 맞는 ETF 종목 선택하기

연간 목표 분배율을 달성할 수 있는 월 배당 ETF 종목을 선택한다. 월 배당 ETF는 기초자산과 종목에 따라 목표 분배율 수준이 다를 수 있고 비슷한 목표 분배율을 지급하는 종목도 있다.

ETF 종목을 선택하는 1가지 팁은, 같은 기초자산으로 운용되는 종목을 중복 선택하여 매수할 필요가 없다는 것이다. 예를 들어 기초자산이 SCHD인 5종목이 있는데, 이 모든 종목을 ISA 계좌에 담아 운용할 필요

가 없다. ETF를 활용한 장기투자에서 중요한 것은 분산투자, 즉 자산 배분이다. 따라서 기초자산이 서로 다른 종목을 혼합하여 포트폴리오를 구성해야 장기적으로 운용하는 데 매우 유용하다.

■ 기초자산에 맞게 분산투자한 ETF 종목

<table>
<tr><th colspan="2">기초자산</th><th>ETF 종목</th><th>매수비중</th><th>매수금액</th><th>목표 분배율</th></tr>
<tr><td colspan="2">국내 주식</td><td>TIMEFOLIO Korea플러스배당액티브</td><td>10%</td><td>100만 원</td><td>연 6.00%</td></tr>
<tr><td colspan="2">SCHD</td><td>TIGER 미국배당다우존스</td><td>10%</td><td>100만 원</td><td>연 3.40%</td></tr>
<tr><td colspan="2">미국 주식 등</td><td>RISE 미국S&P배당킹</td><td>10%</td><td>100만 원</td><td>연 3.09%</td></tr>
<tr><td rowspan="3">커버드콜</td><td>미국 주식</td><td>TIGER 미국S&P500타겟데일리커버드콜</td><td>10%</td><td>100만 원</td><td>연 15.00%</td></tr>
<tr><td>미국 채권</td><td>KODEX 미국30년국채타겟커버드콜(합성 H)</td><td>10%</td><td>100만 원</td><td>연 12.00%</td></tr>
<tr><td>국내 주식</td><td>RISE 200위클리커버드콜</td><td>10%</td><td>100만 원</td><td>연 12.16%</td></tr>
<tr><td colspan="2">국내 채권</td><td>RISE 금융채액티브</td><td>10%</td><td>100만 원</td><td>연 4.09%</td></tr>
<tr><td colspan="2">미국 채권</td><td>KODEX iShares미국투자등급회사채액티브</td><td>10%</td><td>100만 원</td><td>연 3.97%</td></tr>
<tr><td colspan="2">인컴(자산 배분형)</td><td>KODEX 테슬라커버드콜채권혼합액티브</td><td>10%</td><td>100만 원</td><td>연 15.00%</td></tr>
<tr><td colspan="2">리츠(REITs)</td><td>TIGER 리츠부동산인프라</td><td>10%</td><td>100만 원</td><td>연 8.03%</td></tr>
<tr><td colspan="2">총합</td><td></td><td>100%</td><td>1,000만 원</td><td>연평균 목표 분배율 8.27%</td></tr>
</table>

운용자금 1,000만 원을 기초자산이 서로 다른 월 배당 ETF 10종목에 각각 10%씩 매수 → 월평균 68,950원의 배당금이 발생하고 연간 827,400원의 배당금 수령을 예상할 수 있다. ETF 종목의 과거 연간 분배율은 각 자산 운용사의 홈페이지와 ETF CHECK 애플리케이션에서 확인할 수 있다.

ISA 계좌 '인출' 단계에서 꼭 알아야 할 Q & A

질문 1 ISA 계좌는 해지하면 재가입할 수 있는가?

YES! ISA는 언제든지 재가입할 수 있다. 단 가입 직전 3개년도 중 1회 이상 금융소득 종합과세자(이자소득과 배당소득이 2,000만 원을 초과한 자)에 해당하면 가입할 수 없다.

질문 2 ISA 계좌 중도인출 금액은 얼마나 가능한가?

ISA 계좌에 가입한 후 납입원금 안에서 자유롭게 중도인출할 수 있다.

질문 3 ISA 계좌를 만기까지 보유한 후 언제까지 손익을 확정해야 하는가?

ISA 계좌를 만기까지 보유하면 만기 후 30일 이내 손익을 확정해야 하고(매도) 손익이 확정된 경우에만 세제 혜택을 받을 수 있다.

질문 4 ISA 계좌가 만기된 경우 세제 혜택을 적용하는 기준은 '순이익'인가?

YES! '이익 – 손실 = 순이익'에 대해서만 세제 혜택을 제공받을 수 있다.

목돈이 있다면? ISA 거쳐서 연금계좌(연금저축, IRP)로 옮길 것!

ISA와 연금계좌를 활용하면 시너지 효과 껑충!

앞에서 연금계좌(연금저축, IRP)와 ISA를 함께 운용하면 이득이 많다고 강조했는데, 연금계좌의 특징을 다시 한번 더 떠올려보자. 연금계좌의 연간 납입한도는 연 1,800만 원이고 세액공제한도는 최대 900만 원이다. 남들보다 노후를 늦게 준비하기 시작했다면 연간 납입할 수 있는 한도가 1,800만 원이므로 더 넣고 싶어도 한계가 있다. 그래서 목돈이 있어도 매년 1,800만 원씩 넣으면서 연금계좌로 돈을 옮기는 경우가 있다.

하지만 이 경우 ISA를 활용하면 되므로 크게 걱정할 필요가 없다. ISA 계좌를 3년 이상 보유하고 해지하거나 만기가 도래했을 때 손익정산을 완료한 후 그 자금을 연금계좌로 이전하면 목돈을 옮기면서 추가 세제 혜택까지 받을 수도 있기 때문이다.

■ 연금계좌의 연간 납입한도와 세액공제한도

	연금계좌		합산 한도 MAX(①, ②)
	연금저축 ①	IRP 계좌 ②	
연간 납입한도	1,800만 원		-
세액공제한도	600만 원	900만 원	900만 원

연금계좌는 세제공제 혜택 때문에 납입한도가 있지만, ISA는 납입한도 제한이 없다.

ISA 만기자금 → 연금계좌로 옮기면 초과납입 가능!

ISA 만기자금을 연금계좌로 이전하면 연금계좌 납입한도 연 1,800만 원을 초과해서 납입할 수 있다. 그리고 연금계좌 이전 금액의 10%, 최대 300만 원까지 추가 세액공제가 인정되므로 연금저축으로 이전했을 때 최대 900만 원(600만 원+300만 원), IRP 계좌로 이전했을 때 최대 1,200만 원(900만 원+300만 원)까지 세액공제 납입액으로 인정받을 수 있다. 자, 정리해보자. ISA 계좌 만기자금을 연금계좌로 이전하면 다음 4가지 혜택이 있다.

① 연금계좌 납입한도가 증가한다. → 연 1,800만 원 + ISA 계좌 만기자금

② 연금계좌 세액공제한도가 증가한다. → ISA 계좌 만기자금의 10%, 최대 300만 원 추가 세액공제

③ 이전된 ISA 계좌의 만기자금 중 세액공제 미적용 금액은 연금계좌의 세액공제 이월을 신청할 수 있다. → 다음 연도 연금계좌의 세액공제 납입액으로 활용

④ ISA 계좌의 만기자금 중 세액공제 미적용 금액은 연금 개시 전에 비과세로 인출할 수 있다. → 단 연금저축만 가능

ISA 계좌 → 연금계좌로 옮겼을 때의 혜택 총정리

여기서 끝이 아니다. 연금계좌로 이전한 ISA 만기자금은 금액이 초과할 경우 다음 연도 연금계좌의 세액공제 납입액으로 인정받을 수 있다. 참고로 세액공제를 적용받지 않은 납입액만큼은 세금 없이 중도인출할 수 있다. 단 연금 개시 전 중도인출할 수 있는 연금계좌는 연금저축만 가능하다. 왜냐하면 IRP는 퇴직연금으로 분류되므로 중도인출할 경우 무주택자인 가입자가 본인 명의로 주택을 구입하거나 가입자 또는 배우자가 6개월 이상 요양이 필요한 질병 및 부상을 입은 경우 등 특별한 사유가 필요하기 때문이다.

퀴즈 1 ISA 만기자금 3,000만 원을 연금계좌(연금저축, IRP)로 이전했을 때 연간 납입한도는?

[정답 1] ISA 만기자금을 연금계좌로 이전할 경우 연간 납입한도 3,000만 원을 그대로 추가 인정받고 연금계좌(연금저축, IRP)와 합쳐서 연간 납입한도 1,800만 원까지 인정받는다. 따라서 연금계좌로 이전하는 당해에는 총 4,800만 원(=3,000만 원+1,800만 원)까지 연금저축 납입액으로 인정된다.

퀴즈 2 ISA 만기자금 3,000만 원을 연금저축으로 이전했을 때 세액공제 총액은?

[정답 2] 먼저 ISA에서 연금저축으로 3,000만 원을 이전할 경우 이전금액의 10%인 300만 원을 세액공제받는다. 여기에 추가로 연금저축의 세액공제한도 600만 원이 인정되면 총 900만 원의 세액공제를 받을 수 있다.

퀴즈 3 ISA 만기자금 3,000만 원을 IRP로 이전했을 때 연간 세액공제한도는?

[정답 3] ISA 만기자금 3,000만 원을 IRP로 이전하면 이전금액의 10%인 300만 원을 세액공제로 인정받는다. 그리고 IRP 계좌의 세액공제 한도 900만 원이 인정되면 총 1,200만 원의 세액공제를 받을 수 있다.

퀴즈 4 ISA 만기자금 3,000만 원을 연금저축으로 이전했을 때 연간 세액공제한도는?

[정답 4] ISA 만기자금 3,000만 원을 연금저축으로 이전하면 3,000만 원의 10%인 300만 원을 세액공제로 인정받는다. 그리고 연금저축의 세액공제한도 600만 원이 인정되면 총 900만 원의 세액공제를 받을 수 있다.

ISA 만기자금 3,000만 원은 어디로 이전할까? –연금저축 또는 IRP

IRP는 세액공제 유리, 연금저축은 중도인출 유리 2가지 장점을 모두 활용한다면?

연금계좌에는 연금저축과 IRP가 있다. 그래서 ISA 만기자금을 연금계좌로 이전할 때 선택의 갈림길에 선다. 왜냐하면 세액공제한도 면에서는 IRP 계좌가, 중도인출 면에서는 연금저축이 유리하기 때문이다.* 그렇다면 이 2가지 혜택을 모두 충족할 수 있는 이전 방법은 없을까? 있다. 다음 사례를 살펴보자.

ISA 만기자금 3,000만 원 이전 시나리오

A 씨는 연금저축과 IRP를 모두 보유하고 있고 올해 납입금액은 따로

* 연금저축의 세액공제액 한도는 600만 원, IRP의 세액공제액 한도는 900만 원이다.

없었지만 마침 ISA 만기가 다가와 3,000만 원을 찾을 수 있다. 그렇다면 이것을 어디로 이전해야 연금 수령액을 높이면서 세금을 줄일 수 있을까? 필자가 제안하는 시나리오는 다음과 같다.

① 2,700만 원은 연금저축으로 이전하고
② 300만 원은 IRP 계좌로 이전한다.
③ 이렇게 하면 ISA 만기에 연금저축으로 이전할 때 10% 세액공제 혜택을 받아 총 300만 원(=3,000만 원×10%) 세액공제를 적용받을 수 있다.
④ IRP 계좌에는 300만 원이 입금액으로 인정되고 연금저축에는 2,700만 원의 납입액이 인정되어 연금저축에서는 600만 원을, IRP 계좌에서는 300만 원을 세액공제받아 총 900만 원의 세액공제를 적용받는다.
⑤ 결과적으로 ISA 만기자금을 연금저축에 이전하여 받은 세액공제 300만 원까지 합치면 총 1,200만 원의 세액공제를 적용받는 셈이다.

여기서 끝이 아니다.

⑥ ISA 계좌에서 연금계좌로 이전된 총 3,000만 원 중 10%인 300만 원은 추가 세액공제를 적용받는다. 여기에 연금저축에서 세액공제 600만 원과 IRP 계좌에서 세액공제 300만 원을 받으므로 세액공제받은 총액은 1,200만 원이 된다. 반대로 세액공제를 받지 않은 나머지 1,800만 원은 다음 연도에 세액공제 미적용금액으로 인정받고 인출하거나 다음 연도의 연금계좌 세액공제 금액으로 활용할 수 있다.

ISA 만기자금 3,000만 원

↓

③ 연금저축으로 이전할 경우 300만 원 세액공제

① 연금저축에 2,700만 원 입금

② IRP에 300만 원 입금

↓ ↓

600만 원 세액공제

300만 원 세액공제

④ 900만 원(=600만 원+300만 원) 세액공제

⑤ 총 1,200만 원(=900만 원+300만 원) 세액공제

⑥ 다음 해 세액공제 미적용 금액

3,000만 원-300만 원-600만 원-300만 원=1,800만 원

중도인출 또는 다음 연도에 세액공제 활용 가능

tip ISA 만기가 10년인데 만기일 전에 연금계좌로 이전할 수 있을까?

ISA 계좌에서 연금계좌로 이전할 때 종종 오해가 발생한다. 흔히 'ISA 계좌 만기자금의 이전'이라고 표현해서 만기일 전에는 연금계좌로 이전하지 못한다고 생각하는 경우가 많은데, 절대 아니다. 연금계좌는 ISA 계좌 의무 가입기간인 3년을 경과하면 언제든지 이전할 수 있다.

투자 이익이 포함된 ISA 만기자금은 어떻게 이전할까?

ISA 만기자금 6,600만 원 이전 시나리오

1단계	→	2단계
이익 발생 소득세 차감하기		ISA 계좌 → 연금계좌로 이전하기

1단계 **이익 발생 소득세 차감하기**

B 씨가 ISA 계좌에 매년 2,000만 원씩 3년을 납입했다고 가정하면 3년 후 6,000만 원이 된다. 여기에 600만 원의 이익이 발생했다면 만기자금은 6,600만 원이고 이익이 발생했으므로 손익계산이 필요하다. 먼저 B 씨가 개설한 ISA 종류는 일반형으로, 200만 원의 비과세 혜택을 받고 비과세한도 초과분에 대해서는 9.9%의 세율로 분리과세 처리되어 해지했을 때 6,560만 4,000원이 입금된다.

■ ISA 계좌에 연 2,000만 원씩 3년 납입 후 해지했을 때의 만기자금

총 만기자금	60,000,000원(원금)+6,000,000원(이자)=66,000,000원
과세 대상 이익	6,000,000원(이자)−2,000,000원(비과세)=4,000,000원
소득세	4,000,000원(과세 대상 이익)×9.9%(분리과세)=396,000원
해지 후 만기자금	66,000,000원(총 만기자금)−396,000원(소득세)=**65,604,000원**

2단계 ISA 계좌 → 연금계좌로 이전하기

다음 순서는 ISA 계좌에 입금된 6,560만 4,000원을 연금계좌로 이전하는 것이다. 돈을 이체하기 전에 먼저 이전하려는 연금계좌의 금융회사에 ISA 계좌의 만기자금 이전 신청을 해야 한다. 온라인 신청 서비스는 제공하지 않으므로 금융회사에 직접 방문하거나 고객센터에 전화해서 이전을 신청하면 된다.

만기자금 이전을 신청한 후 ISA 계좌 만기자금을 연금계좌로 이체할 때는 전부 또는 일부만 이체할 수도 있고 여러 개의 연금계좌에 가입한 경우에는 목적에 맞게 나누어서 이체할 수도 있다. 예를 들어 만기자금 6,560만 4,000원 중 3,000만 원은 연금계좌 A로, 나머지 3,560만 4,000원은 연금계좌 B로 이전할 수 있다. 또는 3,000만 원만 연금계좌 A로 이전하고 나머지 자금은 자유롭게 인출하여 활용할 수도 있다. 이와 같이 ISA 계좌의 만기자금을 이전하는 경우의 수는 매우 다양하므로 각자의 상황에 맞게 진행하면 된다.*

---

* ISA 계좌의 만기자금을 이전했을 때의 세액공제에 대해서는 258쪽을 참고한다.

ISA를 해지하거나 만기 전에 이것만은 조심할 것!

세제 혜택을 받으려면 매도 후 현금화 필수!
금융상품 보유 시 일반과세 15.4% 적용!

ISA의 세제 혜택을 받으려면 ISA를 해지하거나 만기 전에 손익이 확정되어야 한다. 즉 모두 현금화해야 한다는 말이다. 왜냐하면 손익이 확정되지 않은 금융상품을 해지하기 전이거나 만기 전이라면 세제 혜택에서 제외되고 일반과세 15.4%로 처리되기 때문이다.

ISA 계좌에서 정기예금에 가입한 경우 ISA 계좌의 만기와 예금의 만기는 다를 수 있다. 예를 들어 ISA 계좌의 만기가 8개월 남은 시점에서 1년 만기 정기예금에 가입했다면 ISA 계좌의 만기가 도래하면서 정기예금이 자동으로 해지되어 약정된 이자를 지급받지 못할 수도 있다.

배당금을 지급하는 금융상품을 매수한 경우도 마찬가지다. 보통 국내 주식의 경우 배당 지급일이 회사마다 다르지만, 1년에 한 번 배당금을 지급하는 회사도 있다. 그리고 ETF(상장지수펀드) 종목은 연 배당, 분

■ 예금의 중도해지 이율

	보유기간	중도해지 이율 계산방법
중도해지 이율	1개월 미만	0.1%
	1~3개월 미만	0.1%
	3개월 이상~6개월 미만	기본이율×50%×보유일 수/계약일 수
	6개월 이상~9개월 미만	기본이율×70%×보유일 수/계약일 수
	9개월 이상~11개월 미만	기본이율×80%×보유일 수/계약일 수
	11개월 이상	기본이율×90%×보유일 수/계약일 수
최저이율	3개월 이상	0.15%

자료 출처: 국민은행 홈페이지(www.kbstar.com)

기 배당, 월 배당 등 다양하게 배당금을 지급하므로 ISA 계좌의 만기시점과 해지시점은 보유 종목의 배당금 지급시점보다 늦는 것이 좋다. 만약 만기시점과 해지시점을 늦출 수 없다면 ISA 계좌의 만기를 연장하면 된다.

금융소득 종합과세자라면 ISA 가입 불가능! ISA 만기 연장은 최대 80년까지 가능

최초 가입할 때 설정한 만기 이상으로 ISA 계좌를 유지하려면 만기를 연장하면 된다. 만기 연장은 ISA 계좌 만기일 3개월 전부터 신청할 수 있다. 만기일을 연장한다고 해서 ISA 계좌 세제 혜택을 위한 의무 가입기간이 늘어나는 것은 아니다.

만기 연장 이후에는 언제든지 해지해도 가입일로부터 3년만 경과하면 ISA 계좌의 세제 혜택을 받을 수 있다. 다만 ISA 계좌의 만기를 연장하기 전 금융소득 종합과세(이자소득과 배당소득이 2,000만 원 초과)에 해당할 경우에는 만기를 연장할 수 없다. 이 경우 신규 가입은 금융소득 종합과세 발생 3년 후부터 가능하므로 ISA 계좌를 장기간 유지하려면 금융소득 종합과세가 발생하지 않도록 금융소득 발생시점에 분산 또는 증여를 통해 명의를 분산하는 것이 좋다. 아니면 애초에 ISA 계좌에 가입할 때 만기는 최대한 길게 설정한다. 그러면 보유기간 중 금융소득 종합과세에 해당해도 ISA 계좌에 납입한 최대 1억 원의 자금은 세제 혜택을 유지하면서 장기간 운용할 수 있다.

이미 ISA를 개설했다면 절대 해지하지 말 것!

연차별 2,000만 원씩 최대 1억 원 납입한도 증가

과거에는 ISA의 필요성을 크게 느끼지 못하면서 개설한 경우도 많았다. 그래서 국내 주식 투자를 원하는데 ISA 신탁형에 가입한 경우도 있고, 예금으로 운용하려고 했지만 ISA 중개형으로 가입하는 경우도 있다. 하지만 어떤 상황에서든지 절대로 ISA를 해지하면 안 된다.

ISA는 가입 후 연도가 바뀔 때마다 납입한도가 2,000만 원씩 최대 1억 원까지 증가한다. 예를 들어 가입한 지 3년 된 ISA 계좌 신탁형을 국내 주식투자를 위해서 해지하고 다시 ISA 계좌 중개형으로 재가입하는 경우 납입한도는 6,000만 원에서 2,000만 원으로 줄어든다. 하지만 ISA 계좌의 이전 신청을 하면 가입일과 납입한도를 그대로 유지하면서 금융회사와 ISA 계좌의 유형을 변경할 수 있다.

ISA 유형을 변경하고 싶다면? 신규 개설보다 ISA 계좌를 이전하자

ISA 계좌를 옮기려면 이전하려는 금융회사의 이전용 ISA 계좌를 개설한 후 이전 신청을 하면 된다. 이 과정은 간단하지만, ISA 계좌를 이전하려면 이미 가입한 ISA 계좌의 금융상품을 모두 매도한 후 현금화해야 한다는 사실을 꼭 기억하자.

ISA를 유지하면서 배당금만 인출하는 전략

ISA 배당금 = 예수금(현금성 자산)으로 입금되는 운용이익

ISA의 납입한도 1억 원을 모두 채우고 월 배당 ETF를 매수하여 월 1%의 배당을 지급받는다고 가정해보자. 이 경우 월 100만 원의 배당금이 입금될 것이다. 이후 배당금을 인출해야 하는데, ISA에서 배당금의 소득원천은 운용이익이므로 원칙적으로는 중도인출이 안 된다고 생각할 것이다. 왜냐하면 ISA의 중도인출은 납입원금에 대해서만 해지 없이 인출할 수 있다고 했기 때문이다.

이 경우 '운용이익인 배당금 인출은 ISA를 해지했을 때만 가능하다.'라고 생각할 수 있다. 그러나 ISA의 배당금은 예수금, 즉 현금성 자산으로 입금되고 중도인출 한도를 조회해보면 금융상품에 매수되어 있지 않은 예수금이 인출 한도로 나타난다. 따라서 입금되는 배당금은 운용이익으로 잡히지만, 중도인출하면 ISA 계좌에서는 납입원금의 인출로 인식해서 배당금만큼의 납입원금을 중도인출할 수 있는 것이다.

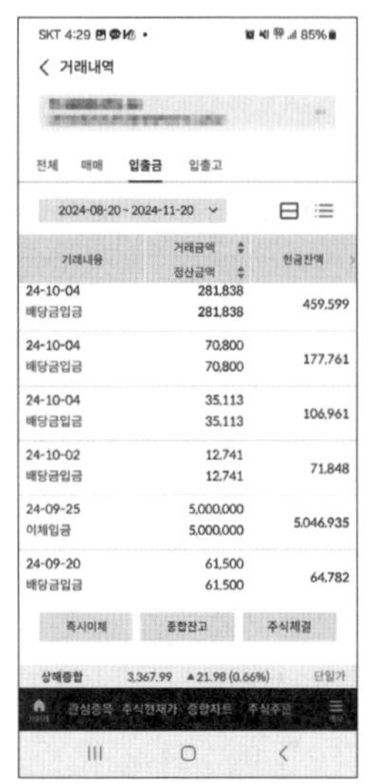

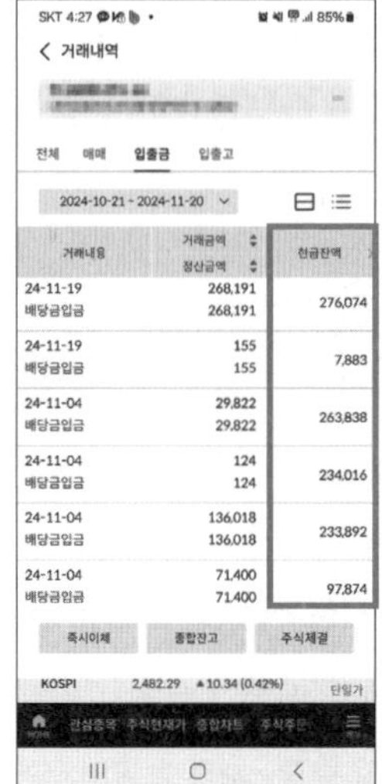

배당금이 입금되면 현금 잔액이 증가한다.

ISA 계좌에서 종목 매도 없이 배당금만 인출할 수 있을까?

'ISA 계좌에서 배당금만 인출'을 정확하게 표현하면 'ISA 계좌에서 배당금만큼의 원금인출'인데, 이것에 대해 좀 더 자세히 살펴보자.

① ISA 계좌 1년 차에 2,000만 원을 납입하고 월 1% 20만 원을 배당받는 월 배당 ETF를 매수한다.

② 다음 달 월 1%인 20만 원이 배당금으로 입금되면 그 돈은 예수금으로 들어온다.

③ 예수금을 지급받고 중도인출 가능 금액을 조회하면 배당금에서 미징수 보수/세금(상품을 매매할 때 발생하는 보수. 매매할 때 즉시 차감되지 않으므로 '매매일부터 결제일 사이'에 발생)을 제외한 돈을 인출할 수 있다.

④ 인출이 완료되면 배당금만큼의 돈을 인출한 것이지만, ISA 계좌에는 납입원금의 인출로 인식되므로 결국 배당금만큼의 납입원금이 인출되는 것이다.

ISA를 만기에 해지하면 건강보험료가 부과될까?

ISA 혜택 중 하나, 건강보험료 감면!

우리가 절세금융상품을 공부하는 이유 중 하나는 건강보험료 감면 혜택 때문이다.

건강보험료에 합산되는 금융소득 기준 금액은 직장 가입자와 지역 가입자 모두 1,000만 원이다. 예를 들어 999만 원의 금융소득이 발생했다면 직장 가입자와 지역 가입자의 건강보험료를 산정할 때 반영되는 금융소득은 0원이다. 반면 금융소득 1,001만 원이 발생한 경우 직장 가입자는 금융소득 외 999만 원의 추가 소득이 발생했을 때 건강보험료가 추가로 부과되지만, 지역 가입자는 1,001만 원에 대해서 연 7.09%의 건강보험료가 부과된다.

금융소득(이자소득세와 배당소득세 15.4%가 과세된 재원) = 이자소득 + 배당소득

■ 금융소득과 건강보험료의 관계

직장 가입자(건강보험료 외 장기요양보험료 0.9182% 부과)의 보수 외 소득
• **보수 외 소득 2,000만 원을 초과할 경우**: 초과분×연 7.09% • **이 중 금융소득이 1,000만 원을 초과할 경우**: 보수 외 소득에 포함

지역 가입자의 건강보험료 산정방법(건강보험료 외 장기요양보험료 0.9182% 부과)		
사업소득	100%	
금융소득	**1,000만 원을 초과할 경우**	• 연 7.09% • 장기요양보험료(0.9182%) 추가 부담
기타소득	100%	
일시근로	50%	
연금소득	공적연금소득 50%	
재산	60등급 점수당 금액×208.4원	

건강보험료에 포함되는 금융소득 기준 금액은 1,000만 원부터이고 이 중에서 이자소득세와 배당소득세 15.4%가 과세된 재원이 합산된다.

ISA 만기 시 금융소득은 건강보험료에 포함 ×

ISA 만기자금은 손익통산되어 200만 원이나 400만 원 한도로 비과세되고 비과세한도 초과분에 대해서는 9.9%의 세율로 분리과세된다. 예를 들어 ISA 만기에 1,000만 원의 이익이 발생했다면 비과세한도를 초과한 800만 원이나 600만 원은 과세 대상 소득이 되지만, 9.9%로 분리과세 처리되는 소득은 무조건 분리과세 대상 소득으로, 건강보험료에 산정되는 금융소득에 포함되지 않는다. 따라서 ISA가 만기되어 해지할 경우 건강보험료나 금융소득 종합과세 대상 소득에 금융소득이 포함될지 걱정할 필요가 없다.

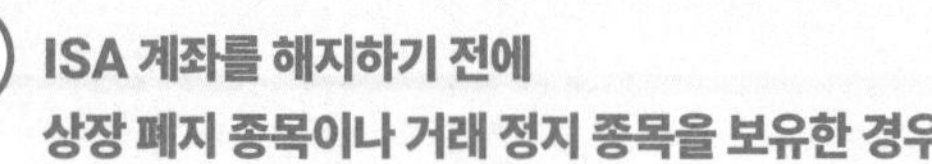

ISA 계좌를 해지하기 전에 상장 폐지 종목이나 거래 정지 종목을 보유한 경우

ISA 중개형에서는 국내 주식을 매매할 수 있는데, 흔한 경우는 아니지만 투자한 종목이 상장 폐지되거나 거래 정지될 수 있다.

1. 상장 폐지된 종목을 보유한 상태에서 ISA 계좌를 해지해야 할 경우

정리 매매를 통해 상장 폐지 전에 미리 매도하여 손익을 확정하거나 해지시점에 매도 처리해서 매도 대금을 입금받을 수 있다. 따라서 거래하는 금융회사에 관련 내용을 꼭 문의해야 한다.

2. 거래 정지된 종목을 보유한 상태에서 ISA 계좌를 해지해야 할 경우

주식 평가금액에서 보유 종목을 제외하고 나머지 평가금액에 대해 손익 정산이 이루어진다. 이후 거래 정지가 풀려 다시 거래할 수 있어도 발생하는 손익에 대해서는 세제 혜택을 받을 수 없다.

넷째
마당

생애주기별 월 300만 원 연금 만들기

(ft. 20대부터 50대까지, 월급쟁이부터 자영업자까지!)

국민연금으로 월 100만 원을 수령하려면?

납입기간만큼 납입금액도 늘려야!

추후납부제도, 반환일시금 반납제도, 연기연금제도 활용

국민연금에 20년 이상 가입하고 노령연금을 수령하는 전체 수급자의 월평균 연금액이 100만 원을 넘었다. 반면 국민연금의 가입기간은 20년이지만, 월평균 100만 원을 수령하지 못하는 수급자는 전체 52%이다. 이 통계를 통해 연금의 가입기간도 중요하지만, 결국 월 납입금액을 늘려야 더 많은 연금액을 확보할 수 있다는 사실을 알 수 있다.

국민연금의 예상 수령액은 가입기간과 납입한 연금보험료에 비례한다. 여기서 추가로 더 많은 연금액을 확보하려면 과거 납입하지 못한 기간에 해당하는 국민연금 보험료를 납부하면 된다. 즉 가입기간을 인정해주는 추후납부제도를 이용하거나, 반환일시금을 수령했다면 국민연금공단(www.nps.or.kr)에 다시 반환하여 과거 가입기간을 인정받는 반환일시금 반납제도를 이용하면 된다. 또는 국민연금 수령 나이에 도달했지만, 더 많은 연금액을 지급받기 위해 연금 수령시점을 연기하는 연기

연금제도를 통해서도 국민연금 예상 수령액을 높일 수 있다.

■ **국민연금 월 100만 원을 수령하기 위한 필요충분조건**

납입기간
UP ↑

납입금액
UP ↑

국민연금을 많이 수령하려면 국민연금에 오래 가입하거나, 연금보험료를 많이 납입하거나, 추후납부제도를 이용하거나, 반환일시금을 반납하거나, 연기연금을 신청하는 등 다양한 제도를 활용할 수 있다.

물가상승률을 반영하는 유일한 연금 '국민연금이 최강'임을 잊지 말 것!

국민연금과 사적연금의 납입액만 비교해도 사적연금이 국민연금의 수령액을 이길 수 없다. 더군다나 국민연금은 매년 소비자 물가상승률을 반영하여 연금액을 해마다 늘리는 증액 연금이다. 따라서 국민연금으로 최소 월 100만 원 이상의 연금 수령액을 확보할 수 있도록 준비해야 한다. 그렇지 않으면 우리의 목표액인 월 300만 원의 노후소득을 확보하는 데 더 많은 비용이 필요하다.

연금저축 월 100만 원 수령방법 – 원금 훼손? VS 원금 보존?

공적연금에서 최소 월 100만 원을 확보하고 나머지 연금저축과 퇴직연금에서 각각 월 100만 원씩 확보하면 월 300만 원의 평생연금을 만들 수 있다. 이번에 소개하는 [플랜 1]과 [플랜 2] 중 어느 플랜을 활용해서 평생연금을 확보할 것인지 고민해보자.

플랜 1 연금저축의 잔고를 0원으로 만들기

현재의 연 1,200만 원(월 100만 원)이 매년 2%씩 15년간 상승하면 15년 후 물가 기준으로 연 1,615만 400원이 된다. 연 1,615만 400원을 30년 동안 연 6%로 운용하면서 매년 2%씩 증액하여 연금으로 수령하려면 15년 후 2억 9,300만 9,400원이 필요한데, 이 자금은 현재 기준으로 약 1억 2,226만 2,500원을 연 6%로 15년간 운용하면 확보할 수 있다.

만약 현재 1억 2,226만 2,500원을 확보했고 연 6%로 15년 간 운용하면 15년 후 2억 9,300만 9,400원을 확보할 수 있다. 확보한 은퇴자금은 30년간 연 6%로 운용하면서 2%씩 증액하여 인출하면 인출 첫해에 연 1,615만 400원을 인출할 수 있다.

이 경우 30년 후 연금저축의 잔고는 0원이 된다.
이것이 연금의 정석이다.

운용 단계	연금 수령 및 인출 과정
1단계	현재 연 1,200만 원의 15년 후 가치는? (물가상승률 2% 가정) → 연 1,200만 원 × 1.02^{15} = **1,615만 400원**
2단계	15년 후 매년 1,615만 400원을 30년 동안 연 6%로 운용하면서 매년 2%씩 증액하여 수령한다고 가정했을 때 15년 후 필요자금은? → 1,615만 400원 PMT(B), 30N, (6−2)/1.02 I/Y, PV는 **2억 9,300만 9,400원**
3단계	현재 필요자금은? (투자수익률 연 6% 가정) → 2억 9,300만 9,400원 FV, 15N, 6 I/Y, PV는 **1억 2,226만 2,500원**
4단계	현재 1억 2,226만 2,500원의 목돈이 있다면 15년 후 예상 평가액은? (투자수익률 연 6%) → 1억 2,226만 2,500원 × 1.06^{15} = **2억 9,300만 9,400원**
5단계	15년 후 2억 9,300만 9,400원을 30년간 연 6%로 운용하면서 매년 2%씩 증액하여 인출했을 때 첫해 연간 연금수령금액은? → 2억 9,300만 9,400원 PV, 30N, (6−2)/1.02 I/Y, PMT(B)는 **1,615만 400원**

- **참고**: 계산식은 재무계산기를 사용하여 산출한 값
- **PV**: 현재 가치, **PMT**: 반복 현금 흐름, **PMT(B)**: 기시급, **PMT(E)**: 기말급, **FV**: 미래 가치, **I/Y**: 이자율

플랜 2 연금저축의 잔고를 마르지 않는 샘물로 만들기

현재 1억 2,226만 2,500원을 월 배당 ETF를 이용해 목표 분배율 연 6%로 포트폴리오를 구성하여 15년간 배당금을 재투자하면서 운용하면 15년 후에 예상할 수 있는 배당수령액은 월 149만 2,754원(연 1,791만 3,048원)이다. 매월 배당수령액 149만 2,754원(연 1,791만 3,048원)을 연금처럼 30년 동안 인출해도 연금계좌에는 최초 납입원금 1억 2,226만 2,500원과 15년 동안 재투자한 누적 배당금의 합계 1억 7,778만 1,100원이 남아있다. 그리고 이 경우에는 30년이 경과해도 연금저축의 잔고는 남아있을 것이다.(시뮬레이션 기간 동안의 투자수익률은 반영하지 않았고 경우에 따라 손실이 발생할 수 있다. 여기에서는 매년 6%의 배당소득이 발생한다고 가정했다.)

원금을 보존하면서 월 배당 ETF 굴려 연금 받기 (ft. 배당 시뮬레이션)

적립금액에 따른 예상 배당금액 시뮬레이션

앞에서도 여러 번 강조했지만 원금을 훼손하지 않고 운용수익만으로 연금을 수령하려면 월 배당 ETF가 적합하다. 먼저 목표 분배율을 결정하고 이에 맞게 월 배당 ETF 포트폴리오를 구성한다. 그다음에는 목표 적립기간 동안 꾸준히 적립하면서 매월 지급받는 배당금은 월 배당 ETF 포트폴리오에 같은 비중으로 재투자하면 다음과 같은 결과를 가져올 수 있다.

매월 50만 원씩 15년간 적립할 수 있다면?

매월 50만 원씩 15년 동안 적립하면 납입원금만 9,000만 원이다. 이때 예상할 수 있는 미래의 예상 월 배당금은 다음과 같다.

	월 배당률 0.4% (연 4.8%)	월 배당률 0.6% (연 7.2%)	월 배당률 0.8% (연 9.6%)	월 배당률 1.0% (연 12.0%)
예상 (월) 배당금	월 525,742원	월 967,596원	월 1,598,291원	월 2,497,901원
현재 물가 기준	월 390,634원	월 718,938원	월 1,187,553원	월 1,855,977원

매월 100만 원씩 15년간 적립할 수 있다면?

매월 100만 원씩 15년 동안 적립하면 납입원금만 1억 8,000만 원이다. 이때 예상할 수 있는 미래의 예상 월 배당금은 다음과 같다.

	월 배당률 0.4% (연 4.8%)	월 배당률 0.6% (연 7.2%)	월 배당률 0.8% (연 9.6%)	월 배당률 1.0% (연 12.0%)
예상 (월) 배당금	월 1,051,484원	월 1,935,192원	월 3,196,852원	월 4,995,802원
현재 물가 기준	월 781,268원	월 1,437,876원	월 2,375,106원	월 3,711,954원

매월 150만 원씩 15년간 적립할 수 있다면?

매월 150만 원씩 15년 동안 적립하면 납입원금만 2억 7,000만 원이다. 이때 예상할 수 있는 미래의 예상 월 배당금은 다음과 같다.

	월 배당률 0.4% (연 4.8%)	월 배당률 0.6% (연 7.2%)	월 배당률 0.8% (연 9.6%)	월 배당률 1.0% (연 12.0%)
예상 (월) 배당금	월 1,577,226원	월 2,902,788원	월 4,794,873원	월 7,493,703원
현재 물가 기준	월 1,171,902원	월 2,156,814원	월 3,562,659원	월 5,567,931원

월 배당률을 높이려면 커버드콜 월 배당 ETF 편입이 필수!
1억 원으로 월 100만 원 평생연금 가능!

월 목표 배당률이 높을수록 미래에 수령할 수 있는 배당금이 많아진다. 하지만 월 0.5%(연 6%) 이상 목표 배당률을 만들기 위해 포트폴리오를 구성한다면 반드시 커버드콜 월 배당 ETF를 활용해야 한다. 포트폴리오에서 커버드콜 월 배당 ETF의 비중에 따라 전체 수익률에 차이가 발생하므로 월 배당 ETF와 커버드콜을 활용하면 1억 원으로 월 100만 원씩 평생연금을 어렵지 않게 만들 수 있다.

ETF가 계속 진화하면서 매월 배당금을 주는 월 배당 ETF가 2022년 하반기부터 많이 상장되어 거래할 수 있게 되었다. 과거에는 투자수익률을 목표로 연금운용 포트폴리오를 구성했지만, 이제는 배당수익률을 중심으로 평생연금운용 포트폴리오를 구성해야 한다. 물론 현재의 월 배당 ETF 배당수익률로 포트폴리오를 구성했을 때 배당금이 미래에도 계속 지속된다는 보장은 없다. 하지만 배당금이 완전히 줄어든다는 등 부정적인 시각으로 바라볼 필요도 없고 그때그때 상황에 맞게 대응하면 된다.

월 배당 ETF의 경우 배당금이 많으면 주가 이익이 낮고 배당금이 적으면 주가 이익이 높다고 판단할 수 있다. 이렇게 판단할 수 있는 근거는 2023년 1월부터 2024년 10월까지 기록한 매월 분배금을 분석하면서 알게 되었다.

월 배당 58만 원 VS 99만 원, 당신의 선택은? (ft. 커버드콜 비중 비교)

커버드콜 비중에 따라 배당금이 달라지는 사례

다음은 월 배당 ETF 상품이다. TIGER 미국배당다우존스타겟커버드콜1호는 기초자산으로, SCHD* 비중이 85%, S&P500 커버드콜 비중이 15% 내외다. 그리고 TIGER 미국배당다우존스타겟커버드콜2호는 SCDH 비중이 60%, S&P500 커버드콜 비중이 40% 내외다.

■ TIGER 미국배당다우존스타겟커버드콜 비교

		TIGER 미국배당 다우존스타겟커버드콜 1호	TIGER 미국배당 다우존스타겟커버드콜 2호
배당 수익률(최근 1년)		5.81%	9.99%
1주당 배당금(최근 1년)		701원	1,100원
1주당 현재가		12,070원	11,010원
배당 주기	2024년	1월, 2월, 3월, 4월, 5월, 6월, 7월, 8월, 9월, 10월(총 12번)	
	2023년	7월, 8월, 9월, 10월, 11월, 12월(총 6번)	
배당 기여도	토탈리턴(1년)	34.35%	29.96%
	배당수익률	5.81%	9.99%
	주가수익률	28.55%	19.97%

* SCHD: 미국의 대표적인 배당성장 ETF로, Dow Jones U.S. Dividend 100 Index를 기초지수로 추종하고 재무 비율을 기준으로 지속적으로 배당이 상승한 배당성장 위주의 기업에 투자한다.

2개의 ETF 분석 결과만 살펴보면 주가수익률이 높은 1호가 더 좋은 것으로 보인다. 1호의 배당금은 2호보다 적지만, 주가수익률이 높아서 직전 1년 토탈리턴* 수익이 더 높기 때문이다. 그러나 수익이 아닌 인출 금액으로 전환하여 생각해보면 평가금액 1억 원을 기준으로 1호의 배당금은 58만 1,000원, 2호의 배당금은 99만 9,000원으로 볼 수 있다.

■ **커버드콜 비중에 따른 수익률 비교**

	1호	2호	차액(1호-2호)
주가수익률	28.55%	19.97%	+8.58%
배당수익률	5.81%	9.99%	-4.18%

결론: 직전 1년 분석결과는 커버드콜 비중이 낮은 1호의 토탈리턴(주가수익+배당수익) 수익률이 약 4.4% 더 높다.

생활자금이 많이 필요할수록 커버드콜 비중을 높일 것!

만약 생활자금을 1억 원당 월 58만 원 확보해야 한다면 고민 없이 TIGER 미국배당다우존스타겟커버드콜1호를 선택해야 하지만, 월 99만 원이 필요하다면 무척 고민스러워질 것이다. 1호를 선택했을 때 월 58만 원을 배당으로 확보하고 부족한 월 41만 원은 매월 0.41%씩 종목을 매도해서 인출해야 한다.

---

* **토탈리턴(TR) ETF**: 배당금을 투자자에게 지급하지 않고 다시 재투자하는 방식의 ETF 상품이다. 이 상품은 기초자산이 꾸준히 상승하는 경우 장기투자에 적합하다.

1호의 경우 2024년 11월 11일 현재 가격(1주당 12,070원)을 기준으로 월 41만 원을 확보하려면 약 34주를 매월 매도해야 하는데, 이 경우 점차 배당금이 줄어든다. 반면 2호를 선택하면 종목을 매도하지 않아도 월 99만 원의 생활자금을 확보할 수 있어서 인출전략을 좀 더 수월하게 세울 수 있다.

월 배당 ETF의 목표 분배율 수준이 앞으로도 지속적으로 유지된다면 1억 원으로 월 100만 원 평생연금을 만드는 방법은 무모한 도전이 아니다. 물론 지속적으로 모니터링해서 현재의 월 배당 ETF의 목표 배당률이 계속 유지되는지 필자가 점검하여 바쁜 일상을 살아가는 독자들에게 꾸준히 공유할 계획이다.

퇴직연금(IRP, DC형)으로 월 100만 원을 수령하려면? (ft. 비근로자 포함)

퇴직연금도 최소 1억 원 확보할 것! 목돈으로 쓰지 말고 사수하자

우리의 목표는 월 300만 원 평생연금 만들기다. 이 목표를 달성하기 위한 가장 간단한 실천법은 바로 공적연금과 연금저축, 그리고 퇴직연금에서 각각 최소 월 100만 원의 평생연금을 확보하는 것이다.

목표 평생연금	=	공적연금	+	연금저축	+	퇴직연금
월 300만 원		월 100만 원		월 100만 원		월 100만 원

퇴직연금도 연금저축과 똑같이 최소 1억 원의 납입자금을 확보하는 것이 중요하다. 퇴직연금으로 최소 1억 원을 확보하려면 회사에서 퇴직 후 수령하는 퇴직금과 개인이 추가로 납입하는 개인 부담금, 이렇게 두 가지 방법을 이용할 수 있다.

먼저 퇴직금의 경우 대부분 주택 구입자금이나 다른 목적으로 중도 인출하여 사용하는 경우가 많다. 따라서 퇴직금을 연금으로 활용한다는 인식을 마음속에 확실하게 간직하는 것이 중요하다. 물론 자금 활용 측면에서는 퇴직금을 유용하게 사용할 수도 있다. 하지만 월 300만 원의 평생연금을 확보하려는 계획을 세우고 있으므로 적어도 퇴직금 1억 원의 자금은 연금으로 수령할 수 있도록 확보해야 한다.

■ 퇴직금 1억 원을 받기 위한 평균 급여 대비 근속연수

퇴직 직전 3개월 평균 급여	근속연수
월 300만 원	33년
월 400만 원	25년
월 500만 원	20년
월 600만 원	16년
월 700만 원	14년
월 800만 원	12.5년
월 900만 원	11년
월 1,000만 원	10년

DC형 퇴직연금은 회사의 기여금이 입금되는 시점에 맞춰 월 배당 ETF의 포트폴리오를 구성하여 매수하는 것을 권장하는데, 포트폴리오 구성 방법과 예시는 249쪽을 참고한다. 그리고 퇴직 후 재취업하는 경우 퇴직금은 소비하지 말고 IRP 계좌로 이체받고 노후소득을 위해 계속 운용하는 방법을 추천한다.

전 근로소득자가 아닌데요? – IRP 활용

퇴직연금은 근로소득자만 확보할 수 있는 것은 아니다. 개인이 스스로 IRP에 가입하여 연간 1,800만 원 자금을 납입하면 연금저축처럼 평생연금을 확보할 수 있다. 하지만 IRP 계좌의 납입한도는 연금저축의 납입금액과 합산하여 연 1,800만 원이다. 따라서 노후 준비는 늦었지만 목돈을 보유하고 있다면 ISA 계좌를 함께 활용하면 좋다.*

■ ISA 계좌와 IRP 계좌를 활용해 평생연금 만들기

	ISA 계좌	IRP 계좌	이전 방법
1년 차	2,000만 원	가입기간 인정을 위해 최소 1만 원을 납입한도로 설정하고 납입하자.	5년 후 ISA 계좌를 해지하고 IRP 계좌로 이전
2년 차	2,000만 원		
3년 차	2,000만 원		
4년 차	2,000만 원		
5년 차	2,000만 원		
총합	**1억 원**		

ISA 계좌의 연간 납입한도는 2,000만 원이므로 가장 빠르면 5년 동안 최대 1억 원을 납입할 수 있다. 계획대로 5년 후 ISA 계좌에 납입액 1억 원을 채웠다면 그다음에는 ISA 계좌를 해지하고 만기자금을 IRP 계좌로 이전한다. 이후 월 배당 ETF를 활용하여 월 1% 목표 분배율을 달성할 수 있는 포트폴리오를 구성하고 매수를 완료한다.

만약 인출시점까지 시간적 여유가 있다면 지급받은 배당금은 인출시점까지 재투자를 진행한다. 만약 바로 인출해야 하면 월 배당금만큼의 자금을 인출하여 평생 받는 연금액으로 활용한다.

---

* ISA와 IRP를 활용한 절세법에 대해서는168쪽과 233쪽을 참고한다.

투자성향 맞춤 – 월 배당 ETF 포트폴리오 4가지 (ft. 연 목표 배당률 4.8~12%)

골라서 투자하는 재미가 있다! – 월 배당 ETF 포트폴리오 리스트

월 배당 ETF 포트폴리오는 다양한 기초자산을 혼합하여 구성할 수 있다. 288쪽부터 소개하는 목표 배당률에 따른 월 배당 ETF 포트폴리오 예시의 경우 기초자산은 국내보다 미국 중심으로 구성했다. 그리고 가격 변동성을 일부 축소하기 위해 SCHD와 커버드콜을 혼합한 커버드콜 종목과 인컴(자산 배분) 월 배당 ETF를 편입하여 구성했다.

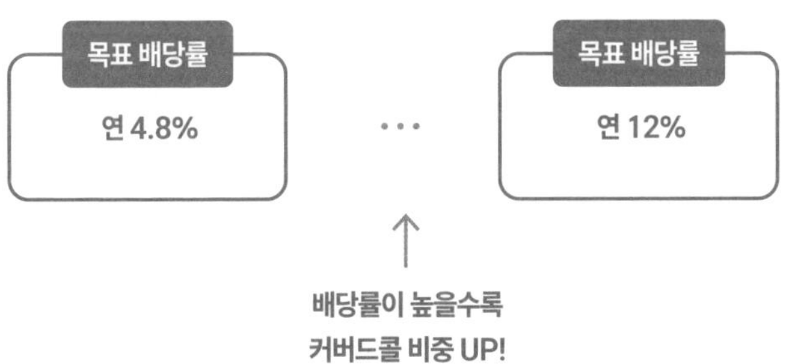

1. 목표 배당률이 연 4.8%인 월 배당 ETF 포트폴리오

구분	종목 번호	종목	투자 비중	(연) 예상 분배율
S&P500	360750	TIGER 미국S&P500	25.0%	1.21%(분기 배당)
나스닥100	133690	TIGER 미국나스닥100	25.0%	0.55%(분기 배당)
SCHD	458730	TIGER 미국배당다우존스	5.0%	3.41%
	452360	SOL 미국배당다우존스(H)	5.0%	3.41%
커버드콜 (SCHD 혼합)	458760	TIGER 미국배당다우존스 타겟커버드콜2호	2.5%	10.00%
	483290	KODEX 미국배당다우존스 타겟커버드콜	2.5%	13.50%
커버드콜(채권)	481060	KODEX 미국30년국채 타겟커버드콜(합성 H)	30.0%	12.00%
커버드콜(자산 배분)	460960	ACE 글로벌인컴TOP10 SOLACTIVE	5.0%	7.00%
총합			**100%**	**5.32%**

2. 목표 배당률이 연 7.2%인 월 배당 ETF 포트폴리오

구분	종목 번호	종목	투자 비중	(연) 예상 분배율
SCHD	458730	TIGER 미국배당다우존스	24%	3.41%
	452360	SOL 미국배당다우존스(H)	24%	3.41%
커버드콜 (SCHD 혼합)	458760	TIGER 미국배당다우존스 타겟커버드콜2호	6%	10.00%
	483290	KODEX 미국배당다우존스 타겟커버드콜	6%	13.50%
커버드콜(채권)	481060	KODEX 미국30년국채 타겟커버드콜(합성 H)	30%	12.00%
커버드콜(자산 배분)	460960	ACE 글로벌인컴TOP10 SOLACTIVE	10%	7.00%
총합			**100%**	**7.35%**

3. 목표 배당률이 연 9.6%인 월 배당 ETF 포트폴리오

구분	종목 번호	종목	투자 비중	(연) 예상 분배율
SCHD	458730	TIGER 미국배당다우존스	8%	3.41%
	452360	SOL 미국배당다우존스(H)	8%	3.42%
커버드콜 (SCHD 혼합)	458760	TIGER 미국배당다우존스 타겟커버드콜2호	14%	10.00%
	483290	KODEX 미국배당다우존스 타겟커버드콜	20%	13.50%
커버드콜(채권)	481060	KODEX 미국30년국채 타겟커버드콜(합성 H)	30%	12.00%
커버드콜(자산 배분)	460960	ACE 글로벌인컴TOP10 SOLACTIVE	20%	7.00%
총합			**100%**	**9.65%**

4. 목표 배당률이 연 12%인 월 배당 ETF 포트폴리오

구분	종목 번호	종목	투자 비중	(연) 예상 분배율
커버드콜 (SCHD 혼합)	458760	TIGER 미국배당다우존스 타겟커버드콜2호	10%	10.0%
	483290	KODEX 미국배당다우존스 타겟커버드콜	50%	13.50%
커버드콜(채권)	481060	KODEX 미국30년국채 타겟커버드콜(합성 H)	30%	12.00%
커버드콜(자산 배분)	460960	ACE 글로벌인컴TOP10 SOLACTIVE	10%	7.00%
총합			**100%**	**12.05%**

월 300만 원 평생연금 만들기 최종 정리!

만 50세 나은퇴 씨의 노후소득에 필요한 자금은?

공적연금 연 1,200만 원을 제외하면 연 2,400만 원 부족

필자는 오랜 기간 CFP(국제재무설계사)* 전문자격증 강사로 활동했다. CFP 과정에서는 다음과 같은 방법으로 노후소득을 마련하기 위해 필요한 자금을 산출한다.

현재 만 50세인 나은퇴 씨의 목표 은퇴생활비는 현재 물가 기준으로 연 3,600만 원이다. 공적연금 예상 수령액은 현재 물가 기준으로 연 1,200만 원이고 15년 후인 만 65세에 은퇴 예정, 기대 여명은 만 95세, 투자수익률은 연 6%, 물가상승률은 연 2%로 가정했다.

---

* CFP 자격시험은 금융회사 취업을 원하는 취업준비생 또는 각 금융회사의 WM센터나 PB센터에서 근무하는 임직원이 VIP 자산 관리 서비스를 제공할 때 필요한 자격을 평가하는 시험이다. 2023년 기준으로 전 세계에 22만 3,700명의 CFP 자격 인증자가 있고 우리나라에는 약 3,339명이 활동하고 있다.

■ 물가상승률 연 2% 기준으로 필요한 은퇴생활비

현재 나이	은퇴 나이	기대 여명	투자수익률	물가상승률
만 50세	만 65세	만 95세	연 6%	연 2%

목표 은퇴생활비	공적연금 예상 수령액	비고
연 3,600만 원	연 1,200만 원	현재 물가 기준

현재 시점의 은퇴생활비 연 3,600만 원에서 공적연금 예상 수령액 1,200만 원을 차감하면 부족한 자금은 연 2,400만 원이다. 이렇게 부족한 자금 2,400만 원은 은퇴시점까지 15년간 매년 2%씩 물가상승률을 반영할 경우 연 3,230만 원이 필요하다.

부족한 자금을 해결하는 방법은?
현재 2억 4,452만 원을 연 6%, 15년간 투자하면 가능!

연 3,230만 원의 은퇴생활비를 30년 동안 매년 물가상승률만큼 증액하여 생활비로 인출하고 부족한 자금을 연 6% 투자수익률로 마련한다고 가정해보자. 이 경우 은퇴시점에 필요한 자금은 5억 8,601만 원인데, 이 자금은 현재 2억 4,452만 원을 연 6%로 15년간 투자하면 만들 수 있다.

목돈이 없다면? 매년 저축 필요액은 연 2,517만 원!
심플하게 가는 게 최선! 월 배당 ETF 포트폴리오가 정답!

현재 2억 4,452만 원이라는 목돈이 없으므로 15년 동안 매년 2,517만 원씩 적립식으로 저축하면 마련할 수 있다. 그리고 매년 물가상승률 2%씩 저축액을 증액할 경우 연 2,230만 원을 시작으로 15년간 저축하면 은퇴시점에 필요한 자금 5억 8,601만 원을 마련할 수 있다.

매년 정액저축	2억 4,452만 5,100원 PV, 15N, 6 I/Y, PMT(E)는 **2,517만 6,900원**
매년 증액저축	2억 4,452만 5,100원 PV, 15N, (6−2)/1.02 I/Y, PMT(E)는 2,187만 2,400원 × 1.02 = **2,230만 9,800원**

• **참고**: 계산식은 재무계산기를 사용하여 산출한 값
• **PV**: 현재 가치, **PMT**: 반복 현금 흐름, **PMT(B)**: 기시급, **PMT(E)**: 기말급, **FV**: 미래 가치, **I/Y**: 이자율

필요한 생활비 연 3,600만 원에서 공적연금 예상 수령액 연 1,200만 원을 차감했을 때 부족한 노후생활비 연 2,400만 원을 마련하기 위해 매년 정액으로 저축한다면 연간 2,517만 원을 저축해야 한다. 그리고 첫해 연간 2,230만 원을 시작으로 매년 2%씩 증액 저축을 하면 월 300만 원의 노후소득을 확보할 수 있다.

하지만 월 배당 ETF를 활용하면 목표 분배율에 따라 손쉽게 포트폴리오를 구성할 수 있다. 그리고 저축금액과 목돈 보유액에 따라 미래의 예상 배당금을 다음과 같이 시뮬레이션할 수 있으므로 복잡하게 계산할 필요가 없다.

월 배당 ETF 활용법 ① – 목돈을 운용할 경우

만 50세인 나고객 씨가 현재 은퇴자금으로 확보한 2억 4,452만 원에 대해 매월 n%씩 배당을 지급하는 ETF 종목으로 포트폴리오를 구성하고 은퇴시점인 15년 동안 계속 매월 배당금을 재투자했을 때 예상되는 배당금은 다음과 같다(보유 종목의 가격 변동은 고려하지 않음).

■ 은퇴자금 2억 4,452만 원에 대한 배당금을 15년간 재투자했을 때 예상 월 배당금

	월 배당률 0.4% (연 4.8%)	월 배당률 0.6% (연 7.2%)	월 배당률 0.8% (연 9.6%)	월 배당률 1.0% (연 12.0%)
예상 (월) 배당금	월 1,998,522원	월 4,280,595원	월 8,144,035원	월 14,515,777원
현재 물가 기준	월 1,484,931원	월 3,180,545원	월 6,051,137원	월 10,784,436원

목돈 운용을 시뮬레이션 결과, 공적연금을 제외하고도 월 배당률은 0.6%이다. 이것으로 포트폴리오를 구성했을 경우 15년 후 확보할 수 있는 예상 배당금은 현재 물가 기준으로 월 3,180,545원이다.

월 배당 ETF 활용법 ② – 적립식으로 운용할 경우

반대로 은퇴자금 2억 4,452만 원을 적립식으로 매년 2,517만 원(월 209만 7,500원)씩 15년 동안 운용했을 때의 결과는 다음과 같다.

■ 은퇴자금 2억 4,452만 원을 적립식으로 15년간 운용했을 때 예상 월 배당금

	월 배당률 0.4% (연 4.8%)	월 배당률 0.6% (연 7.2%)	월 배당률 0.8% (연 9.6%)	월 배당률 1.0% (연 12.0%)
예상 (월) 배당금	월 2,205,489원	월 4,059,065원	월 6,704,832원	월 10,478,695원
현재 물가 기준	월 1,638,711원	월 3,015,945원	월 4,981,789원	월 7,785,824원

월 배당으로 평생연금을 준비하자

월 300만 원 평생연금을 만드는 기본 과정은 단순하다. 공적연금과 연금저축, 그리고 퇴직연금에서 각각 최소 월 100만 원의 평생연금을 확보하면 된다. 공적연금을 제외하고 월 200만 원의 평생연금을 확보하는 데 필요한 자금은 2억 원이다. 그리고 연금저축과 IRP 계좌에 각각 월 1% 배당금을 지급받을 수 있는 포트폴리오를 구성하여 매수하면 매월 약 200만 원의 배당금이 지급되므로 이것을 평생연금으로 활용하면 된다.

이와 같은 방법으로 현재도 많은 분이 연금저축과 퇴직연금을 운용하면서 평생연금을 수령하고 있다. 같은 노후자금도 어느 금융회사에서 어떤 방법으로 운용했는지에 따라 결과는 천차만별이다. 안전하다고 생각했던 은행과 보험사에서 연금을 수령하는 방법은 오래 사는 장수 리스크의 위험을 해결하기에는 많이 부족하다.

많은 분이 어렵고 복잡하다는 이유로 월 배당 ETF를 활용하여 평생연금을 만들지 못하는 게 항상 안타깝다. 부디 이 책이 부족함 없는 평생연금을 만드는 데 작은 도움이 되기를 바란다.

에필로그

당신은 언제까지 일할 것인가?

"평생직장이 아닌 평생직업을 찾아보면 어떨까요?
취미도 10년이면 직업이 될 수 있어요!"

나는 유튜브 채널 '김범곤의 연금수업'(www.youtube.com/@bumgon84)을 시작하기 전부터 여러 기관에서 재테크, 투자, 절세, 연금, 노후, 은퇴 등 다양한 분야의 강의를 진행했다. 이 중 직업과 관련된 이야기를 나눌 때마다 교육에 참석한 분들에게 전달했던 조언이다.

'은퇴'의 사전적 정의는 '직임에서 물러나 완전히 일을 하지 않는 것'이다. 일이 없는 삶을 생각해본다면 직장에서 치열하게 하루하루를 보내는 분들에게는 마냥 즐거운 상상이 될 수 있다. 반면 지금 막 퇴사하여 새로운 직업을 찾는 분들에게는 일이 없는 삶이 초조하거나 지루하게 느껴질 수도 있을 것이다.

대학교를 졸업하고 취업을 준비하던 나는 직장보다 직업을 갖고 싶었다. 그중에서도 은퇴가 없는 직업이면 더 좋겠다고 생각했다. 그래서 강사가 되기로 결심했고 그렇게 나는 나의 첫 직업으로 시험시간만 8시간 20분이 소요되는 국제재무설계사 CFP 자격시험 강사가 되었다.

CFP 자격시험에서는 다양한 과목을 평가한다. 이 중에서 내가 맡은 과목은 '재무설계원론', '위험관리와 보험설계', '은퇴설계', '세금설계', '상속설계', '투자설계', '부동산설계' 등이었는데, 나는 전 분야에 걸쳐 고객의 재무상황을 분석하고 문제를 해결하는 사례형 전문 강사였다.

은퇴설계를 강의하며 찾은 길
'배워서 남 주자!'라는 모토로!

공부하면서, 강의하면서 가장 흥미로운 주제는 은퇴설계였다. 은퇴설계는 원하는 라이프 스타일을 기획하며 목표를 설정한 후 그 목표를 달성하기 위한 자금을 마련하는 계획을 수립하는 과정이다. 이후에는 이 계획을 실행하고 그 과정을 주기적으로 점검하는 것이 중요하다.

더 이상 경제활동을 할 수 없을 때 원하는 삶을 살아가려면 필요한 재원을 준비해야 한다. 여기서 경제활동을 통해 벌어오는 총량이 동일해도 그 자금을 어떻게 관리하느냐에 따라 최종 결과가 달라진다는 점이 중요하다. 예를 들어 경제활동을 통해서 벌 수 있는 금전적인 총량이 10억 원이라고 가정했을 때 누구는 그 이상의 자산을 형성할 수도 있지만, 다른 누구는 빈털터리가 될 수도 있다. 그만큼 '은퇴'라는 목표는 어렵고 여러 가지 변수를 고려해야 한다. 따라서 버는 돈이 똑같아도 어떻게 관리하느냐가 매우 중요하다.

강사로 첫 직업을 시작하면서 '배워서 남 주자!'라는 문장에 매력을 느꼈다. 또한 2022년 12월 14일부터 유튜브 채널을 시작하면서도 새로운 것을 배우면 어떻게 알려줄까를 고민하면서 살아가고 있다. 덕분에 요즘처럼 평생직장이 없는 시기에 평생직업으로 무엇을 선택하면서 살아갈지 남들보다 빠른 해답을 찾은 것 같다. 독자 여러분도 평생 취미처럼 즐길 수 있는 직업을 찾기를 바란다.

김범곤

01 월 배당 ETF부터 학습 후 포트폴리오 구성 추천!

02 월 배당 ETF 포트폴리오는 어떻게 구성할까?

03 미국 주식 월 배당 ETF 상품(ft. 목표 연 분배율 최대 15% 내외)

04 국내 주식 월 배당 ETF 상품(ft. 목표 연 분배율 최대 14% 내외)

05 미국 채권 월 배당 ETF 상품(ft. 목표 연 분배율 최대 12% 내외)

06 인컴(혼합형) 월 배당 ETF 상품(ft. 목표 연 분배율 최대 15% 내외)

07 국내 주식 월 배당 ETF 상품(ft. 목표 연 분배율 최대 5~6% 내외)

08 국내 채권 월 배당 ETF 상품(ft. 목표 연 분배율 최대 4~5% 내외)

09 한국형 SCHD 월 배당 ETF 상품(ft. 목표 연 분배율 최대 3~4% 내외)

10 미국 & 글로벌 월 배당 ETF 상품(ft. 목표 연 분배율 최대 3~4% 내외)

11 인컴형 월 배당 ETF 상품(ft. 목표 연 분배율 최대 3~4% 내외)

12 리츠(REITs) 월 배당 ETF 상품(ft. 목표 연 분배율 최대 6~7% 내외)

부록

최강 월 배당 ETF 상품

월 배당 ETF부터 학습 후 포트폴리오 구성 추천!

유튜브 '김범곤의 연금수업' 매월 업데이트

본격적으로 포트폴리오를 구성하기 전에 가장 먼저 기초자산에 대해 공부하고 각 기초자산에서 얻을 수 있는 최대 목표 분배율에 대해 학습해야 한다. 월 배당 ETF 종목에 대한 영상공부는 유튜브 '김범곤의 연금수업'(www.youtube.com/@bumgon84)에서 매월 월 배당 ETF의 수익률과 분배율을 분석하고 있으니 참고한다.

은퇴 전후 달라지는 월 배당 ETF 포트폴리오

은퇴 전후 상황과 투자성향에 따라 월 배당 목표 분배율이 달라지고 그에 따라 ETF 포트폴리오도 각각 달라진다. 다음은 일반적인 은퇴 전후 운용 전략으로, 포트폴리오에 반드시 안전자산을 편입하되, 은퇴 시점에 가까울수록 안전자산의 비중을 높이는 것이 핵심이다.

■ 은퇴 전후 월 배당 ETF 운용전략

은퇴 이전 (적립 단계)	자산 가치 극대화	• 성장 또는 배당 & 성장 중심으로 포트폴리오 구성 • 배당금 재투자
	현금 흐름 극대화	• 배당 & 성장 + 고배당 중심으로 포트폴리오 구성 • 배당금 재투자
은퇴 이후 (인출 단계)	자가배당	• 배당 & 성장 중심으로 포트폴리오 구성 • 부족분 비율로 인출
	배당 인출	• 고배당 중심으로 포트폴리오 구성 • 부족분 비율로 인출

월 배당 ETF 포트폴리오는 어떻게 구성할까?

월 배당 포트폴리오의 구성 순서

월 배당 ETF 포트폴리오는 다음의 순서로 구성된다.

1단계	→	2단계	→	3단계
[자산군(주식, 채권 등) 선택] 투자 비중 결정		[기초자산 선택] 종목 선택		[종목 비중 결정] 실행(매수)

■ 자산군별 기초자산의 유형

자산군		기초자산
주식	국내 주식	(성장) & (커버드콜)
	해외 주식	(성장) & (배당 & 성장) & (커버드콜) & (대만테크)
채권	국내 채권	(국채) & (회사채) & (만기 매칭 채권)
	미국 채권	(국채) & (회사채) & (하이일드) & (커버드콜)
자산 배분형(인컴)		(글로벌인컴) & (테슬라인컴) & (고배당+채권) & (미국 주식+채권) + (국내 주식+채권)
리츠		(국내 리츠) & (해외 리츠) & (맥쿼리인프라+리얼티인컴)

월 배당 ETF 유형과 커버드콜 유형

월 배당 ETF 유형에는 '성장주', '배당 & 성장주', '고배당 & 초고배당주'가 있다. 이 중에서 고배당 & 초고배당주의 경우 배당수익률은 연 5~7%이지만, 커버드콜이 포함되면 연 6~15%에 달한다. 커버드콜 유형은 국내와 국외를 기준으로 '주식형 커버드콜', '채권형 커버드콜', '인컴형 커버드콜'이 있고 수익이 커질수록 위험은 감수해야 한다.

■ **월 배당 ETF의 유형**

성장 (연 배당수익률 1~2%)	배당 & 성장 (연 배당수익률 3~4%)	고배당 & 초고배당 (연 배당수익률 5%+@)	
주가수익률 上	주가수익률 中	주가수익률 下→上	
주가변동률 上	주가변동률 中	주가변동률 下→上	
배당수익률 下	배당수익률 中	배당수익률 上→上	
S&P500 추종 ETF	한국형 SCHD	**커버드콜 ×**	**커버드콜 ○**
코스피 200 추종 ETF		연 5~7%	연 6~15%

■ **커버드콜 월 배당 ETF의 유형**

기초자산	상장 종목 수	(월) 분배율 범위	(연) 목표 분배율
주식형 커버드콜(국내, 미국)	25종목	0.6~1.55%	최대 연 15%
채권형 커버드콜(미국)	4종목	0.85~1.05%	최대 연 12%
인컴형 커버드콜	2종목	0.55~1.25%	최대 연 15%

커버드콜 옵션의 종류

배당수익률을 높이기 위해 월 배당 ETF 상품에 커버드콜 옵션을 추가한다. 커버드콜 옵션은 만기에 따라 '데일리(daily)', '위클리(weekly)', '먼슬리(monthly)'로 나누고 목표 배당을 위해 옵션의 비중을 결정하는 '타겟' 커버드콜과 콜매도 비율을 고정하는 '고정' 커버드콜로 나눈다.

■ **커버드콜 옵션**

	'먼슬리' 옵션	'위클리' 옵션	'데일리' 옵션	'타겟' 커버드콜	'고정' 커버드콜
옵션 만기	매월	매주	하루	목표 배당률을 달성하기 위해 옵션 비중을 시장 상황에 맞게 조정	콜매도 비율을 고정하고 시장 상승에 적극 참여
기초자산 가격 변동	변동	변동 中	변동 大		
기초자산 가격 상승 시	덜 오름	중간 정도 오름	많이 오름		

미국 주식 월 배당 ETF 상품 (ft. 목표 연 분배율 최대 15% 내외)

이번에는 ISA 계좌를 기준으로 운용할 수 있는 월 배당 ETF 상품을 살펴본다.* 다음은 미국 주식을 기초자산으로 하여 커버드콜이 포함된 월 배당 ETF 상품으로, 2024년 10월 기준이고 목표 연 분배율이 최대 15% 내외인 상품만 정리했다.

■ **기초자산 S&P500커버드콜**

옵션 종류	종목	특징	목표 분배율
데일리 타겟	ACE미국500데일리타겟커버드콜(합성)	S&P500+데일리 옵션 1% OTM 전략	연 15%
	TIGER 미국S&P500타겟데일리커버드콜	S&P500(90%)+데일리 옵션(10%)	연 10%
	SOL미국500타겟커버드콜액티브	S&P500(90%)+데일리 타겟 프리미엄(10%)	연 12%
	KODEX 미국배당커버드콜액티브	S&P500+먼슬리 타겟 프리미엄	연 6~7%

* 매월 월 배당 ETF 수익률과 분배율은 '김범곤의 연금수업' 유튜브 채널(www.youtube.com/@bumgon84)에서 업데이트하고 있으므로 참고한다.

그 외 가격 OTM 1% 전략(일간 수익률 1%까지 포트폴리오 성과에 반영)
그 외 가격=옵션의 행사 가격〉기초자산 현재 가격

■ **기초자산 나스닥100커버드콜**

옵션 종류	종목	특징	목표 분배율
데일리 타겟	TIGER 미국나스닥100 타겟데일리커버드콜	나스닥 100(90%)+데일리 옵션 (10%) 내외	연 15%
	KODEX 미국나스닥100 데일리커버드콜OTM	나스닥100 1% OTM 데일리 옵션 (매일 1%까지 시장 상승 참여+옵션 프리미엄)	연 20%
먼슬리 옵션	TIGER 미국나스닥100 커버드콜(합성)	나스닥100 먼슬리 옵션 100%	연 12%

■ **기초자산 AI테크커버드콜**

옵션 종류	종목	특징	목표 분배율
위클리 타겟	KODEX 미국AI테크TOP10 타겟커버드콜	AI 산업 10종목(76.5%)+위클리 옵션(24.5%)	연 15%
데일리 타겟	TIGER 미국AI빅테크10 타겟데일리커버드콜	AI 빅테크 10종목(90%)+데일리 옵션(10%) (AI 플랫폼, AI 반도체, AI 클라우드)	연 15%
데일리 고정	RISE 미국AI밸류체인데일리 고정커버드콜	AI 밸류체인 핵심 기업 15종목 (90%)+데일리 옵션 고정(10%)	연 12%

■ 기초자산 미국빅테크커버드콜

옵션 종류	종목	특징	목표 분배율
먼슬리 타겟	TIGER 미국테크TOP10 타겟커버드콜	미국테크 10종목(60%)+ S&P500 옵션(40%) 내외	연 10%
데일리 타겟	ACE미국빅테크7+데일리 타겟커버드콜(합성)	미국테크 7종목+나스닥100 데일리 옵션(1% OTM)	연 15%
데일리 고정	RISE 미국테크100데일리 고정커버드콜	미국테크100종목(90%)+S&P500 데일리 옵션 고정(10%)	연 12%

■ 기초자산 미국반도체커버드콜

옵션 종류	종목	특징	목표 분배율
데일리 타겟	ACE미국반도체데일리타겟 커버드콜(합성)	미국반도체 30종목+데일리 옵션 (1% OTM)	연 15%

■ 기초자산 SCHD+커버드콜 혼합

옵션 종류	종목	특징	목표 분배율
먼슬리 타겟	TIGER 미국배당다우존스 타겟커버드콜2호	SCHD(60%)+S&P500 옵션 (40%) 내외	연 10%
	TIGER 미국배당다우존스 타겟커버드콜1호	SCHD(85%)+S&P500 옵션 (15%) 내외	연 6~7%
	KODEX 미국배당다우존스 타겟커버드콜	SCHD+S&P500 타겟 프리미엄 전략	연 13.5%

■ 기초자산 미국배당성장+커버드콜 혼합

옵션 종류	종목	특징	목표 분배율
데일리 고정	PLUS 미국배당증가성장주 데일리커버드콜	미국배당증가성장주(85%)+S&P500 옵션(15%) 고정 (Bloomberg 1,000 Dividend Growh)	연 12%
	RISE 미국배당100데일리 고정커버드콜	미국배당 100(90%)+S&P500 옵션(10%) 고정 (KEDI 미국배당지수+미국 대형주 ETF 콜옵션 매도)	연 12%

미국 주식 커버드콜 순위

다음은 미국 주식 커버드콜 분배율 순위를 분석한 것으로, 2024년 10월 기준이고 토탈리턴을 포함한 종합 순위도 함께 표기했으니 참고한다.

■ 미국 주식 커버드콜 순위

순위 (분배율)	종목	기준 가격 (A/C)	분배금 (A)	수익률 (B)	분배율 (C)	토탈리턴 (B+C)	토탈리턴 종합 순위	총비용
1위	RISE 미국테크100 데일리고정커버드콜	10,710원	166원	6.30%	1.55%	7.85%	**9위**	0.2500%
2위	RISE 미국AI밸류체인 데일리고정커버드콜	11,060원	167원	10.87%	1.51%	12.38%	**1위**	0.2500%
3위 (월중)	RISE 미국배당100 데일리고정커버드콜	10,385원	135원	4.30%	1.30%	5.60%	26위	0.3235%
4위 (월중)	ACE 미국500데일리 타겟커버드콜(합성)	10,480원	131원	6.58%	1.25%	7.83%	10위	0.4896%
5위 (월중)	ACE 미국반도체데일리 타겟커버드콜(합성)	10,640원	133원	4.59%	1.25%	5.84%	25위	0.4991%

순위 (분배율)	종목	기준 가격 (A/C)	분배금 (A)	수익률 (B)	분배율 (C)	토탈리턴 (B+C)	토탈리턴 종합 순위	총비용
6위	TIGER 미국나스닥100 타겟데일리커버드콜	9,920원	124원	7.48%	1.25%	8.73%	**4위**	0.4230%
7위 (월중)	ACE 미국빅테크7+데일리 타겟커버드콜(합성)	11,210원	139원	7.46%	1.24%	8.70%	**5위**	0.4896%
8위	KODEX 미국AI테크 TOP10타겟커버드콜	10,813원	133원	10.25%	1.23%	11.48%	2위	0.5486%
9위	TIGER 미국나스닥100 커버드콜(합성)	10,900원	109원	7.10%	1.00%	8.10%	7위	0.5165%
10위	KODEX 미국배당 다우존스타겟커버드콜	10,606원	105원	5.68%	0.99%	6.67%	20위	0.5600%
11위	TIGER 미국배당 다우존스타겟커버드콜2호	10,824원	92원	5.77%	0.85%	6.62%	21위	0.6790%
12위 (월중)	TIGER 미국테크 TOP10타겟커버드콜	12,410원	103원	10.00%	0.83%	10.83%	**3위**	0.7546%
13위	TIGER 미국S&P500 타겟데일리커버드콜	10,843원	90원	7.17%	0.83%	8.00%	**8위**	0.4722%
14위 (월중)	KODEX 미국배당 커버드콜액티브	11,389원	82원	5.81%	0.72%	6.53%	22위	0.4646%
15위 (월중)	TIGER 미국배당다우존스 타겟커버드콜1호	11,333원	68원	6.34%	0.60%	6.94%	15위	0.6721%
16위	TIGER 미국AI빅테크10타 겟데일리커버드콜	신규	–	2.46%	–	2.46%	–	0.2500%
17위	SOL 미국500타겟 커버드콜액티브	신규	–	1.24%	–	1.24%	–	0.3500%
18위	KODEX 미국나스닥100 데일리커버드콜OTM	신규	–	0.93%	–	0.93%	–	0.2500%
19위	PLUS 미국배당증가 성장주데일리커버드콜	신규	–	−0.35%	–	-0.35%	–	0.3900%

참고: 총비용은 상장된 지 1년이 경과하지 않은 경우 실제 값보다 낮게 반영된다.

국내 주식 월 배당 ETF 상품 (ft. 목표 연 분배율 최대 14% 내외)

다음은 국내 주식을 기초자산으로 하여 커버드콜이 포함된 월 배당 ETF 상품으로, 2024년 10월 기준이고 목표 연 분배율은 최대 14% 내외다.

■ 국내 주식 커버드콜 종목과 특징

옵션 종류	종목	특징	목표 분배율
먼슬리 옵션	RISE 200고배당커버드콜ATM	코스피 200 고배당+옵션 100%	연 7.84%
	TIGER 200커버드콜	코스피 200+옵션 100%	연 8.33%
	TIGER 배당커버드콜액티브	국내 성장주+옵션 100%	연 7.20%
	TIGER 200커버드콜OTM	코스피 200+5%OTM 옵션 100%	연 3.78%
	RISE 200위클리커버드콜	코스피 200+위클리 옵션 100%	연 12.0%
	PLUS 고배당주위클리커버드콜	코스피 200 고배당+옵션 100%	연 14.4%

ATM 등가격(현재 주가=행사 가격)
주가가 횡보일 때 유리한 전략

OTM 외가격(현재 주가<행사 가격)
주가가 완만한 상승장일 때 유리한 전략

국내 주식 커버드콜 순위

다음은 국내 주식 포함 커버드콜의 분배율 순위를 분석한 것으로, 2024년 10월 기준이고 토탈리턴을 포함한 종합 순위도 함께 표기했으니 참고한다.

■ 국내 주식 커버드콜 순위

순위 (분배율)	종목	기준 가격 (A/C)	분배금 (A)	수익률 (B)	분배율 (C)	토탈리턴 (B+C)	토탈리턴 종합 순위	총비용
1위	RISE 200 위클리커버드콜	9,530원	142원	0.67%	1.49%	2.16%	45위	0.3807%
2위	PLUS 고배당주 위클리커버드콜	10,556원	133원	3.36%	1.26%	4.62%	33위	0.3203%
3위	TIGER 200 커버드콜	8,571원	60원	2.37%	0.70%	3.07%	38위	0.5337%
4위	RISE 200고배당 커버드콜ATM	8,261원	57원	5.37%	0.69%	6.06%	24위	0.5253%
5위	TIGER 배당 커버드콜액티브	10,469원	67원	−0.35%	0.64%	0.29%	55위	0.5534%
6위	TIGER 200 커버드콜OTM	12,821원	50원	0.52%	0.39%	0.91%	53위	0.4260%

미국 채권 월 배당 ETF 상품 (ft. 목표 연 분배율 최대 12% 내외)

다음은 미국 채권을 기초자산으로 하여 커버드콜이 포함된 월 배당 ETF 상품으로, 2024년 10월 기준이고 목표 연 분배율은 최대 12% 내외다.

■ 미국 채권 커버드콜 종목과 특징

옵션 종류	종목	특징	목표 분배율
먼슬리 옵션	TIGER 미국30년국채 커버드콜액티브(H)	미국30년국채 70%+옵션 30% 내외	연 12%
	SOL 미국30년국채 커버드콜(합성)	미국30년국채 70%+옵션 30% 내외	
	RISE 미국30년국채 커버드콜(합성)	미국30년국채+커버드콜 100%	
	KODEX 미국30년국채 타겟커버드콜(합성 H)	미국30년국채+타겟프리미엄 전략	

미국 채권 커버드콜 순위

다음은 미국 채권 포함 커버드콜 분배율 순위를 분석한 것으로, 2024년 10월 기준이고 토탈리턴을 포함한 종합 순위도 함께 표기했으니 참고한다.

■ 미국 채권 커버드콜 순위

순위(분배율)	종목	기준 가격(A/C)	분배금(A)	수익률(B)	분배율(C)	토탈리턴(B+C)	토탈리턴 종합 순위	총비용
1위	RISE 미국30년 국채커버드콜(합성)	9,619원	101원	−1.00%	1.05%	0.05%	59위	0.3755%
2위	TIGER 미국30년 국채커버드콜 액티브(H)	9,038원	94원	−7.15%	1.04%	−6.11%	81위	0.8035%
3위(월중)	KODEX 미국30년 국채타겟커버드콜(합성 H)	10,100원	101원	−6.74%	1.00%	−5.74%	80위	0.2800%
4위	SOL 미국30년 국채커버드콜(합성)	9,882원	84원	−0.99%	0.85%	−0.14%	63위	0.3200%

인컴(혼합형) 월 배당 ETF 상품 (ft. 목표 연 분배율 최대 15% 내외)

다음은 인컴(혼합형) 커버드콜이 포함된 월 배당 ETF 상품으로, 2024년 10월 기준이고 목표 연 분배율은 최대 15% 내외다.

■ **인컴(혼합형) 커버드콜 순위**

순위(분배율)	종목	기준 가격(A/C)	분배금(A)	수익률(B)	분배율(C)	토탈리턴(B+C)	토탈리턴 종합 순위	총비용
1위	KODEX 테슬라 인컴프리미엄채권 혼합액티브 (커버드콜 30%+ 국내 채권 70%)	9,520원	119원	0.90%	1.25%	2.15%	46위	0.6199%
2위	ACE 글로벌 인컴TOP10 SOLACTIVE (커버드콜+고배당+ 하이일드 채권)	11,273원	62원	4.61%	0.55%	5.16%	30위	0.7909%

국내 주식 월 배당 ETF 상품 (ft. 목표 연 분배율 최대 5~6% 내외)

다음은 국내 주식을 기초자산으로 한 월 배당 ETF 상품으로, 2024년 10월 기준이고 목표 연 분배율은 최대 5~6% 내외다.

■ 국내 주식 월 배당 ETF 상품 순위

순위 (분배율)	종목	기준 가격 (A/C)	분배금 (A)	수익률 (B)	분배율 (C)	토탈리턴 (B+C)	토탈리턴 종합 순위	총비용
1위	TIMEFOLIO Korea플러스배당 액티브	14,000원	280원	1.06%	2.00%	3.06%	36위	1.1393%
2위	KOSEF 고배당	11,111원	60원	2.26%	0.54%	2.80%	41위	0.5254%
3위	TIGER 은행고배당 플러스TOP10	14,898원	73원	7.17%	0.49%	7.66%	14위	0.3859%
4위	PLUS 고배당주	15,366원	63원	1.68%	0.41%	2.09%	47위	0.3060%
5위	SOL 금융지주 플러스고배당	11,750원	47원	7.75%	0.40%	8.15%	**6위**	0.3217%
6위	KODEX 고배당	10,278원	37원	1.01%	0.36%	1.37%	49위	0.5089%
7위	KODEX 은행	9,091원	30원	7.38%	0.33%	7.71%	12위	0.3427%

국내 주식	환율	S&P500	나스닥100
−0.18%	6.14%	7.94%	9.17%

국내 채권 월 배당 ETF 상품 (ft. 목표 연 분배율 최대 4~5% 내외)

다음은 국내 채권을 기초자산으로 하는 월 배당 ETF 상품으로, 2024년 10월 기준이고 목표 연 분배율은 최대 4~5% 내외다.

■ 국내 채권 월 배당 ETF 상품 순위

순위 (분배율)	종목	기준 가격 (A/C)	분배금 (A)	수익률 (B)	분배율 (C)	토탈리턴 (B+C)	토탈리턴 종합 순위	총비용
1위	RISE 25-03 회사채(AA- 이상) 액티브	50,606원	167원	-0.08%	0.33%	0.25%	56위	0.0734%
2위	RISE 25-11 회사채(AA- 이상) 액티브	51,786원	145원	-0.03%	0.28%	0.25%	56위	0.0923%
3위	히어로즈 국고채 30년액티브	60,000원	126원	-1.84%	0.21%	-1.63%	71위	0.0646%
4위	RISE 금융채 액티브	102,500원	205원	-0.25%	0.20%	-0.05%	62위	0.0964%
5위	RISE 중기우량 회사채	105,882원	180원	-0.13%	0.17%	0.04%	60위	0.1029%

한국형 SCHD 월 배당 ETF 상품 (ft. 목표 연 분배율 최대 3~4% 내외)

다음은 한국형 SCHD인 월 배당 ETF 상품으로, 2024년 10월 기준이고 목표 연 분배율은 최대 3~4% 내외다.

■ **한국형 SCHD 월 배당 ETF 상품 순위**

순위 (분배율)	종목	기준 가격 (A/C)	분배금 (A)	수익률 (B)	분배율 (C)	토탈리턴 (B+C)	토탈리턴 종합 순위	총비용
1위 (월중)	ACE 미국배당 다우존스	12,500원	45원	6.43%	0.36%	6.79%	19위	0.6102%
2위 (월중)	KODEX 미국배당 다우존스	10,645원	33원	6.53%	0.31%	6.84%	17위	0.1024%
3위	SOL 미국배당 다우존스	11,429원	32원	6.54%	0.28%	6.82%	18위	0.1584%
4위	SOL 미국배당 다우존스(H)	11,786원	33원	0.42%	0.28%	0.70%	54위	0.2184%
5위	TIGER 미국배당 다우존스	12,593원	34원	6.67%	0.27%	6.94%	15위	0.1453%

미국 & 글로벌 월 배당 ETF 상품
(ft. 목표 연 분배율 최대 3~4% 내외)

다음은 미국 주식 & 글로벌 기초자산 중에서 목표 연 분배율 최대 324%를 추종하는 3개 그룹을 분류해놓았다. 다음은 그룹 ①번인 월 배당 ETF 상품으로, 2024년 10월 기준이고 목표 연 분배율은 최대 3~4% 내외다.

■ 미국 & 글로벌그룹 ①번 월 배당 ETF 상품 순위

순위(분배율)	종목	기준 가격(A/C)	분배금(A)	수익률(B)	분배율(C)	토탈리턴(B+C)	토탈리턴 종합 순위	총비용
1위	TIGER 미국다우존스30	28,571원	60원	6.28%	0.21%	6.49%	23위	0.4923%
2위	RISE 미국 S&P500(H)	14,545원	16원	1.38%	0.11%	1.49%	48위	0.2910%
3위	SOL 미국 S&P500	15,714원	11원	7.70%	0.07%	7.77%	11위	0.2246%
4위	HANARO 미국 S&P500	14,286원	10원	7.60%	0.07%	7.67%	13위	0.8434%

다음은 미국 주식 & 글로벌 기초자산 중 그룹 ②번인 월 배당 ETF 상품으로, 2024년 10월 기준이고 목표 연 분배율은 최대 3~4% 내외다.

■ 미국 & 글로벌그룹 ②번 월 배당 ETF 상품 순위

순위 (분배율)	종목	기준 가격 (A/C)	분배금 (A)	수익률 (B)	분배율 (C)	토탈리턴 (B+C)	토탈리턴 종합 순위	총비용
1위	RISE 미국S&P 배당킹(50년 이상 배당을 지급한 기업)	11,111원	30원	3.18%	0.27%	3.45%	37위	0.4406%
2위	TIGER 미국 S&P500배당 귀족(25년 이상 배당을 지급한 기업)	12,222원	22원	4.88%	0.18%	5.06%	31위	0.4395%
3위	TIGER 미국캐시카우100 (잉여 현금 흐름이 높은 100개 기업)	12,500원	20원	4.51%	0.16%	4.67%	32위	0.6070%
4위	KOSEF 미국방어배당성장나스닥 (방어주(저변동)와 배당성장주 혼합)	15,385원	20원	4.45%	0.13%	4.58%	34위	1.3179%

다음은 미국 주식 & 글로벌 기초자산 중 그룹 ③번인 월 배당 ETF 상품으로, 2024년 10월 기준이고 목표 연 분배율은 최대 3~4% 내외다.

■ 미국 & 글로벌그룹 ③번 월 배당 ETF 상품 순위

순위 (분배율)	종목	기준 가격 (A/C)	분배금 (A)	수익률 (B)	분배율 (C)	토탈리턴 (B+C)	토탈리턴 종합 순위	총비용
1위	KODEX 대만테크 고배당다우존스	9,701원	65원	4.90%	0.67%	5.57%	27위	0.5842%
2위	TIGER 글로벌비만 치료제TOP2Plus	10,909원	12원	2.76%	0.11%	2.87%	40위	0.6911%

인컴형 월 배당 ETF 상품 (ft. 목표 연 분배율 최대 3~4% 내외)

다음은 인컴형(자산 배분형) 자산을 기초자산으로 한 월 배당 ETF 상품으로, 2024년 10월 기준이고 목표 연 분배율은 최대 3~4% 내외다.

■ 인컴형 월 배당 ETF 상품 순위

순위 (분배율)	종목	기준 가격 (A/C)	분배금 (A)	수익률 (B)	분배율 (C)	토탈리턴 (B+C)	토탈리턴 종합 순위	총비용
1위	TIGER 글로벌멀티에셋TIF액티브 (선진국 & 신흥국 주식 및 채권)	11,250원	36원	4.85%	0.32%	5.17%	29	0.7851%
2위	PLUS 고배당주채권혼합(고배당주 40%+채권 60%)	12,500원	40원	0.61%	0.32%	0.93%	51	0.2963%
3위 (월중)	KODEX 삼성전자채권혼합 (삼성전자 30%+국고채 70%)	10,667원	16원	−1.25%	0.15%	−1.10%	68	0.1596%
4위	SOL 미국배당미국채혼합50 (미국 배당100지수+KRX미국채10년지수)	–	–	3.91%	0.00%	3.91%	–	0.24478%

리츠(REITs) 월 배당 ETF 상품 (ft. 목표 연 분배율 최대 6~7% 내외)

다음은 기초자산이 리츠(REITs)인 월 배당 ETF 상품으로, 2024년 10월 기준이고 목표 연 분배율은 최대 6~7% 내외다.

커버드콜 ETF를 모두 똑같은 비중으로 매수하면?

앞에서 살펴본 커버드콜 ETF를 각 유형별로 모두 똑같은 비중으로 매수할 경우 수익률을 비교해보면 커버드콜의 포함 여부에 따라 수익이 달라진다(2024년 10월 기준).

■ 각 포트폴리오별 수익률 비교

	각 유형 모두 매수 비중 동일		
	커버드콜만	커버드콜 제외	모든 종목
직전 1개월 수익률	3.97%	0.54%	1.67%
직전 1개월 분배율	1.01%	0.37%	0.58%
토탈리턴 수익률	4.98%	0.91%	2.25%

■ 리츠 월 배당 ETF 상품 순위

순위 (분배율)	종목	기준 가격 (A/C)	분배금 (A)	수익률 (B)	분배율 (C)	토탈리턴 (B+C)	토탈리턴 종합 순위	총비용
1위	TIGER 리츠부동산인프라(맥쿼리인프라 포함)	4,270원	**29원**	−6.25%	**0.67%**	**−5.28%**	79위	0.1473%
2위	KODEX 일본부동산리츠(H)	11,111원	80원	−2.41%	0.72%	−1.69%	72위	0.5402%
3위	PLUS K리츠(맥쿼리인프라 미포함)	6,944원	50원	−7.51%	0.72%	−6.79%	84위	0.3678%
4위 (월중)	KODEX 한국부동산리츠인프라 (국내 리츠+맥쿼리 포함+분배금 15일)	5,072원	35원	−5.65%	0.69%	−4.96%	78위	0.1332%
5위	히어로즈 리츠이지스액티브(국내 다양한 부동산 자산 분산)	7,273원	40원	−6.82%	0.55%	−6.27%	82위	0.5131%
6위	WOORI 한국부동산TOP3플러스	10,000원	50원	−5.16%	0.50%	−4.66%	77위	0.2861%
7위	TIGER 리츠부동산인프라채권TR KIS (국내 리츠 70%+채권 30%)	4,681원	22원	−4.36%	0.47%	−3.89%	75위	0.2642%
8위	ACE 싱가포르리츠	13,182원	58원	−4.58%	0.44%	−4.14%	76위	0.1287%
9위	TIGER 미국MSCI리츠(합성 H)	14,103원	55원	−0.43%	0.39%	−0.04%	61위	0.3942%
10위	RISE 글로벌리얼티인컴(맥쿼리인프라+리얼티인컴+해외 리츠) 연 4.2% 배당+연 10년 연평균 7.33% 성장	10,811원	40원	2.10%	0.37%	2.47%	43위	0.1922%
11위	ACE 미국다우존스리츠(합성 H)	89,118원	303원	−1.61%	0.34%	−1.27%	69위	0.4313%
12위	KODEX 미국부동산리츠(H)	13,030원	43원	−1.33%	0.33%	−1.00%	67위	0.3605%